本书编委会

主　编
刘　诚

本期执行主编
陈　颀

执行主编助理
吴楚翘

编　委
刘　诚　陈　颀　陈惠珍　黄泽萱
庄瑞银　叶一舟　胡汝为　黄泷一
罗　玥　廖艳萍　吕　万

立法评论

中山大学法学院 主办
中山大学立法研究中心 协办

主　编　刘　诚

中国法治出版社
CHINA LEGAL PUBLISHING HOUSE

目 录

专题讨论：规制与治理

集体土地权属争议行政裁决案件困局与策略研究　　　　　　李卓恒　003

网络平台算法监管技术的规制
——以信息内容治理为例　　　　　　　　　　　　　　　　严　可　023

信用修复法律制度规范的精细化问题研究
——基于规范分析的展开　　　　　　　　　　　　　　　刘佳昕　044

市场运作模式下深圳城市更新强制搬迁法律制度的构建　　　王小波　068

立法评析

论省级人大常委会地方性法规审查批准权的性质　　　　　　吴楚翘　081

公共卫生应急地方立法的逻辑与技术研究
——基于国家和若干省市的实证研究　　　　　　　　陈建胜　胡汝为　110

论中外合作办学学位教育的现状及其法律监管体系
　研究　　　　　　　　　　　　　　　　　　　　　吕　万　郜文凤　133

《民法典》视域下让与担保的立法路径研究　　　　　　　　钟沁怡　152

清代未成年人犯罪刑事责任追究模式探究　　　　　　　　白　阳　178

制度反思

《广东省重大行政决策程序规定》立法实践分析　　　刘　浩　黄涛涛　193
广东省H市地方立法起草工作常见问题研究　　　　　　李晓鸿　208
浅谈农村宅基地管理立法中"户"的认定问题　　　　　　张　婷　224
从行政法的角度来看排污许可与排水许可　　　　　　　陈辉煌　233

《立法评论》注释体例　　　　　　　　　　　　　　　　　　　245

Content

Special Topics: Regulation and Governance

Research on the Dilemma and Strategies of Administrative Adjudication
 Cases Concerning Collective Land Ownership Disputes
 Li Zhuoheng 003

Regulation of Algorithmic Supervision Technology on Online Platforms:
 A Case Study of Information Content Governance *Yan Ke* 023

Study on the Refinement of Legal Norms for Credit Restoration Systems:
 A Normative Analysis *Liu Jiaxin* 044

Construction of the Legal System for Forced Relocation in Shenzhen's
 Urban Renewal under Market Operation Models *Wang Xiaobo* 068

Legislation Review

On the Nature of Provincial People's Congress Standing Committees' Power
 to Review and Approve Local Legislation *Wu Chuqiao* 081

Research on the Logic and Techniques of Local Legislation for Public
 Health Emergencies: An Empirical Study Based on National and Selected
 Provincial Practices *Chen Jiansheng Hu Ruwei* 110

Study on the Current Status and Legal Regulatory System of Sino-Foreign
 Cooperative Degree Education   Lü Wan Gao Wenfeng 133
Legislative Pathways for Transfer Security from the Perspective of the
 Civil Code   Zhong Qinyi 152
Exploration of the Model for Pursuing Criminal Responsibility for Juvenile
 Offenders in the Qing Dynasty   Bai Yang 178

Institutional Reflections

Analysis of the Legislative Practice of the Guangdong Province Major
 Administrative Decision-Making Procedures Regulations
      Liu Hao Huang Taotao 193
Study on Common Problems in Drafting Local Legislation in City H, Guangdong Province   Li Xiaohong 208
A Brief Discussion on the Identification of "Household" in Rural Homestead
 Management Legislation   Zhang Ting 224
Pollution Discharge Permits and Drainage Permits: An Administrative Law
 Perspective   Chen Huihuang 233

PART 1

专题讨论：规制与治理

Special topics: Regulation and Governance

集体土地权属争议行政裁决案件困局与策略研究

李卓恒[*]

摘要：在现有法律框架中，集体土地权属争议当事人往往在行政裁决、行政复议与行政诉讼的程序反复中耗费数年时间，集体土地权属的不确定性使得土地无法合理开发利用，与修正后的《土地管理法》促进土地流转，提升土地资源配置效率的目的背道而驰，同时，长期诉讼产生的经济与时间成本，减损当事人对法律系统的信任，迫使其选择法外途径解决争议，可能产生基层治理的困难。本文基于现有法律框架，通过司法案例的研读，构建集体土地权属争议行政裁决案件的发生过程与其参与

---

[*] 李卓恒，中国人民大学纠纷解决研究中心研究人员，中国人民大学法学院博士研究生，研究领域为法律社会学、纠纷解决机制等。

者互动的场域,分析行政裁决与行政诉讼在功能与定位之间的差异与矛盾,在法律所属的抽象专家系统与土地所属的地方性知识之间,提出该类案件程序反复和权属难以确定的主要原因,据此在不同的解决策略中寻找适宜的路径,解决该类案件在行政诉讼中的尴尬处境,改善司法或行政效能,明晰集体土地权属,降低因集体土地权属争议产生群体性事件的可能性,提升土地资源配置效率和降低治理风险。

关键词: 集体土地 权属争议 行政裁决 行政诉讼 基层治理

引言

本文选择涉及集体土地权属争议[1]的行政裁决的行政诉讼案例,作为研究对象。原因在于:

首先,土地作为人类社会经济活动的载体,是文明生存与延续的基础。调整土地关系是国家管理土地的重心,由此产生的土地产权制度,影响与土地关联的资源配置效率。随着集体土地流转的潜力被激活,长期被忽视的集体土地权属的横向纠纷,将因其复杂性和可能引发的潜在社会风险,对制度改革释放的资源配置效率产生影响。

其次,在现有的行政诉讼制度中,争议解决型行政裁决作为可诉行政行为,有别于其他单方行政行为。在此类行政诉讼中,既有裁决机关与行政相对人的争议,又有原纠纷当事人的争议。在纠纷解决过程中,行政机关作出的行政裁决,可能经历行政复议程序和包括审判监督程序在内的行政诉讼程序,程序间的反复可能损伤行政裁决的安定力,不利于原争议当事人权利义务的确定,偏离行政裁决专业高效解决纠纷的目的。在实践中,此种复杂性与不确定性,不仅困扰行政裁决的作出机关及其复议机关,同时困扰审查此类案件的各级司法机关。

任意阶段的政府处理决定或法院裁判,涉及原争议双方权利义务的增减,使得认为权利受损的当事人选择后续的救济程序,延长争议处理经过

---

[1] 本文讨论的权属争议是指单位之间发生的所有权和使用权争议。

的程序，导致涉及原争议的权利义务长期处于不确定状态。同时，行政诉讼判决的类型化，使得法院对于其认定不合法的行政裁决或复议决定通常适用撤销判决，而不能轻易适用变更判决，变更争议土地的权属。政府重新作出的行政裁决，作为独立的行政行为，仍然可以通过救济途径进行申诉，使得冗长的程序被不断重复，不仅损害行为的安定性，而且证据事实的叠加困扰着行政机关及司法机关。

困难同时在于，争议案件的上移使得地方性知识和抽象的专业知识分离。尽管在普通民众的心中，级别越高的机关作出的决定可能越公正，但处理土地资源权属纠纷所需要的地方性知识却在案件上移的过程中递减，如当地的历史权属沿革，甚至是争议地内的小地名确认，或是当事人间的关系，都使得上级行政机关的复议人员或高审级的司法人员充满困惑，因此，复议机关有较强的动机维持下级政府作出的行政决定，司法机关则以尊重行政的理由减少对实体问题的介入，注重程序问题的审查，实际上是策略性应对地方性知识的缺失。

综上所述，集体土地权属争议行政裁决案件，由于程序的反复和地方性知识的缺失，使得司法机关在通过行政审判监督行政机关依法行政与实际纠纷化解之间，陷入两难困境。相关司法案例的分析研究将展现争议解决型行政裁决的复杂面向，有助于我们发现造成程序反复的低效率困境的诸多因素，进而提出解决此种困境的建议，为实际解决集体土地权属争议提供可选路径，恢复稳定的法律关系，节约行政司法资源，减轻当事人诉累，激活集体土地的资源配置潜力。

一、集体土地权属争议行政裁决案件的法律构造

我国法律制度授权政府通过行政裁决的方式处理权属争议，如《土地管理法》第14条第1款、第2款规定："土地所有权和使用权争议，由当事人协商解决；协商不成的，由人民政府处理。单位之间的争议，由县级以上人民政府处理；个人之间、个人与单位之间的争议，由乡级人民政府或者县级以上人民政府处理。"或如《森林法》第22条规定，由政府处理个人、法人或其他机构之间发生的林木、林地所有权和使用权争议。《草原法》和《农村土地承包法》等规范自然资源和环境领域的重要法律均授权政府处理相关争议。以上法律对处于权属争议状态的土地资源进行开发限制,即权属争议解决前,不得改变利用现状和破坏地上设施,"在土地所有权和使用权争议解决前,任何一方不得改变土地利用现状"。行政机关依据《土地权属争议调查处理办法》《确定土地所有权和使用权的若干规定》等法规或规章开展工作。在权利救济途径方面,上述法律将政府作出的权属争议行政裁决决定列入行政诉讼受案范围,即对处理决定不服的,可以向法院起诉。同时,根据《行政复议法》第11条的规定,对行政机关作出的确认自然资源的所有权或者使用权的决定不服,可以申请行政复议。

上述法律规范规定的争议解决方式和救济途径构成土地争议裁决案件的基本机制,限定了参与其中的争议双方当事人、作出行政裁决的行政机关、复议机关及司法机关等行动者的活动范围。在该机制中,行政机关居中裁决双方当事人的基础争议,基础争议双方及行政机关的关系,有别于单方行政行为中的行政机关、行政相对人与第三人的传统关系模式。为保障双方不受到行政裁决不公造成的侵害,该机制赋予基础争议双方充分的救济途径。

该争议解决程序如下图所示:

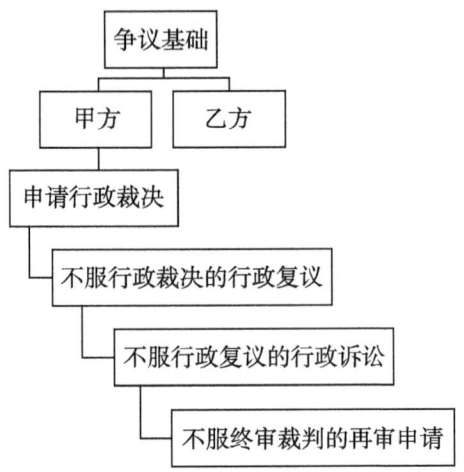

法律规范赋予其中的任意程序环节变更或撤销前置环节的可能，通常导致争议双方返回权属纠纷的原点。程序被重置，导致各环节的循环反复，使得权属长期处于不确定的争议状态。

例如，（2018）最高法行申7110号行政裁定[2]中案涉的权属争议标的历经三轮行政裁决、行政复议及行政裁判程序，最终由最高人民法院通过审判监督程序认可高级人民法院对地方政府第三次行政裁决的尊重而程序终结。通过分析该案件程序组中的（2015）南市行一初字第393号行政判决和（2017）桂行终539号行政判决，可发现该争议持续时间长达16年，历经三次行政裁决、三次行政复议、三次行政裁判。其中，初级人民法院初审两次，推翻两次行政裁决结果，撤销并责令地方政府重做。值得注意的是，地方政府在两次裁决中作出的处理决定，权属认定意见相反。最终获得司法尊重的第三次行政裁定，在中级人民法院初审判决中遭到否定而被推翻，初审结果的利益受损方不服该判决上诉，高级人民法院推翻初审判决，认定该行政裁定合法有效。"一审判决认定被诉行政行为主要证据不足、适用法律法规错误、违反法定程序等，属认定事实错误，判决撤销被诉处理决定及涉诉复议决定确有不当，二审法院判决撤销南宁市中级人民法院(2015)南市行一初字第393号行政判决，驳回上六蒙村的诉讼请求，认定事实清楚，适用法律正确，最高人民法院予以维持。"

审判监督程序的启动，可能重置争议解决程序，恢复其中某程序的效力。例如，（2018）最高法行申4596号行政裁定，同意再审申请人的再审请求，中止高级人民法院的二审判决执行。后续的（2019）最高法行再26号行政判决书，撤销初审及终审判决，恢复争议解决程序初期的行政裁定的效力。在该案件中，法院关注的焦点问题是，法院确认行政裁定的处理结果并无不当的情况下，撤销该裁定的行政复议决定的法律效力问题，即法院撤销行政复议决定责令复议机关重作，抑或撤销复议决定直接恢复行政裁定效力。最高人民法院根据《最高人民法院关于适用〈中华人民共和

---

[2] 本书引用案例，除另行说明外，均来源中国裁判文书网，最后访问日期：2025年1月7日。

国行政诉讼法〉的解释》第89条"复议决定改变原行政行为错误,人民法院判决撤销复议决定时,可以一并责令复议机关重新作出复议决定或者判决恢复原行政行为的法律效力"的规定,认为:原判决撤销复议决定的同时,责令重新作出复议决定,将导致本应恢复稳定的法律关系再次置于不确定状态,浪费司法行政资源,有违诉讼经济的处理原则。

综上所述,集体土地权属争议纠纷解决程序传导链条冗长,同时,缺少终局性程序导致否定性动能高于确定性动能,使得程序反复成为可能,无法有效稳定法律关系。

二、集体土地权属争议行政裁决案件困局

本文所研究的集体土地权属争议的当事人通常是由普通农民组成的一致行动人(村民委员会或村小组),不能苛求其接受充分的普法教育而获得基本法律知识,尊重并信任法律系统。人们的守法行为或是依据法律预测并安排行为的实践活动,与其说是基于法律承诺的信任,不如说是基于其实际效果。

在这个过程中,人们对包括具体的操作者在内的法律体系的信任成为法律有效运作的前提。信任对法律体系而言至关重要,即便法律体系的设计建立在国家强制力之上,人们对法律体系的不信任也将动摇法律运作的效能,尤其是在启动法律程序与判决执行方面缺乏信任将可能导致失败。但此种信任存在着明显的矛盾心理,不仅来自无知产生的怀疑基础,也来自"专门知识恰似某种不开放的商店,其内部人员所使用的专门术语仿佛是存心修筑起来以阻隔外人进入的厚重高墙"。[3] 此外,"对特定抽象体系的信任或不信任的态度,很容易受到在抽象体系入口处的经验的强烈影响;当然,同样也容易受到知识更新的影响"。[4] 因此,具体案件的司法

---

[3] [英]安东尼·吉登斯:《现代性的后果》,田禾译,译林出版社2011年版,第78页。

[4] [英]安东尼·吉登斯:《现代性的后果》,田禾译,译林出版社2011年版,第79页。

低效能或不公正将使得实际参与者对整个法律体系产生不信任感。公正成为现代法律体系的基本价值取向的原因在于，它增强人们在抽象系统交汇处的信任，以此维持与良性治理相关的法律系统的效能。

因此，处于长期反复状态的集体土地权属争议，损耗行政资源和司法资源的同时，长期诉累的存在，动摇争议当事人对法律体系运作的信任。程序的反复转化为实际土地资源的开发利用搁置，最终产生具有脱域抽象系统特征的现代法治在部分具体地区失败的可能，即治理风险。因为，现实的情况在提醒，此种抽象系统的运用并未创造预期的可控状态。〔5〕

但是，正是因为脱域抽象系统的存在为社会生活的合理化组织提供运行机制，否则秩序将会解体，陷入霍布斯笔下的自然状态。在该类案件的材料中，时常出现公安机关对非法拘禁和故意伤害等行为作出的法律文书，表明当法律框架无法解决当事人的权属争议问题的时候，当事人对于无法合法开发利用的土地，将使用私力救济或做出极端的排他行为。例如，在前引（2018）最高法行申4959号等系列案件中，争议双方互相破坏水源和农业设施等过激行为被记录。

因此，需要寻找集体土地权属争议案件内形成损耗各类资源的低效能循环往复的原因，为恢复该系统的效能提供可选策略，以降低治理风险，优化资源配置效率。因为，法律体系的存在为社会变迁提供制度性框架与基本约束，防止其演化为新的社会风险。

三、集体土地权属争议行政裁决案件困局的原因分析

（一）权限不足导致的传导反复

集体土地权属争议行政裁决案件的传导是脱域机制影响的过程，即"社会关系从彼此互动的地域性联系关联中，从通过对不确定的时间的无

---

〔5〕 [英]安东尼·吉登斯：《现代性的后果》，田禾译，译林出版社2011年版，第133—135页。

限穿越而被重构的关联中脱离出来。"[6]集体土地权属作为最具地域性联系的社会关系,在案件传导的过程中,脱离既定的实际地点。换言之,集体土地权属由具体的实际土地边界四至范围争议被转化为抽象的书面法律文本规范问题。因此,需要关注该类案件的脱域机制,即案件传导的逐个环节,寻找程序反复的原因。

1. 当事人提起行政裁决的环节

《土地管理法》第14条第1款规定:"土地所有权和使用权争议,由当事人协商解决;协商不成的,由人民政府处理。"在法律规范中,留有民间协商实地解决纠纷的空间,但在相关案件中,民间协商无法发挥解决争议的作用,即便签署了调解书,当事人在数年后仍会寻找各种理由,否定调解书的效力。其原因在于,村小组的组长或村民委员会的委员是村民推选的代表,是处理集体土地权属争议的代表而非土地权利的所有者,缺乏作出决定或让步协商的权限,同时,在村民自治选举或人情关系的影响下,难以选择协商让步的方式解决争议,否则可能被认为存在利益输送或是无能力维护集体利益的表现。因此,他们在缺乏权限且顾及社会关系的情况下,更愿意将决定权交给地方政府,即申请行政裁决,这是该类案件进入宏观与微观交汇口的起点。

2. 行政裁决与行政复议环节

尽管在居间裁决的过程中,通常是以县(区)人民政府的名义作出行政处理决定,但实际的工作通常土地管理或自然资源等相关部门处理。它们缺乏权力结构提供的威严,其公正性时刻受到当事人的质疑,难以服众。《土地管理法》第14条第3款同时规定:"当事人对有关人民政府的处理决定不服的,可以自接到处理决定通知之日起三十日内,向人民法院起诉。"此种决定属于行政诉讼的受案范围,当然属于行政复议的受案范围。行政机关的居间裁决,仅考虑结果,必然有利益受损方和利益受益方。在复议成本和行政诉讼成本低廉的情况下,受损方必然选择诉讼或复

---

[6] [英]安东尼·吉登斯吉登斯:《现代性的后果》,田禾译,译林出版社2011年版,第18页。

议。此外，维持社会稳定的考虑，也使得行政机关在作出决定时，有更多的顾虑。

有趣的是，尽管案件通过法律程序向上传导，但行政机关作出的行政处理决定，却通常是最终确认权属的文书，尤其是，被法院撤销原行政裁定，重新作出后的行政处理决定。这就形成略显诡异的循环结构，即无最终决定权的地方政府，需要不断作出行政处理决定，对集体土地权属进行反复确认（结果或许不同）后，再由复议机关和司法机关判断其决定是否合法合理。

对居中裁决的行政处理决定的复议结果，也会产生利益受损方和利益受益方。受损方只需缴纳低廉诉讼费，即可将案件传导至司法机关。因此，复议机关的决定在司法被动介入的情况中，同样缺乏终局性权力。同时，行政裁决通常是县（区）级人民政府作出，由市级人民政府负责复议。复议机关并非专门的土地确权或测绘部门，缺乏处理集体土地权属争议的专业知识和对实地状况的了解。因此，复议机关在面对此类案件时，倾向于维持原行政机关作出的行政决定，复议机关通常仅变更或撤销程序明显违法、事实明显不清的行政裁定，以避免责任追究。

3. 司法审查环节

低廉的起诉成本和上诉成本，使在争议存在利益受损方与受益方的情况下，初审与终审可以被视为司法审查行政机关行为的相同环节。在该环节中，司法审查的目的在于审查行政行为的程序与事实，表现为文书中常见的"事实认定清楚，适用法律正确"或"证据不足，适用法律法规错误，违反法定程序"。

《行政诉讼法》第77条规定："行政处罚明显不当，或者其他行政行为涉及对款额的确定、认定确有错误的，人民法院可以判决变更。人民法院判决变更，不得加重原告的义务或者减损原告的权益。但利害关系人同为原告，且诉讼请求相反的除外。"该条款如何在司法实践中适用仍存在争议，下文将讨论权属争议行政裁决案件中司法机关是否可以适用变更判决。司法机关通常倾向于适用撤销重新判决，或维持行政行为及复议决定的效力，以尊重行政机关。例如，(2019)最高法行再208号行政判决书，涉及的桂林市中级人民法院（2017）桂03行初122号行政判决，对案涉行政处理与复议决定的定性是："认定事实清楚，证据确凿，适用法律正确，程序合法。被诉土地确权决定及行政复议决定正确。"与之相反的是，该案的二审裁判文书，即广西壮族自治区高级人民法院（2018）桂行终222号行政判决的措辞是，行政处理与复议决定不符合三个有利于原则，违反耕地就近分配的原则，不利于经营管理……撤销处理决定和复议决定，由行政机关重新作出处理决定。

基于《行政诉讼法》的修订和巡回法庭制度的建立，因终审裁判利益受损的当事人向司法机关申请启动审判监督程序成为可能，[7]使得案件最终传导至最高人民法院，这意味着，发生于实地的案件因权限不足的反复传导进入抽象系统的顶层，实现完全的脱域。但在最高人民法院的司法人员的裁判工具箱中，仍然缺乏终止存在问题的案件继续反复的手段，存疑案件被重新发回中级人民法院，或将行政处理决定和复议决定撤销，判令行政机关重新作出，导致案件进入反复的循环，无法有效解决争议。同时，最高司法机关审理相关案件，会使得当事人产生某种预期。当裁判结果不利于己方或案件程序倒流至最初环节，在诉累中，当事人可能会逐渐失去对法律系统的信任，转向其他途径主张诉求。

4. 小结

通过梳理案件传导的逐个环节，得以发现权限不足是程序传导反复的重要原因，使得案件在脱离实地的抽象系统中徘徊。利益受损的当事人易于通过救济途径将案件向上传导，纠纷处理的行政机关缺乏终局性决定的权限，司法机关基于尊重行政和法律规定，适用撤销判决，将案件回复到初始状态，开始程序低效能循环，损伤当事人对抽象法律系统的信任。

---

[7] 《行政诉讼法》第90条规定："当事人对已经发生法律效力的判决、裁定，认为确有错误的，可以向上一级人民法院申请再审，但判决、裁定不停止执行。"

(二)事实模糊与地方性知识缺失导致的失败脱域

与其他可由法律专业人士判断的涉及规范问题的案件不同,行政机关及司法机关处理本文研究的案件类型需要的是经由实地信息的整合作出合理判断。实地信息包括历史沿革、社会关系、地形地貌等大量具有地方性特征的资讯,否则只能依据"有利于生产生活、有利于经营管理、有利于社会和谐稳定的原则"使用无益于纠纷解决的自由裁量权,将案件置于法定程序的反复。

案件通过脱域机制向上传导的价值在于适用抽象的法律规范,获得专家系统的普适性知识支持。"技术成就和专业队伍组成的体系编织着我们生活于其中的物质与社会环境的博大范围……专家系统以同样的方式脱域,提供预期的保障"。[8] 例如,人们普遍信任高级别的司法机关,不仅因为它们具有更高的权限,而且它们拥有更专业的规范性知识。

但是,由于集体土地权属争议案件依附的是现实存在的土地,而不是烦琐的法律关系与法律活动,上述的脱域机制无益于拥有专业知识的处理者获得必要的地方性知识。地方性知识是指不为外人所知晓,无法文本化或批量生产的非同质性具体知识。因为,土地权利的形成是社群的历史,又是地域社会发展的历史,同时也是政府治理的历史。这种权利的获取和维持,是通过掌握和利用国家话语,通过基于政府的种种制度性、合法性和象征性资源的运用来实现,是国家权力的发挥。但这种地方性的土地权利的形成及其对边缘地区的控制,又是地方社会的经济变迁、权利转移以及文化转变的动态过程的结果。地域社会中的土地权利关系,既是国家体制下中心—边缘关系的表现,又是特定的地方性政治经济格局的表现。[9]

带有地方性特征的地理信息或历史因素,困扰着精通法律的法官作出

---

[8] [英]安东尼·吉登斯:《现代性的后果》,田禾译,译林出版社2011年版,第24—25页。

[9] 参见刘志伟:《在国家与社会之间》,中国人民大学出版社2009年版,第256页,引用时略有修改。

专业判断。例如,(2018)最高法行申4596号行政裁定中,法官需要辨识涉案证据材料中两份承包合同记载的"老虎爪岭"和"老虎爪地"是否为相同的土地。在该案中,县级人民政府行政裁定认为不是相同的地块,而市级人民政府复议决定认为事实不清,法院则支持县级人民政府的行政裁定,撤销复议决定。在此过程中,我们无法知晓法官是如何经由专业知识判断权属。在四至登填不清的情况下,即便是专业法官前往现场恐怕也难以分辨证据材料反映的事实,倾向于认可行政机关的判断,因为作出行政裁决的行政机关,通常是县级人民政府,较司法机关更清楚当地的实际情况,拥有更多的地方性知识。例如,(2018)最高法行申7223号中,争议双方提交的权属证明中,界限冲突的争议焦点是,甲方北至的"葫芦山背"和乙方南至的"葫芦倒水",法院支持政府作出的行政裁决认为"两组的《山林所有证》的争议山场属于重复填登的情况"。

由于地形等因素的影响,在部分案件中的拥有各自四至范围的细碎地名超过百个,在无准确测绘地图支持的情况下,细碎地块的存在与否,足以令缺乏地方性知识的专业人士陷入困境,因此,司法裁判文书对此部分的论述是大量带有地方特征的地理信息的堆砌,而不是抽象的法律规范的适用和法律推理,例如,(2018)最高法行申9486号行政裁定书中论述:"本案争议地在'古从(丛)岭'范围内,面积5.1亩。1983年,该片山林被登记在二队和四队的1768号和1769号山界林权证中,为两组共有。而覃某(系登记户主覃某某之子)持有的补划自留山登记表中记载的地名为'可从'岭,四至为东以岭脊为界,南至吴某甲自留山,西至吴某乙地边,北至韦祯富自留山,面积3亩。在2009年《某乡某村民小组四队集体林权制度改革方案》中,'可从'和'古从'分列于不同的林权现状部分,不能得出'可从'和'古从'指向的是同一地名。而覃某提供的补划自留山附件及自留山登记表登记的'可从'岭四至界线与346号林权证登记的'古从'岭四至界线记载内容不一致,且没有附图,不能证明该自留山登记表登记的'可从'与争议地'古从'岭有关。"[10]该案争议的焦点是"古从"岭和"可丛"岭项下的146—150号地块是否为相同地块。仅是需要从方言或少数民族语言了解"古从岭"和"可丛岭"是否为同山场，已足以令法律专业人士眩晕，项下近200个细碎地块则是无法核对的状况。

上述地理信息是具体的静态空间对专家系统产生困扰的因素，与时间因素相互叠加后，呈现在专家系统中的是，该土地自新中国成立以来或完整或残缺的权属变更和历次争议。尽管存在专家系统熟知的全国历史事件，如人民公社化运动、家庭联产承包责任制的推广等，但各地方的具体做法仍然是难以知悉。

例如，（2019）最高法行再69号行政判决中，法院经审查认为，当事人各方对争议鱼塘的归属和使用事实存在争议。……并举出如下证据：一是1962年4月《鱼塘评议合约》，证明争议鱼塘通过协议方式划归某渔业队管理使用；二是1962年请示和26号批复，证明189亩争议鱼塘的公购粮缴纳任务转由某渔业队负担；三是从1966年开始至1980年代缴纳争议鱼塘所涉土地农业税缴款书和代金收据，证明某渔业队实际承担争议鱼塘土地的相关税费负担；四是1982年的批复，证明减免29亩鱼塘的公粮代金；五是某渔业队二审提交的自1962年至1985年为履行《鱼塘评议合约》向某经联社缴纳费用的有关凭证和票据；等等。该案中，广东省高级人民法院认为存在无法相互印证的证据材料，认为政府作出的行政裁决认定事实不清，撤销行政行为并责令重新作出。最高人民法院则指出："在认定事实的过程中，法官必须在逐一审查证据、去伪存真的基础上，对证据进行综合分析判断，根据不同案件待证事实的证明标准、举证责任的承担等，遵循法官职业道德，运用逻辑推理和生活经验，根据法官的内心确认，客观准确地认定事实，而不是就个别证据的证明效力孤立地分析、判

---

[10] 引自（2018）最高法行申9486号林业行政管理（林业）再审审查与审判监督行政裁定书，并做必要的隐名处理。

断、认定事实。"

上述案例表明，最高人民法院实际是在由历史叠加的证据材料构成的模糊事实中，寻找基于内心确信的裁判规则。部分下级法院则通常拘泥于某项证据的证明效力，通过认定事实不清的方式，将程序重新倒流至初始阶段，以回避地方性知识缺失和事实模糊的困境。

综上所述，集体土地权属行政裁决案件强烈的地方性特征，导致寻求专家系统支持的脱域机制失效，迫使司法机关模糊处理相关案件或将程序倒流至行政机关，成为该类案件低效能反复的重要原因。

（三）行政裁决、行政复议与行政诉讼的功能差异

前述章节借用英国社会学理论家吉登斯的"抽象—脱域"分析工具，对集体土地权属争议行政裁决案件的微观层面进行分析，指出权限不足和事实模糊是该类案件陷入困局的重要原因。需要回答的问题是，实务层面显现的导致困局的因素，是否源于不同法律程序的功能差异产生的张力。

确权类型的行政裁决的功能在于高效解决纠纷，确定权利义务关系。专业高效是行政裁决的要求，因为行政裁决是行政机关管理专业领域职能的延伸。行政机关通过行政裁决处理权属纠纷，是将法外途径解决纠纷的风险，转入法律途径，实现其维护社会和谐稳定的目的。

行政复议的目的在于防止和纠正违法的或者不当的具体行政行为，因此，合法性审查和合理性审查是行政复议的重点，侧重于行政机关是否依法作出行政裁决，确权结果是否合理。由于复议机关同属于行政分支，目的分歧被行政机关的实现社会公共管理的共同目的掩盖。

显著的分异点在于行政诉讼阶段。行政诉讼的目的在于"解决行政争议，保护公民、法人和其他组织的合法权益，监督行政机关依法行使职权"。其核心问题是行政行为的合法性审查。在权属争议行政裁决的行政诉讼案件中，法院审查的是行政裁决或行政复议的合法性，裁决或复议确定的权利义务关系在法院审查中退居次席。尽管部分法官在该类案件中认为法院定分止争的职能应当及于权属的确定，但受限于裁判方式，法院不能轻易介入属于行政机关的专业领域。

根据以上分析得以发现，行政裁决纠纷解决与行政诉讼合法性审查的功能分异产生的张力，是集体土地权属争议行政裁决案件陷入困局的制度性原因。其在实务层面的映射是权限不足和事实模糊。追求专业高效以有效解决纠纷的行政裁决在与诉讼制度衔接的过程中，失去效率，产生程序反复和权属长期难以确定的困局。确定土地权利归属的诉求，由于事实的缺失和裁判类型的限制，无法在以合法性审查为核心的行政诉讼中得到解决，需要将权属的确定问题倒流至行政机关，行政机关重新作出的确权决定需要经受合法性审查，导致该类案件陷入困局。

四、集体土地权属争议行政裁决案件困局的应对策略

通过分析得以发现，在制度层面，行政裁决与行政诉讼的功能分异，是集体土地权属争议案件低效能循环往复的原因，形成该类案件的困局。在实务层面，权限不足导致案件在脱离实地的抽象系统中徘徊，同时，地方性知识组成的事实，在传导过程中的模糊性，使得脱域机制的专家系统无所适从，导致案件在抽象系统中反复，权属无法确定，无法有效开发的土地的损失和法律体系信心的衰减，转化为社会有效治理的潜在风险。因此，有效的应对策略在制度层面，需要在解决纠纷有效确权和合法性审查间取舍。由于最终的目的在于解决土地权属争议，确定权利义务关系，有效配置利用土地资源，应对策略将偏向纠纷解决。在实务操作层面表现为，缩减终局性环节与实地争议的距离。因为与其他类型的案件相比，该类案件更需要基于大量地方性知识的事实重建和变迁梳理。下文将按照缩减距离的路径提出数种存在可能性的备选策略，提出其可能减损效能的问题，寻找适宜解决程序反复集体土地权属不确定性的有益方法。

（一）裁决升格与复议终局

作为居中裁量当事人基础争议的行政行为，集体土地权属行政裁决具有准司法性质，对其进行司法审查将不可避免地陷入关注基础争议与关注行政行为的两难处境。通过行政裁决调整的权利义务关系受到行政行为效力的约束，法院的审查通常是维持效力或撤销。因此，行政机关的决定在

调整权利义务关系和整理地方性知识产生的证据与事实上具有重要作用，但缺乏终局决定的权限。

程序过于简短则会将治理压力挤压至基层，不满且无有效法律救济途径的当事人将寻求法外方式解决纠纷，大幅增加地方政府的治理风险，所以，行政机关裁决终局是不宜采用的策略，尽管这种策略可以减轻复议机关和司法机关的压力，同时，也不符合"防止和纠正违法的或者不当的具体行政行为，保护公民、法人和其他组织的合法权益，保障和监督行政机关依法行使职权"的原则。

因此，复议终局，或许是现有法律框架中最有实施可能的方案。同时，该策略可能在地方性知识构成的具体事实与抽象知识支持的专家系统间实现平衡，去除司法系统审判方式不足产生的程序反复，环节的缩减意味着纠纷解决效率的提高，不仅有利于土地的开发利用，同时可减少当事人的诉累。

结合《土地管理法》《草原法》《森林法》等自然资源类法律规定的纠纷解决机制，"单位之间发生的所有权和使用权争议，由县级以上人民政府依法处理"。该条款未排除市级人民政府处理权属争议的权限，由其作出调整集体土地权属关系的行政行为，省级人民政府是其复议机关。

按照立案登记制的规定，该类案件仍然会进入司法系统，司法系统仅需作出不予受理的裁定即可，无须对实体问题进行审查，程序事项不会改变省级人民政府的复议决定最终裁决的性质，减少司法资源的损耗。

同时，省级人民政府复议终局可以配合《国务院关于授权和委托用地审批权的决定》，在其使用审批权限转变土地用途前处理权属纠纷，减少集体土地权属不确定性对土地开发利用的影响，符合"改革土地管理制度，赋予省级人民政府更大用地自主权"的目的，增强土地资源使用效率。

综上所述，通过将作出集体土地权属争议行政裁决的主体由县级人民政府改变为市级人民政府，由省级人民政府作出复议决定，适用《行政复议法》的复议终局情形，是可行的地方性知识与抽象系统间的平衡策略。

（二）适用变更判决与降低审级

法院的司法变更权限基于法律适用的自由裁量权，其中，行政诉讼中的变更是司法机关全面变更或部分变更行政机关作出的行政行为的判决行为，意味着法院作出的变更判决，暗含撤销判决的同时，替代行政主体行使行政职权。行政诉讼司法变更权的本质是司法权对行政权的介入式监督。[11]因此，法院是否拥有集体土地权属争议行政裁决案件的变更权限，是需要谨慎处理的问题。

域外部分大陆法系国家赋予行政法院变更行政行为的权限，不能表示此项制度可以被直接借鉴。因为，最为典型的法国行政法院系统实际是源自国王参事院的行政机关，审理行政行为，避免司法审查产生的程序反复及缺乏行政专业知识等问题。[12]与法国行政法院系统相似的日本，则是将行政裁判所归入行政部门，无须司法机关介入，直接对行政行为进行审查。[13]总体而言，大陆法系国家，如德国、法国、日本，倾向于将行政司法权赋予专业的行政机关，实现行政司法化，解决专业行政纠纷。但是，中国的行政审判权属于司法机关，[14]变更行政行为有诸多限制，同时需要保持对行政机关专业性与自由裁量权的尊重。

支持的意见来源于行政裁决的准司法性质和实际解决基础争议达到定分止争的目的。"与撤销重作判决相比较，变更判决直接确定争议事项的处理结果，无需被告另行作出行政行为，更有利于行政争议的实质化解。"[15]反对的意见则来源于现有法律框架未授权法定情形外的变更权和不同种类权限的微妙关系。

假定最高人民法院对集体土地权属争议行政裁决案件作出变更判决的

---

[11] 孙笑侠：《法律对行政的控制》，山东人民出版社1999年版，第285页。
[12] [英]L.赖维乐·布朗等：《法国行政法》，高秦伟等译，中国人民大学出版社2006年版，第40—55页。
[13] 胡建淼：《世界行政法院制度研究》，中国法制出版社2013年版，第366—373页。
[14] 《行政诉讼法》第4条规定："人民法院依法对行政案件独立行使审判权，不受行政机关、社会团体和个人的干涉。人民法院设行政审判庭，审理行政案件。"
[15] 参见（2019）最高法行再134号判决的说理部分。

论理成立，法院拥有变更权限。那么，作出终局性裁判的高级别司法机关远离争议发生的地点，使得地方性知识无法嵌入专家系统，导致的事实模糊不利于变更权的行使。此外，大量行政案件涌入高级别司法机关，使得现有的司法手段难以有效处理相关纠纷案件。

因此，需要调整法院对该类案件的管辖，回应地方性知识缺失的问题，增进司法机关接触案件的地点事实的可能，提升处理集体土地权属纠纷案件的效能。因为，现阶段，由于本文研究的集体土地权属争议纠纷行政裁决作出的行政主体是县级人民政府，由中级人民法院受理，[16]同时，低廉的上诉与申诉成本，和该类案件中当事人锱铢必较的倾向，使得案件进入高级人民法院与最高人民法院，导致地方性知识与专家系统之间存在难以弥合的隔阂，是案件在法定程序中反复和权属长期不确定性的重要原因。

调整案件的级别管辖，需要突破现有的行政诉讼法律框架。民事诉讼程序对管辖的变更为调整集体土地权属争议行政裁决案件的管辖提供值得借鉴的方案。全国人大常委会于 2019 年 12 月 28 日通过《全国人民代表大会常务委员会关于授权最高人民法院在部分地区开展民事诉讼程序繁简分流改革试点工作的决定》，授权最高人民法院在民事诉讼程序繁简分流的改革试点，其重点是在部分试点地区法院暂时调整适用 2017 年《民事诉讼法》第 39 条、第 40 条、第 87 条、第 162 条、第 169 条、第 194 条[17]等法律，扩大独任制适用范围，完善小额诉讼程序和简易程序规则，其目的是优化司法资源配置，提升司法效能。其后，2020 年 1 月 15 日，最高人民法院印发《民事诉讼程序繁简分流改革试点实施办法》的通知，授权 20 个城市的法院，标的额为人民币 5 万元以下的，适用小额诉讼程序，实行独任制一审终审。标的额为 5 万元以上、10 万元以下的简单金钱给付类案

---

[16] 《行政诉讼法》第 15 条规定："中级人民法院管辖下列第一审行政案件：（一）对国务院部门或者县级以上地方人民政府所作的行政行为提起诉讼的案件；（二）海关处理的案件；（三）本辖区内重大、复杂的案件；（四）其他法律规定由中级人民法院管辖的案件。"

[17] 对应 2023 年《民事诉讼法》第 40 条、第 41 条、第 90 条、第 165 条、第 176 条、第 205 条。

件，可以适用小额诉讼程序审理。同时，最高人民法院多次调整中级人民法院管辖第一审民事案件的诉讼标的额的上限与下限，将大量案件转引至基层人民法院，如《关于调整高级人民法院和中级人民法院管辖第一审民商事案件标准的通知》，提升民事诉讼案件的司法效能，大幅优化诉讼环节和司法资源配置。

集体土地权属争议行政裁决中，政府居中裁决，不存在直接的利益冲突。在司法过程中，行政机关对此类案件的败诉极少主动提起上诉或申诉，侧面反映行政机关在该类案件中，不存在值得干预司法机关的利益。因此，该类案件调整至基层法院管辖，不违背"保护合法权益，监督行政机关依法行使职权"的原则。[18] 同时，集体土地权属争议行政裁决案件的地方属性使此类案件适宜由基层法院审理，地理信息与历史沿革的核实需要大量地方记录的支持，如地方档案馆留存的档案材料，司法工作人员也可以直接走访集体土地权属争议发生的地点获取必要的信息，不会因地方性知识涌入专家系统而产生眩晕，保证司法效能，有利于集体土地权属的定分止争。此外，管辖调整至基层人民法院，使得审判监督审查的司法机关由最高人民法院调整至高级人民法院，在省内完成集体土地权属的最终裁判，与国务院关于土地审批的授权和试点委托省级人民政府相适应，更有效释放土地资源。

因此，解决集体土地权属争议行政裁决案件的程序反复，在考虑赋予法院变更权的同时，应当考虑通过授权试点变通诉讼程序的方式，调整法院对该类案件的级别管辖，实现环节的优化，弥合地方性知识和专家系统之间的间隙。

结语

随着集体土地流转和开发政策的持续宽松，可以预见的是，长期被忽

---

[18] 《行政诉讼法》第1条规定："为保证人民法院公正、及时审理行政案件，解决行政争议，保护公民、法人和其他组织的合法权益，监督行政机关依法行使职权，根据宪法，制定本法。"

视的集体土地权属等问题将浮出水面，经济利益与社会关系裹挟的基层治理能否有效回应，是本文选择研究集体土地权属争议的关怀所在。

集体土地权属争议行政裁决案件在程序中的反复，由此产生的集体土地资源配置效率低下与基层治理风险。

在这个意义上，通过"脱域—抽象"工具分析土地权属争议行政裁决案件的程序环节和参与者在该法律程序构建的场域中的活动，不仅可以梳理此种特定类型的案件，同时可以获得认知基层社会是如何在正式制度和非正式制度之间与国家权力互动的可能。本文提出的平衡地方性知识和抽象专家系统的平衡策略，在回应处理程序低效能反复和集体土地权属不确定问题的同时，也为其他种类的基层问题的解决提供具有参考价值的思路。体制的标准化和正式化是抽象专家系统有效运作的表现，各地多样化的情况是地方性知识的产物。它们之间的矛盾是新时代基层有效治理和经济发展面临的特有挑战。在应对挑战的试错尝试中，不同的应对策略将经过择优淘劣的演变过程脱颖而出。

更为重要的是，行政裁决制度与行政诉讼制度的功能分异，未受到足够的重视，使得制度衔接的设计存在缺陷，无法平衡解决纠纷和合法性审查，偏离制度设计初衷。本文通过分析特定的案件类型，提出行政裁决制度与行政诉讼制度的功能分异，希望有助于缓和纠纷解决所追求的效率与合法性审查注重的程序间的紧张关系，重新思考行政诉讼制度如何与不同类型的行政行为衔接的问题。

网络平台算法监管技术的规制

——以信息内容治理为例

严 可[*]

摘要：网络平台算法监管技术的兴起为传统法治带来挑战，如何规制平台算法监管技术成为实现有效网络治理的关键。本文通过对"内容治理类算法"运行原理及功能的分析和对各类平台算法的实证研究，发现当前存在两个方面法律风险。第一，"内容治理类算法"具有预先性、隐蔽性、不透明性，限制了用户自主性，无法保障用户的程序性权利。第二，当前法规中相关语义表述过于主观，增加了监管的不确定性。因此，当前"政府问责平台，平台严管用户"的管制型监管出现规制失灵。

在不确定的法律表述和严格的内容审核责任机

---

[*] 严可，中山大学法学院2022级宪法学与行政法学专业硕士研究生。

制的双重压力下,网络信息内容治理规范性、明确性不足。对此,本文提出应当限定政府和平台的主体责任。应当适用"强制的自我规制"的监管模式,实现个体自由与社会秩序的平衡。

关键词:网络信息内容治理 算法规制 个人自由 强制的自我规制

一、问题的提出

网络社交平台(以下简称社交平台)又称社交媒体,是指互联网上基于用户关系的内容生产与交换平台,如微博、微信等。社交平台具有两个特点:其一,数量众多的用户;其二,基于WEB2.0技术赋予用户自发生产与传播信息的能力。因此,在社交平台上,用户时时刻刻都在制作、复制、发布、传播海量的信息内容。根据《网络安全法》《互联网信息服务管理办法》以及《网络信息内容生态治理规定》(以下简称《信息治理规定》)规定,[1]社交平台是网络信息内容治理的责任主体。从性质上看,社交平台具有市场私主体与准治理主体的双重身份。在网络信息内容治理这一应用场景中,社交平台的身份是准公共主体,法律、法规和规章授权它通过其内部的"准立法权""准行政权"和"准司法权",来承担相应的治理责任。[2]

在实践中,社交平台对网络信息内容治理的方式是多样的,如用户注册、账号管理、信息发布审核、跟帖评论审核、版面页面生态管理、实时

---

[1] 《网络安全法》第9条规定:"网络运营者开展经营和服务活动,必须遵守法律、行政法规,尊重社会公德,遵守商业道德,诚实信用,履行网络安全保护义务,接受政府和社会的监督,承担社会责任。"《互联网信息服务管理办法》第15条规定:"互联网信息服务提供者不得制作、复制、发布、传播含有下列内容的信息:(一)反对宪法所确定的基本原则的;(二)危害国家安全,泄露国家秘密,颠覆国家政权,破坏国家统一的;(三)损害国家荣誉和利益的;(四)煽动民族仇恨、民族歧视,破坏民族团结的;(五)破坏国家宗教政策,宣扬邪教和封建迷信的;(六)散布谣言,扰乱社会秩序,破坏社会稳定的;(七)散布淫秽、色情、赌博、暴力、凶杀、恐怖或者教唆犯罪的;(八)侮辱或者诽谤他人,侵害他人合法权益的;(九)含有法律、行政法规禁止的其他内容的。"《网络信息内容生态治理规定》第8条规定:"网络信息内容服务平台应当履行信息内容管理主体责任,加强本平台网络信息内容生态治理,培育积极健康、向上向善的网络文化。"

[2] 参见许多奇:《Libra:超级平台私权力的本质与监管》,载《探索与争鸣》2019年第11期。

巡查、应急处置和网络谣言、黑色产业链信息处置等。这些机制与物理空间中的行政管理有诸多类似之处，但也有根本差别，网络空间中的信息内容治理以代码即算法这一规制技术为基础。[3] 以微博平台为例，平台对用户发送的信息内容进行审查、监督和处理，包括但不限于用户信息、发布内容、用户行为等范畴。若审核不通过则对发布内容和用户账号加以处置。[4] 目前，《个人信息保护法》[5] 和《互联网信息服务算法推荐管理规定》[6] 的出台极大减少了平台算法推荐技术可能引发的算法歧视、个人隐私和个人信息受侵犯等法律风险。然而，在平台监管用户行为的算法内容治理技术方面，有关的法律规章存在空白，使得平台基本依靠自身建立的算法架构对网络信息内容进行规制。

本文的问题意识是，具有准公共主体特征的社交平台，通过算法来进行信息管理过程中所产生的法律问题，如算法的透明度，用户言论自由、自主权、救济权。除了第一部分问题的提出，本文的第二部分讨论社交平台如何通过算法治理网络信息，第三部分讨论这种算法治理所引发的法律问题，第四部分研究算法治理的问责与监督。

二、依靠算法的网络信息内容治理

（一）社交平台中的网络信息内容

随着互联网技术的发展，网络平台实现了由单纯的"信息媒介"向

---

[3] 参见方兴东、严峰：《网络平台"超级权力"的形成与治理》，载《人民论坛·学术前沿》2019年第14期。

[4] 参见《微博服务使用协议》4.12：微博运营方有权对用户使用微博服务的行为及信息进行审查、监督及处理，包括但不限于用户信息（账号信息、个人信息等）、发布内容（位置、文字、图片、音频、视频、商标、专利、出版物等）、用户行为（构建关系、@信息、评论、私信、参与话题、参与活动、营销信息发布、举报投诉等）等范畴。

[5] 《个人信息保护法》第55条规定："有下列情形之一的，个人信息处理者应当事前进行个人信息保护影响评估，并对处理情况进行记录：（一）处理敏感个人信息；（二）利用个人信息进行自动化决策；（三）委托处理个人信息、向其他个人信息处理者提供个人信息、公开个人信息；（四）向境外提供个人信息；（五）其他对个人权益有重大影响的个人信息处理活动。"

[6] 《互联网信息服务算法推荐管理规定》第2条第2款规定："……算法推荐技术，是指利用生成合成类、个性化推送类、排序精选类、检索过滤类、调度决策类等算法技术向用户提供信息。"

"内容平台"的转变。只要注册平台账号,用户就可以通过在网络平台发表言论,实现类似现实空间的交流与互动。在网络平台中,用户是网络信息的主要生产者,社交平台本质上是人们网络交流互动的媒介。对此,《网络安全法》第47条[7]明确了作为网络运营者的平台承担对其用户发布的信息的管理义务。《信息治理规定》等部门规章的出台更是进一步强调了网络信息内容服务平台[8]对信息内容的管理。所谓"信息内容",是指网络平台用户通过账号直接发表内容产生的信息、评论其他用户发表的内容时产生的信息。根据《信息治理规定》第6条、第7条规定,用户不得发布违法和不良信息。依据《互联网信息服务管理办法》第23条规定,[9]如果平台用户利用平台发布了法律、行政法规所禁止的内容,那么平台需要对其用户的违法行为承担行政责任,情节严重的甚至面临平台网站的关闭。由此,信息内容管理在平台规制中显得尤为重要。

(二)"内容治理类算法"的运行原理

当前,基于网络平台信息内容庞大的特殊性,平台算法技术在其中发挥着重要作用。总体上,平台算法技术可以分为两个方向(如图1所示)。技术1强调用户发布的信息受到平台监管。当用户发布的内容或评论涉及违法违规信息时,平台算法可以对此进行删除或屏蔽等处置措施。相反,技术2强调平台向用户推送的信息。平台算法对用户点赞、转发等行为进行分析,从而通过热门搜索、个性化推荐等功能向平台用户精准推送相关内容。实践中,网络平台选择在技术1的基础上建构一种能够监管用户发布的信息内容的算法架构(以下简称"内容治理类算法")来治理社交平台的网络生态。

---

[7] 《网络安全法》第47条规定:"网络运营者应当加强对其用户发布的信息的管理,发现法律、行政法规禁止发布或者传输的信息,应当立即停止传输该信息,采取消除等处置措施,防止信息扩散,保存有关记录,并向有关主管部门报告。"

[8] 《网络信息内容生态治理规定》第41条第2款规定:"……网络信息内容服务平台,是指提供网络信息内容传播服务的网络信息服务提供者。"

[9] 《互联网信息服务管理办法》第23条规定:"违反本办法第十六条规定的义务的,由省、自治区、直辖市电信管理机构责令改正;情节严重的,对经营性互联网信息服务提供者,并由发证机关吊销经营许可证,对非经营性互联网信息服务提供者,并由备案机关责令关闭网站。"

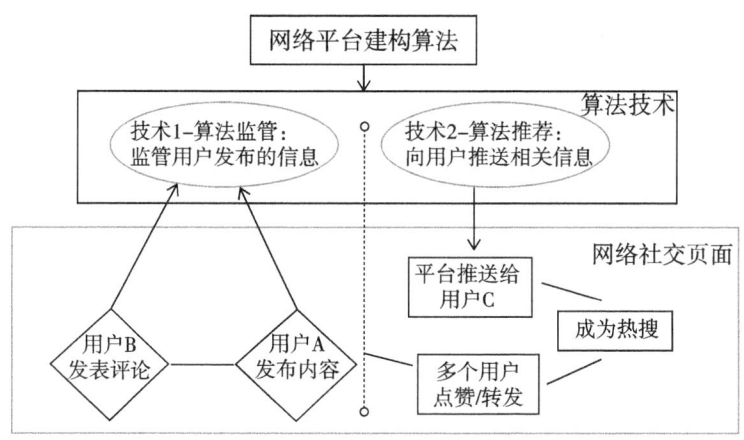

图 1　社交平台的算法技术

社交平台建构的"内容治理类算法"主要由三个环节组成，即确定审查标准、动态监测、违规处置（如图 2 所示）。首先，在审查标准方面，平台将《信息治理规定》和平台自身的制度条款直接设定为算法技术中的特定代码，使得这些条款成为内容治理类算法的实际运行标准。由于算法技术无法自行对每一条信息内容进行判断，算法监测的前提是算法设计者人为地将特定违法违规性词汇预先输入在算法代码中。如果审查标准发生变化，人工可以直接对算法进行修改。其次，在确立了算法监管的审查标准后平台开始运行，允许用户发布信息内容。此时"内容治理类算法"需要对平台内的信息开展动态监测。依据《信息治理规定》第 9 条规定，[10] 平台应建立网络信息内容生态机制，实现对平台的实时巡查。最后，当内容治理类算法监测并识别到涉及违规词条的信息内容时，将迅速对相关内容作出删除、屏蔽等处置措施。

---

[10]　《网络信息内容生态治理规定》第 9 条第 1 款规定："网络信息内容服务平台应当建立网络信息内容生态治理机制，制定本平台网络信息内容生态治理细则，健全用户注册、账号管理、信息发布审核、跟帖评论审核、版面页面生态管理、实时巡查、应急处置和网络谣言、黑色产业链信息处置等制度。"

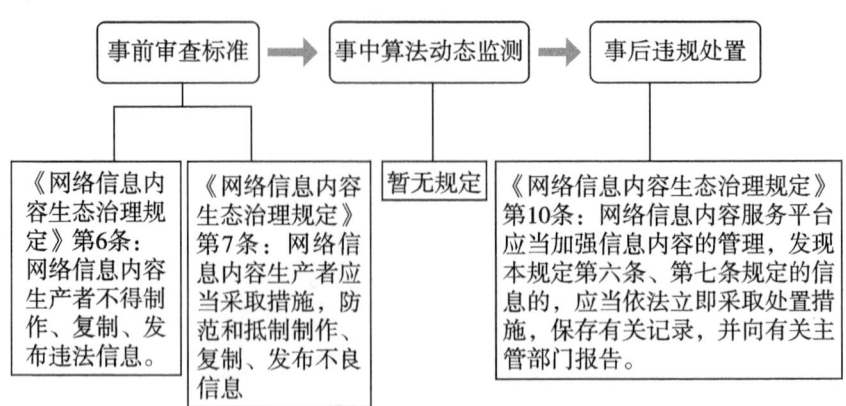

图2 "内容治理类算法"的运行原理

三、算法治理的法律风险与立法缺陷

(一)算法技术的内生风险

1. "内容治理类算法"架构的特征

首先,"内容治理类算法"架构特征在于具有事先预防性。不同于算法推荐技术的滞后性,即只能在事后分析用户行为并针对用户行为作出个性化反馈,内容监管型算法必须事前决定哪些词汇属于违法违规词汇。管理者在可能存在违规行为的领域预先设置了内部标准,以应对尚未出现的违规行为。因此,预设识别标准意味着"内容治理类算法"对是否违规的判断本质上是一种风险性预测。

其次,"内容治理类算法"具有执行隐蔽性。"内容治理类算法"的自动执行使得用户难以察觉其发表的信息内容受到算法审核。第一,识别自动化。从信息处理的角度分析,人工仅参与了算法的前期环节即设定运行标准代码,可以说,算法内容监管依靠自身系统已经完成了从监管到识别的全过程。第二,执行自动化。算法技术通过代码识别出相关词条后,直接对其采取删除、屏蔽等措施。因此,平台作为运营商实际是通过算法间接管理用户行为,当用户因为发表相关信息内容而受到平台处置时,其实际上接受的是算法技术的直接管理。

2. 风险预测型算法限制用户自主性

不同的算法架构模式下会产生不同的平台生态环境，用户行为也会受到算法架构的影响。针对现有平台算法技术，可以根据用户自主性分为"强制型算法""预测型算法"和"引导型算法"（如图3所示）。具体来说，"强制型算法"无关自主性，如用户只有输入密码后才能登录并使用平台。与之相反，"引导型算法"模式下的用户有较大的选择自主性。虽然用户作出的选择会受到算法推荐的引导从而产生一定的认知偏见，但是用户能够直接选择关闭引导型算法（如直接关闭"个性化推荐服务"），从而使个人决策不受平台算法的干扰。

而"预测型算法"则介于以上两种算法之间，用户在网络平台的自主性相对有限。平台在设置"预测型算法"的运行标准时，会对用户各种潜在行为进行风险预测。若用户选择的行为存在使网络平台陷入违规的风险，那么平台将通过"预测型算法"直接删除或屏蔽用户的该种行为，从而避免了该用户行为的实现。但是，该种预测标准用户并不知晓，用户只能事后从具体的行为结果中了解其行为是否被平台算法所允许。由此可见，"预测型算法"看似赋予用户极大的自主权，但实际上已经预先对选择范围进行限制。一旦算法技术构建的代码对平台用户行为作出限制，则意味着平台用户的选择只能从有限的选择集或选项中作出，从而降低用户行为自主性。

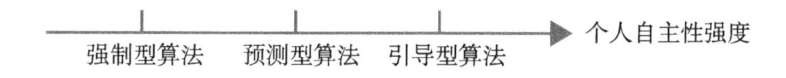

```
   ┃           ┃           ┃           ━━━━▶ 个人自主性强度
强制型算法   预测型算法   引导型算法
```

图3　平台算法类型

通过对"内容治理类算法"架构特征的分析可知，"内容治理类算法"属于"预测型算法"。首先，基于"内容治理类算法"的事先预防性，算法事中动态监管过程被隐藏在"算法黑箱"内部，只向平台用户显示处罚结果。然而，无论是《信息治理规定》等部门规章还是网络平台对其用户的技术公告，均没有对"内容治理类算法"的动态监测作出说明。平台将用户发布的信息内容放进既定的"内容治理类算法"中充分识别、过滤，只显示最终的过滤结果。"内容治理类算法"的动态监测过程在系统内部瞬间完成，根本无法分离出算法监管的程序、步骤和方法。由此可见，动态检测过程处于完全的"算法黑箱"之中。在"内容治理类算法"的运行下，平台用户只能发表平台允许发表的内容，一旦违反平台规则，平台算法将自动识别并直接进行处置。

其次，算法动态监测的隐蔽性使得作为被监管者的平台用户只有在受到处置时才能感受到算法技术的存在。进而，平台用户产生了平台算法只是辅助性决策工具的错觉，对"内容治理类算法"不做任何防备。可见，"内容治理类算法"的隐秘性和不透明性使得平台公众的知情权和参与权被架空，平台实际上代替用户作出了"发布什么内容"的行为选择。在此种情形下，平台阻断或者删除用户所发布内容具有极大的恣意性和不确定性，从而导致用户在平台发表言论的自主程度被压缩。人的尊严在法律规范和司法实践层面中应得到体现，人的尊严是现代政治和法律的一项核心价值。[11]而"内容治理类算法"的动态监测技术所天生带有的事前预测性和执法隐蔽性极大影响了平台用户的言论自主性。

（二）现有制度存在的缺陷

目前，为了防止平台对其平台信息内容治理市场失灵，《网络安全法》《网络信息内容生态治理规定》《互联网用户账号信息管理规定》等法律法规相继出台。然而，这些网络信息内容的法律法规偏重对网络平台监管义务的设定，对于用户个人权利保护的责任设计则相对被边缘化。笔者以当前较为热门的信息内容平台作为研究对象，将各个平台关于"内容治理类算法"的具体运作情况进行集汇总（如表1所示）。[12]

---

[11] 参见郑玉双：《人的尊严的价值证成与法理构造》，载《比较法研究》2019年第5期。

[12] 本文主要通过收集整理各类平台向用户发出的有关信息内容方面的用户协议，以了解算法具体运作标准和处罚程序。收集到的相关内容均为2025年2月版本。

从中发现了"内容治理类算法"对平台用户个人权利带来的风险。

表 1　有关"内容治理类算法"运行规则的平台公告

平台名称	事前审查标准（自行增加）	事中算法动态监测	事后处置方式	通知用户	公告处理结果	可申诉
微信[13]	以非法民间组织名义活动的	/	内容处理：删除屏蔽			
			账号处理：警告、限制、禁止使用部分或全部功能、账号封禁直至注销、回收账号	×	√	×
抖音[14]	不得制作、复制、发布、传播含有高危险性、危害表演者自身或他人身心健康的内容：任何暴力和/或自残行为内容；任何威胁生命健康、利用危险器械表演，或其表演方法可能危及自身或他人人身和/或财产安全的；怂恿、诱导他人参与可能会造成人身伤害或导致死亡的危险活动	/	内容处理：视情况采取预先警示、拒绝发布、立即停止传输信息、删除内容等措施			
			账号处理：短期禁止发布内容或评论；限制账号部分或者全部功能，直至终止提供服务；永久关闭账号及法律法规规定的其他处置措施	×	√	√

---

[13] 参考 2024 年 8 月 22 日微信《软件许可及服务协议》。
[14] 参考 2024 年 8 月 22 日《"抖音"用户服务协议》。

续表

平台名称	事前审查标准（自行增加）	事中算法动态监测	事后处置方式	通知用户	公告处理结果	可申诉
今日头条[15]	1. 使用本网站常用语言文字以外的其他语言文字评论 2. 与所评论信息毫无关系 3. 所发表的信息毫无意义，或刻意使用字符组合以逃避技术审核	/	内容处理：公司有权独立判断并视情况采取预先警示、拒绝发布、立即停止传输信息、删除内容或评论	×	√	×
			账号处理：短期禁止发布内容或评论、限制账号部分或者全部功能直至终止提供服务、永久关闭账号等			
快手[16]	1. 未经他人允许，或无视他人意愿，恶意搭讪、恶搞、骚扰他人 2. 实施或扬言实施威胁自身及他人生命安全的危险行为、危险游戏，如无专业保护的危险挑战、吃钉子或其他异物等 3. 恶意制造噱头博取关注或发布诱导欺骗点击，骗赞骗双击的内容	/	内容处理：当系统检测到您的评论中含有不符合社区规定的内容，该条评论会仅自己可见	×	×	×
			账号处理：当您频繁发布不符合社区规定的评论，可能导致您的视频/直播评论功能被封禁，情节严重者将封禁账号			

---

[15] 参考2024年8月22日《今日头条用户协议》。
[16] 参考2024年8月22日快手《社区管理规范》《快手软件许可及服务协议》。

续表

平台名称	事前审查标准（自行增加）	事中算法动态监测	事后处置方式	总体处理程序		
				通知用户	公告处理结果	可申诉
微博[17]	1. 标题党：使用夸张标题，内容与标题严重不符 2. 炒作负面话题：炒作绯闻、丑闻、劣迹等 3. 引战：制造事端或曲解原发内容本意，激化矛盾，引起不同群体相互攻击 4. 其他为获取流量和利益，侵害个人或单位合法权益的行为 5. 粗俗冒犯：使用不雅词句，发布诅咒他人、攻击逝者等言论 6. 引导人肉：曝光他人个人信息，号召他人进行非理性人肉搜索 7. 恶意挂人：通过节选他人截图或文字，故意激化矛盾，挑唆网络暴力	/	内容处理：删除、屏蔽、断开链接、禁止被转发、禁止被评论、限制展示、标注等 账号处理：禁止发布和评论、禁止被关注、禁止修改账号信息，限制访问直至关闭、注销账号等	×	√	√

---

[17] 参考 2021 年 5 月 21 日《微博社区公约》。

续表

平台名称	事前审查标准（自行增加）	事中算法动态监测	事后处置方式	总体处理程序		
				通知用户	公告处理结果	可申诉
知乎[18]	1. 网络水军：不得发布求取、发布刷单任务，传授刷单经验，宣扬刷单的内容。不得发布以不正当手段影响网络舆论，恶意炒作网络民意，干扰健康网络秩序的内容。如招募水军、借助平台发布水军任务、有偿删帖、买卖僵尸号等 2. 网络暴力：不得发布具有诽谤性、诬蔑性、侵犯名誉、损害权益和煽动性这五个特点的言论、文字、图片，不得发布以暴力或者其他方法公然侮辱他人、捏造事实诽谤他人的内容 3. 劣迹艺人：不得发布、宣扬劣迹艺人复出等有害信息的内容。不得发布对劣迹艺人进行支持、声援，号召粉丝聚集维权的内容。不得发布极端互撕、谩骂、恶意拉锯引战等有害信息的内容	/	内容处理：删除、重置、建议修改、限制流通、限制展示范围等 账号处理：撤销点赞、反对、关注、收藏等；限制发布内容、点赞、分享、搜索、登录等；对账号进行禁言、关闭账号、回收权益、扣除积分等	×	×	√

[18] 参考 2023 年 9 月 15 日《知乎社区规范》《知乎协议》。

续表

平台名称	事前审查标准（自行增加）	事中算法动态监测	事后处置方式	总体处理程序		
				通知用户	公告处理结果	可申诉
小红书[19]	1.炫耀远超常人的消费能力："是否对别人有用"是判定"炫耀"行为重要标准 2.商业秩序：不当营销形式、高风险行为营销、虚假种草行为	/	内容处理：扣除作弊数据、限制展示范围、禁止展示等	√	×	√
			账号处理：不能申请原创作者、账号禁言、账号封禁等			
哔哩哔哩[20]	1.剧透：在影片中恶意公开后续剧情信息。以挑拨观众为目的，恶意假装发布剧透式言论 2.恶意刷屏：发布大量无关及重复的评论或弹幕内容，影响他人的观看体验。在动态话题内发布大量与话题不相关内容或重复性质内容，影响他人观看及使用体验	/	内容处理：对于第三方因用户上传的内容向哔哩哔哩主张权利的，直接采取删除、屏蔽、断开链接等必要措施	×	√	√
			账号处理：对账号的使用权限、功能及相关信息进行部分或整体的限制、封禁，并将酌情清除因违规行为导致的新增关注。对于存在争议的账号，除对发布内容进行处置外，也将酌情对其账号采取添加平台提醒标识、校验实名信息、账号冻结等处置			

〔19〕 参考 2021 年 12 月 17 日《小红书社区公约》《小红书社区规范》、2025 年 2 月 4 日《小红书用户服务协议》。

〔20〕 参考 2025 年 2 月 4 日哔哩哔哩《社区公约》。

1. 法律规范表述模糊

从表1可知，目前各个平台自定义的算法识别标准与《信息治理规定》对法律、行政法规禁止的信息和不良信息作出的界定并不统一。表1的8家平台均自行对"用户不得发布内容"的具体类型进行增加。具体来说，该现象的出现主要在于当前法律规范对"违规信息"的标准表述并不确定，各个平台之间无法形成统一的信息内容识别、过滤标准。例如，《信息治理规定》第7条中"可能引发""易使人产生性联想的""致人身心不适的"，《互联网信息服务管理办法》第16条中"明显属于"，《互联网用户账号信息管理规定》第21条中"较大网络信息安全风险"等主观性较强的表述。

由此可见，有关网络信息内容的立法存在表述模糊化、标准宽泛化的问题，使得各类平台缺乏统一、明确的判断标准。从而在实践过程中，平台选择不断加大对用户发布的信息内容的审核力度，依靠算法技术过度预防所谓"不良信息"的出现。相对于法律法规，各平台对用户禁止发布内容的界定过于私人化，实际上进一步扩大了平台算法自动规制的信息范围。在当前的算法监管技术识别标准下，用户能够发布的内容远小于法律允许的范围。

2. 缺少程序性规定

从表1可知，各类平台的"内容治理类算法"存在程序漏洞。从多数平台规定中可知，用户受到算法的处罚后，不仅没有被明确通知其违反的具体规定，也无法对"内容治理类算法"的自动执法行为提出申诉。具体来说，第一，平台处罚程度过重。例如，表1中微博针对不同违规内容分别制定了9种内容处理方式和4种账号处理方式。第二，大量平台处理过程不透明，且缺少明确的申诉途径。当前，多数平台选择不公告处理结果，甚至有平台直接提出"有权在不事先通知的情况下"采取措施。[21]

---

[21] 《"抖音"用户服务协议》第4.7条规定："……如果我们有合理理由认为您的行为违反或可能违反上述约定，我们有权进行处理，包括在不事先通知的情况下终止向您提供抖音的全部或部分服务，并依法追究相关方的法律责任。"，参见2024年5月版本。

然而，对"内容监管型算法"处置结果的异议权和救济权等程序性权利是平台用户权益的重要保障，用户的申诉途径不明意味着平台的惩戒机制不完整，这不仅损害用户正当权益，也使缺少程序约束的平台惩戒规则丧失了权威性。

相关立法缺少细化的分级分类的惩戒规则和程序保障，如针对不良信息，《信息治理规定》第10条仅要求平台"立即采取处置措施"，尚未明确具体的处置手段。针对违反法律、行政法规的账号，2022年8月1日起施行的《互联网用户账号信息管理规定》中也仅列举了"警示提醒、限期改正、限制账号功能、暂停使用、关闭账号、禁止重新注册"。[22]实际上，由于算法的不透明性，普通用户难以对"内容治理类算法"的运行过程有细致了解。算法的"数据壁垒"使得平台用户在缺乏相应的算法技术知识和技能的情形下，即使对处置结果存在异议，也难以到算法内部对算法的决策逻辑形成实质影响。[23]在平台管理其他私主体时，传统权力行使所必须遵守的正当程序、公众参与、公开透明、理性平等原则均告失效。[24]因此，"内容治理类算法"看似优化了监管效率，实则损害了平台用户的程序性权利。

四、明确平台主体责任的限度

（一）管制型监管下的规制失灵

1."政府—平台—用户"模式具有不确定性

随着现代技术的发展，网络信息内容的传播速度变得极快，信息内容引发社会危害的可能性也逐渐增加。这种对"可能的社会风险"的紧张使

---

[22] 《互联网用户账号信息管理规定》第17条规定："互联网信息服务提供者发现互联网用户注册、使用账号信息违反法律、行政法规和本规定的，应当依法依约采取警示提醒、限期改正、限制账号功能、暂停使用、关闭账号、禁止重新注册等处置措施，保存有关记录，并及时向网信等有关主管部门报告。"

[23] 参见王怀勇、邓若翰：《算法行政：现实挑战与法律应对》，载《行政法学研究》2022年第4期。

[24] 参见许可：《网络平台规制的双重逻辑及其反思》，载《网络信息法学研究》2018年第1期。

得"伤害"的社会语境发生变化,网络法的规制重点从传统的对伤害的救济变为对伤害的预防。由此,有关网络信息内容治理的法律法规成为一种风险控制工具。在此过程中,基于算法自身高效率的技术优势,政府不再通过直接监管的方式开展网络信息内容治理,而是通过明确平台责任的方式分配政府监管权力,形成"政府—平台—用户"的治理结构。

然而该种治理模式仍然存在管制型监管的特征。具体来看,第一,当前法律规定以义务性规则的方式明确平台应为或者不可为特定的行为,忽视了政府与网络平台在治理过程中的双向互动,政府与平台之间只有形式上的沟通。第二,"政府—平台—用户"治理模式下,平台是否需要对用户发布违法内容承担行政责任是不确定的。当前对"伤害"的主观化评价导致平台自身难以统一估测与界定用户发布的网络信息内容可能造成的社会风险。而法律表述的模糊进一步加剧了有关网络信息内容规制的不确定性。同时,缺乏对于违反禁止性规定的法律责任的划分。从而,在不确定的法律表述和严格的内容审核责任双重压力下,平台对自身行为后果的可预期性大大降低。平台普遍选择以过度审查、删除用户发表的信息内容的方式来避免受到行政处罚。

2. 平台自我规制忽略法律价值

"政府—平台—用户"管理模式的背后逻辑一定程度上反映了平台依赖自身的算法技术具有显著的自我规制优势,平台始终是网络内容治理的关键节点。以算法代码为代表的技术规制工具最大特点在于其以不依赖于建立社会规范共识的方式来处理社会秩序问题,而且不依赖于道德纪律或对权威的服从。[25]因此,虽然算法天生的便捷高效性使其具有技术优势,但是这种绕过了价值观领域的平台监管极易忽视用户的个人自主性。正如前文所述,"内容治理类算法"作为一种"预测型算法",其风险预测的治理方式会在用户不知情的情况下限制用户的选择自由,忽略了对用户个人权益的保障。实际上,代码治理主要是一个治理工具技术系统,而

---

〔25〕 Morgan, Bronwen, and Karen Yeung. *An introduction to law and regulation: text and materials*. Cambridge University Press, 2007, p.104.

法律治理则是兼具工具和价值的复合系统。[26]因此，实现对算法技术的法治化意味着网络空间治理不仅考虑算法技术运行模式，也要关注法律的价值性判断。

在本文看来，当前网络内容治理存在的价值冲突主要在于法治秩序与表达自由的冲突，这实际上也暗含着算法技术与正当程序之间的冲突。传统法律程序所要求的机制被逐步瓦解，算法技术直接取代了对处罚理由的说明环节。同时，算法自动化决策本质是对于行政资源的分配，但这一过程改变了政府资源分配和监督行政相对人的一贯做法，转而由私营企业承担核心角色。[27]然而，平台遵循成本收益最大化的经济逻辑，本质上是在追逐私利的过程中解决社会公共问题。因此，平台承担网络内容治理的责任动机与传统的行政监管部门是截然不同的，"内容治理类算法"的架构模式必然存在干扰个人自主性的法律风险。

（二）适用"强制的自我规制"治理模式

网络平台在维护现代社会正常运行中扮演着重要角色，网络平台中的社会文化等集体法益越发受到关注。网络平台为大众参与公共活动提供了新的公共领域，[28]成为商业生态系统与社会生态系统的耦合系统。[29]当前，立法也明确了网络平台维护公共利益的社会职能。例如，《网络信息内容生态治理规定》提出平台应"培育积极健康、向上向善的网络文化"。《国家互联网信息办公室关于进一步压实网站平台信息内容管理主体责任的意见》进一步明确平台"兼具社会属性和公共属性"，需要"切实维护社会公共利益"。

---

[26] 参见王锡锌：《法治政府建设的"数治"与"法治"》，载《中国社会科学报》2022年第5期。

[27] 参见张凌寒：《算法自动化决策与行政正当程序制度的冲突与调和》，载《东方法学》2020年第6期。

[28] 公共领域是对公共意见形成过程的一个理论抽象，意指介于公共权威和私人领域之间的，通过聚会、社团、媒体等形式进行自由对话、公共交往、公开表达意见的公共空间，参见[德]哈贝马斯：《公共领域的结构转型》，王晓珏等译，学林出版社1999年版，第32页。

[29] 参见肖红军、阳镇：《平台企业社会责任：逻辑起点与实践范式》，载《经济管理》2020年第4期。

在"政府—平台—用户"模式中，已有法律法规强调平台责任在于促使平台加强审核，但行政监管部门的管制型监管实际让平台承担了替代自身执法的责任。对此，应当引入"强制的自我规制"（enforced self-regulation），[30] 将规制的职能分包给私人主体，让那些制造问题的主体将社会价值内部化，并主动调整其行为来消除这些问题。[31] 此时，有关网络内容治理的法律法规只明确框架性内容，相反让网络平台自己制定一套适合自身的私人规则，政府负责审查、批准平台的私人规则，在其私人规定不够严格时将其发回修订。同时，并不是所有网络平台都必须制定私人规则，基于成本考虑，规模太小以至于负担不起自己的合规团队的平台可以直接适用有关网络平台治理的法律法规。因此，政府一旦发现某一平台内容治理问题，可以要求平台制订方案来解决这一问题。这实际上是一种回应性规制，即作为回应，规制对象对自身施加内部式的规制。[32] 可以说，在"强制的自我规制"监管模式下政府作为行政机关仅发挥兜底作用，其主要职能在于预防平台自我规制异化，维护用户个人自由保障与网络秩序保护之间的平衡。

（三）实施有限的行政干预

基于对算法内生风险和制度运行模式的分析，对于网络内容治理的"强制的自我规制"重点在于将政府行政干预限定在合理的范围内。具体来说，政府承担保护和完善用户权利的职责。实践中，绝大多数平台用户不愿意花时间去阅读而直接同意平台用户协议，尤其在不选择就无法接受服务并且该服务的市场化程度较低的情况下只能无奈选择同意。这使得在所谓平台协议的存在下，即使平台用户的正当权利受到了侵害，也会因为集体行动困境而无法保障个人权益。对此，应当对平台和政府对网络信息

---

〔30〕 Morgan B，Yeung K，An *Introduction to Law and Regulation*: *Theories of regulation*，2007.

〔31〕 ［英］罗伯特·鲍德温、马丁·凯夫、马丁·洛奇：《牛津规制手册》，宋华琳、李鹓、安永康、卢超译，上海三联书店2018年版，第167页。

〔32〕 ［英］罗伯特·鲍德温、马丁·凯夫、马丁·洛奇：《牛津规制手册》，宋华琳、李鹓、安永康、卢超译，上海三联书店2018年版，第167页。

治理所负有的责任划定明确的限度，确保"内容治理类算法"的运行尊重平台用户的自主性，只能够以合理形式的干涉个人自由以防止对他人的伤害。[33]因此，算法的架构设计必须预先、明确告知被监管者能够自主选择范围，从而减少算法不透明所引发的对个人自由的干涉。

1. 技术规制：明确算法处置前的必经程序

在当前"内容治理类算法"架构下，要实现此种风险预测型算法的程序正义，关键在于保证平台用户的知情权和申诉权。对此，应当明确平台算法的运行架构中必须遵循程序正当原则，即"内容治理类算法"在处置前必须设置"预先通知程序"和"事后申辩程序"，以此作为算法决策生效的必备条件。具体来说应当设有三个必经程序。第一，对于涉及可能违规内容的信息，"内容治理类算法"应当在用户发布前进行事前的"发布预警通知"，若用户自行改正则可以正常发布而不受惩戒。第二，对于算法自动识别为含有违规内容的信息，必须向用户说明具体的处置依据，并将具体的算法的决策结果公开。该措施类似于行政处罚中的声誉罚，其目的在于提醒用户谨慎、自主选择发布的信息内容，以减少其再次发布违规信息的可能性。第三，在事后给予被处置的用户合理途径进行申诉，以保障用户正当权益。提高算法处置的透明性，从而有助于引导用户接受算法的自动化执法结果。[34]该程序设定让用户有更明确、合理的行为预期，从而可以更及时、有效地规制违规行为。

2. 自我规制：建立"内容治理类算法"备案制度

目前，针对算法推荐技术，监管部门提出了算法推荐技术备案[35]的规定。然而，在平台对用户行为监管的领域尚未提出类似的算法备案要

---

[33] 该观点主要基于约翰·斯图尔特·米尔（John Stuart Mill）提出的伤害原则（The harm principle）而产生。

[34] ［法］瑟格·阿比特博、吉尔·多维克：《算法小时代：从数学到生活的历变》，任轶译，人民邮电出版社2017年版，第139页。

[35] 《互联网信息服务算法推荐管理规定》第24条第1款规定："具有舆论属性或者社会动员能力的算法推荐服务提供者应当在提供服务之日起十个工作日内通过互联网信息服务算法备案系统填报服务提供者的名称、服务形式、应用领域、算法类型、算法自评估报告、拟公示内容等信息，履行备案手续。"

求。通过上文分析可知,算法内生性风险重点产生在算法的设计和运行阶段。对此,建立"内容治理类算法"的备案制度能够促进算法识别标准透明化,从而实现对"内容治理类算法"预防性和隐蔽性问题的有效回应。然而,网络平台算法通常涉及各类平台的商业秘密,直接解密算法虽然能够实现完全透明化,但是可能远超所能获得的效益。[36]相反,算法备案本质上是平台的强制性自我规制。虽然已有规定提出算法备案,但对有关"内容治理类算法"的备案内容和标准尚未作出详细规定。对此,应当将"内容治理类算法"的应用场景、识别信息内容的敏感程度以及社交平台自身的用户体量纳入算法备案内容中。同时,可以参照日本《改善特定数字平台上的交易的透明度和公平性法》[37]明确网络社交平台的"持续备案义务",从而实现对平台算法技术的动态监测。在该"内容治理类算法"备案制度下,平台首先对自己的"内容治理类算法"运行架构和具体识别标准作出解释,使得对相关技术性信息的分析负担由公众转移至算法运营者自身。另外,向行政机关备案可以依靠行政制约机制和公众监督机制保证算法备案信息的质量与真实性,[38]从而降低"内容治理类算法"隐含的一系列法律风险。

五、结语

我国网络信息内容的治理已经正式走上了法治轨道,加强对平台算法的法律规制是当前网络信息治理的重要内容。网络平台依靠算法技术实现对平台用户发布信息内容等行为的监管。然而,通过对平台算法运行架构的分析发现,"内容治理类算法"的过度预防性、隐蔽性等特征

---

〔36〕 参见胡敏洁:《自动化行政的法律控制》,载《行政法学研究》2019年第2期。

〔37〕 日本《改善特定数字平台上的交易的透明度和公平性法》规定了对特定数字交易平台供应商在AI算法系统使用过程中的持续上报义务,即特定数字平台供应商向日本经济产业省部(METI minister)提交年度报告,说明其合规状况,并就其在该法案下的义务的履行情况进行自我评估。

〔38〕 参见李安:《算法影响评价:算法规制的制度创新》,载《情报杂志》2021年第3期。

进一步加剧了算法的不透明性。同时，现有立法规制模式下，平台的主体责任过重，在不确定的法律表述和严格的内容审核责任双重压力下，"政府问责平台，平台严管用户"的管制性监管模式会有过度干预用户个人自主权之嫌。

对此，应当运用"强制的自我规制"管理模式，平衡政府与平台之间的责任关系。相关监管部门应当通过加强对算法的技术规制和增加自我规制的方式，完善平台算法的规制和问责体系，实现自由保障与秩序保护之间的平衡。

信用修复法律制度规范的精细化问题研究
——基于规范分析的展开

刘佳昕[*]

摘要： 我国当前正处在构建社会信用体系和信用立法的快车道，信用修复工作正在如火如荼地展开，信用修复法律制度规范构建处于探索阶段，通过分析具体的信用修复法律制度规范，规范内容不精细的问题日益显现：适用范围或松或紧、行为方式形式化倾向、救济机制缺失等。信用修复不仅意味着信用主体的信用评价得到改善，其背后有更深层的资源配置意义：还意味着该信用主体可获取的社会资源增多，与之存在竞争关系的其他主体获取的资源相比之前减少。从这一角度出发理解信用修

---

[*] 刘佳昕，中山大学法学院博士研究生。本文系国家社会科学基金重大专项研究"全面推进依法治国与国家治理法治化研究"（项目编号：17VZL008）的研究成果之一。

复，信用修复的本质作用在于调整和改善资源配置选择和市场活动决策，信用修复结果亦是服务于规避资源配置风险、增加市场交易安全。因而信用修复规范内容的设定必须精细化，这样最后的修复结果才能准确体现出信用主体的信用状况和可信任程度，帮助广大市场主体准确识别风险领域和风险程度，准确规避市场交易和资源配置风险，为市场决策提供正确指引。合理设定适用范围、类型化设定行为方式、补充设定救济机制等一系列精细化具体建议的提出，期望为信用修复法律制度规范内容朝着精细化方向发展寻求可能的突破。

关键词： 社会信用　　信用修复　　精细化　　资源配置

一、问题的提出

近几年来，出于规范市场秩序和政府监管机制转型的现实需要，我国在全国范围内积极推进失信惩戒措施，产生了极强的震慑效果。随着失信惩戒措施的快速广泛铺开，各类失信主体对信用修复的呼声也越来越强烈。2016年5月，国务院《关于建立完善守信联合激励和失信联合惩戒制度加快推进社会诚信建设的指导意见》（以下简称《社会诚信建设的指导意见》）明确提出，要建立健全信用修复机制，支持失信个人通过社会公益服务等方式进行修复个人信用。2017年10月，国家发展和改革委员会、中国人民银行联合印发《关于加强和规范守信联合激励和失信联合惩戒对象名单管理工作的指导意见》，明确提出了鼓励和支持自主修复信用，规范信用修复流程。纵观我国加快社会信用体系建设的多年实践，成绩斐然，信用修复法律规范的构建工作在快马加鞭地推进下初显成效，然而随着建设过程的推移，也带来一些问题，最突出的莫过于规范内容的不精细问题：短时间内加快速度出台信用修复相关规范，未能审慎、细致考量规范的内容，在市场结合、实施效果方面的考虑也有所欠缺，内容较为粗略、质量有待提高。

建设社会信用体系的需求发端于政府运用传统行政管理手段治理大量市场失范行为时的无力与低效，构建思路则来源于经济领域的征信制度,将征信领域的"经济信用"扩展至社会领域的"社会信用",最终目的是构建良好的市场秩序和塑造诚信社会的氛围。由此可见,与征信领域的"信用"相比,社会信用体系中的"信用"虽然将适用领域扩宽至整个社会领域,但是两种"信用"辅助市场决策、规避市场风险的本质作用是一脉相承的:在现代的陌生人社会中,信息不对称带来极大的信用风险,无论是信用评价、失信惩戒,还是信用修复,都是为了弥补信息不对称问题,通过揭示各个信用主体的信用历史和现状,帮助广大市场主体准确预测潜在交易对象的未来信用状况,进而作出合理决策,减少交易对方不履行承诺而带来损失的风险,因此有学者认为信用的核心功能是辅助用信人决策——特别是与配置稀缺市场和公共资源有关的决策。[1]

对失信者进行信用修复不仅意味着其信用状况已恢复原状,其背后有更深层的经济意义:对于其他市场主体而言,这意味着该信用主体可以重新被信任,向该信用主体配置资源的风险降低,与之交易的安全性得到提高;对于信用主体本身而言,则意味着可获取资金、物资、服务等社会资源的能力提高,与之存在竞争关系的其他主体获取的资源相比之前减少。

综上,信用修复的本质作用在于调整和改善市场主体未来的资源配置选择和经济活动决策,信用修复的结果亦是服务于规避交易风险、增加交易安全。因此,信用修复制度规范必须进行精细化的考量,只有经过精细化的审慎细致考虑的信用修复规范内容,最后的修复结果才能准确展现出信用主体的信用状况和可信任程度,向市场主体准确传递市场交易和资源配置风险的信号,帮助市场主体准确识别出潜在交易风险,降低交易成本,提高社会资源使用效率,真正起到市场决策的"风向标"作用。

因而本文旨在从精细化的角度出发,对已经出台的信用修复法律规范进行分析,总结实践经验,提炼反思当前信用修复法律制度中突出的不精细问题,探究把握精细化道路上应受到的基本要求和约束,在此基础上提出走向精细化的具体形塑建议,为进一步推进信用修复法律制度规范向精

---

[1] 戴昕:《声誉如何修复》,载《中国法律评论》2021年第1期。

细化、规范化方向发展寻求可能的突破。

二、信用修复法律制度规范体系的现状分析

自 2014 年 6 月国务院印发《社会信用体系建设规划纲要（2014—2020）》以来，社会信用体系建设工程声势浩大地展开，经过近几年的发展，信用修复法律制度规范构建工作取得了初步成就，形成了一套初具规模的规范体系，在从微观角度分别探析信用修复规范具体内容的不精细问题前，有必要先从宏观层面分析总结当前信用修复法律制度规定体现的基本情况和总体格局，从宏观视角审视规范体系的整体结构和布局。

在此之前，无论从宏观角度抑或从微观角度分析，都有一个必须明确的问题：哪些规范文件可以纳入信用修复的规范体系之中？当前整体社会信用体系都处于发展初期，改革探索阶段必然要从地方开始先行先试，由地方制定一些低位阶的地方规范性文件来逐步探索试错，将一些成功成熟的经验积累起来后，上升到更高位阶的法律文件中予以规范。正是考虑到信用修复法律制度构建处于起步阶段，目前的一些改革措施规定在地方规范性文件中予以施行，可供具体分析的法律制度规范也多是规范性文件，不论是从社会改革规律的角度，还是从理论分析的便利角度，将法律、法规、规章和其他规范性文件都包含在信用修复法律制度的规范体系内是更为合适的。所以下文中有关信用修复法律制度规范的分析都同时涵盖了法律、法规、规章及其他规范性文件。

从宏观角度出发梳理信用修复法律制度规范体系的整体结构及布局，概括出以下四个总体性特征。

第一，在整体位阶层面，法律规范的整体位阶较低，规章以上法律规范文件少，多是规范性文件，效力层级低。当前不仅尚无一部法律为信用修复的原则和性质提供基本依据，而且提到信用修复的规章以上法律规范文件也是寥寥无几。行政法规层面，2013 年国务院《征信业管理条例》第 25 条中规定了信息主体对征信机构错误信用记录的异议权，但这是关于征信修复的规定，而不属于严格意义上的信用修复。2014 年《企业信息公示暂行条例》第 17 条规定了被列入经营异常名录企业履行相关义务后的移出机制。社会信用相关的地方性法规和地方政府规章中用一个至两个条文对信用修复加以粗略的规定。一些行业的部门规章中，零星地提到信用修复。专门对信用修复进行细化规定的都是规范性文件，甚至很多是地方政府的某个职能部门制定的规范性文件，效力层级低，且这些文件多为试行、暂行，权威性不足。[2]

第二，在纵向层面，国家层面法律规范少，地方层面法律规范多，以地方规范为主。国家层面的规范文件更多只是强调信用修复的重要性，或对信用修复作整体的原则性规定，规定较为模糊粗糙，也缺乏具体的可操作性，具体内容仍依循着"地方立法，先行先试"的思路，由地方先行立法探索开展信用修复活动。而各地法律规则的标准不尽统一，呈现出碎片化的特征，比如信用修复范围的划定、完全修复标准的界定、修复行为的设置等参差不齐；同时，在政策要求和需求紧迫等情况下，不少地方可能并未真正做好充分的实地调研等准备工作就匆忙立法，难以保证立法质量，也难以满足地方实际需求，总结下来，地方规范虽然数量多，但是较为粗糙、缺乏特色，规范内容不一定能够真正满足地方信用建设需要。

第三，在横向层面，专门的信用修复法律规范较少，信用修复的相关规范内容通常包含在一般性的社会信用法律文件中。梳理目前已出台的省级社会信用相关的地方性法规，除了陕西省未规定信用修复，其余省级社会信用条例均在"信用主体权益保护"部分规定信用修复相关内容。但总结发现，受制于整体立法的简洁性和完整性，这些省级社会信用条例中对于信用修复的规定都只有一个至两个条款，篇幅有限，内容方面都是粗略的原则性、概括性规定，不具有可操作性，有待地方专门的信用修复立法予以细化。

---

[2] 比如贵州省市场监管局制定的《贵州省市场监督管理信用修复管理实施办法（试行）》、深圳市交通运输局制定的《深圳市交通运输局行政处罚信息信用修复工作指引（暂行）》、云南省人力资源和社会保障厅制定的《云南省劳动保障监察信用修复管理暂行办法》、安徽省市场监督管理局制定的《安徽省市场监督管理信用修复管理暂行办法》。

第四，在整体类别层面，有专门针对失信法人以及不区分自然人和法人的法律规范，但缺乏专门针对失信自然人的法律规范。根据适用主体的不同，信用修复规范可以分为自然人适用的、法人适用的、不区分自然人和法人适用的三种类别。当前大部分信用修复管理办法是一般性的、适用时不区分自然人和法人，除此之外有一部分信用修复规范是专门适用于失信法人的，目前已经有6部这样的规定，[3]但是仍没有专门适用于自然人的信用修复规范。可见，地方层面更注重法人信用主体的信用修复，还没有地方专门为失信自然人的信用修复而制定相关规范。而实际上由于自然人不能和法人一样合并、分立、重组，也没有破产制度，自然人的信用修复往往更加困难，也更迫切需要。

三、信用修复法律制度规范中存在的问题

（一）适用范围过松或过紧

目前已出台的省级社会信用地方性法规中，对信用修复的适用范围仍采取"一刀切"的方式，未具体设定可以修复的失信行为范围。专门的信用修复相关的规章、规范性文件中，适用范围的设定有些过于宽松，而有些过紧。

设定过于宽松体现在：（1）没有直接设定哪些行为允许申请信用修复，而哪些行为排除在外，只是将失信行为划分为严重失信行为和一般失信行为，不同类型失信行为的区分在于信用网站上的公示期限不同，比如《银川市住房和城乡建设局行政处罚信息信用修复制度》；（2）关于失信行为整改的适用时间范围，大多数地方或并未具体规定，比如《甘肃省药品安全信用管理办法（试行）》，或仅泛泛地规定在一定期限内完成整改，比如《辽宁省交通运输信用信息修复管理办法（试行）》。这种宽松

---

[3] 分别是《广西壮族自治区市场监督管理系统严重违法失信企业信用修复试行办法》《山东省市场监督管理局关于建立严重违法失信企业信用修复制度的实施意见》《海南省市场监督管理局严重违法失信企业信用修复办法》《上海市企事业单位生态环境信用修复管理规定（试行）》《苏州市建筑企业信用修复管理办法（试行）》《宁波市企业劳动保障信用承诺和信用修复管理暂行办法》。

的规定使得信用修复机构拥有较大的裁量权，从而可能导致职权滥用和实操过程中的不公平现象。

设定过紧体现在许多信用修复的规范文件设定适用范围时，除了其他相关因素外，还将无关联因素纳入设定考虑范围，最典型的就是将行政约谈相关事项纳入考量。比如《河南省公共信用信息修复管理办法（试行）》《吉林省公共信用修复管理暂行办法》和《深圳市交通运输局行政处罚信息信用修复工作指引（暂行）》规定，信用主体无故不参加约谈、约谈事项不落实，经督促后仍不履行的，不得予以信用修复。行政约谈作为一种新型行政活动方式，其本意是通过双方平等协商，高效完成行政任务，"柔性与非强制"应该贯穿行政约谈的全过程。但由于作为新兴事物的行政约谈目前未有完善的法律制度约束，出现行政机关对行政相对人强制执行约谈事项，行政约谈成为行政机关实施行政处罚权力或行政强制权力时逃逸法律制度约束的工具。在信用修复领域，也不乏此种"以谈代罚"的现象：设定适用范围时，对不参与行政约谈或者不履行行政约谈结果的失信者，不给予其信用修复的机会，在规定的期限内其惩戒措施会一直持续，这实际上已经在某种程度上对失信者产生了一定的"惩罚"效果，而且失信者会为了减轻或消除这些惩罚效果而选择履行约谈事项，已经难以体现约谈本身的自由性和协商性，[4]使得行政约谈沦为行政处罚的替代品。信用修复领域行政约谈的功能应是督促失信主体主动改正，绝不能借约谈之名，以行政强制力限制失信主体的权利自由。

（二）行为方式具有形式化倾向

国务院办公厅发布的《关于加快推进社会信用体系建设构建以信用为基础的新型监管机制的指导意见》（以下简称《新型监管机制的指导意见》）中提到失信市场主体在规定期限内可通过作出信用承诺、完成信用整改、通过信用核查、接受专题培训、提交信用报告、参加公益慈善活动

---

[4] 邓禾：《环境行政约谈的实践考察及制度完善》，载《重庆大学学报（社会科学版）》2018 年第 4 期。

等方式开展信用修复。该指导意见中提及的行为方式可以概括为第三方修复、信用承诺修复和公益修复三种类型。地方层面的社会信用条例和专门信用修复管理办法关于信用修复行为方式的规定，在基本延续该指导意见精神的同时，也出现了大量"履行行政处理决定或司法裁判"式修复的情形，以下分别阐述这四种类型的修复行为方式及其形式化倾向。

1. 第三方修复

2019年7月2日，国家公共信用信息中心在"信用中国"网站发布《关于发布可承担信用修复专题培训任务的信用服务机构名单（第一批）的公告》和《关于发布可为信用修复申请人出具信用报告的信用服务机构名单（第一批）的公告》，13家信用服务机构获得承担信用修复专题培训的资格，62家信用服务机构获得为信用修复申请人出具信用报告的资格，实践中，失信主体可以参加上述第三方服务机构提供的信用培训、通过上述第三方服务机构出具信用报告来进行修复，这也是政府促进专业性第三方信用修复机构发展的初步实践。

第三方信用服务机构多以公司形式存在，通常采用商业化运营和收费模式，信用报告和信用培训作为其推出的主要商业产品，各家培训机构对于出具一份信用修复报告或参加一套专题培训课程有明确的收费标准，并且各不相同。信用培训课程主要是社会信用体系建设、行业政策法规解读、企业风险防范等与信用相关的内容，线上或线下完成培训课时后可以参加考试，通过考试后由信用机构开具信用修复报告，经审核完成后可从"信用中国"网站上撤除行政处罚公示。市场化的信用服务机构在降本提效的逐利本性驱使下，难有动力为失信者认真提供有针对性的整改方案，出具千篇一律的专题培训和信用报告，难以体现出专题培训、信用报告与信用修复之间的实质关系。[5]

值得警醒的是，如果失信者事前预知可以通过花费一定的金钱完成信用修复，失信成本将被量化为具体数额，失信成本完全可以由金钱衡量，

---

[5] 参见《国家发展改革委办公厅关于进一步完善"信用中国"网站及地方信用门户网站行政处罚信息信用修复机制的通知》（发改办财金〔2019〕527号）。

那么就会出现用金钱换取信用的道德风险。当市场主体采取行动前可以明确地计算出失信成本时，市场主体可以将失信成本预先算入成本中，进而结合管理、销售等一般费用，事先计算出失信是否可以赚取利润，或者事先确定一个可以赚取最多利润的模式，从而在失信行为中获利最大化，即使事后被惩戒、需要信用修复，同样可以确保从失信行为中获利，最后导致市场主体更加放心大胆地从事失信行为。

2. 信用承诺修复

当前信用承诺是信用修复的必备条件，但是通过考察各地以及"信用中国"的信用承诺书，可以发现信用承诺书的内容模板化、固定化的现象比较明显，特质性不明晰，几乎都集中在对履行行政处理决定义务的承诺、对遵守法律法规的承诺、对守信经营的承诺以及接受各方监督的承诺，信用主体只需在这个模板上填入个人信息，然后签字盖章即可。这些缺乏针对性的承诺事项使得信用承诺书的约束性大打折扣，在市场主体中形成"信用承诺书就是形式上的随意允诺，不会产生确切后果"的惯性思维。[6] 同时，信用承诺书是信用主体的单务行为，遵守与否完全依赖信用主体的自律。信用主体作为市场中的理性人，有可能作出机会主义的行为选择，而信用承诺异化为信用主体追求自身利益最大化过程中"表面上约束自己、实际提供一个掩饰自我宽容的承诺道具"，即发生了"自律异化"，[7] 破坏了信用承诺书的公信力，腐蚀社会信用体系。

3. 公益修复

公益修复的具体行为包括参加公益志愿活动和参加慈善捐赠活动两类。《社会诚信建设的指导意见》明确提出支持失信个人通过"社会公益服务"等方式进行信用修复。《新型监管机制的指导意见》中提到的开展修复的方式也包括了参加公益慈善活动，地方层面的社会信用相关地方性

---

［6］ 张鲁萍：《公法视域下的信用承诺及其规制研究》，载《哈尔滨工业大学学报（社会科学版）》2020年第5期。

［7］ 唐清利：《社会信用体系建设中的自律异化与合作治理》，载《中国法学》2012年第5期。

法规也基本沿用中央指导文件规定的行为方式。参加公益志愿活动和进行慈善捐赠作为修复方式看似合理，然而根据不当联结禁止原则，这种公益修复方式的合理性有待商榷。

4. "履行行政处理决定或司法裁判"式修复

将信用修复等同于履行行政处理决定或司法裁判，认为只要失信行为人履行了行政处理决定或司法裁判所确定的义务，便意味着其纠正了失信行为，完成了所有修复行为，达到了信用修复的要求。这种思维误区在各省信用修复相关规范性文件中广泛出现，比如《吉林省公共信用修复管理暂行办法》第 8 条和《浙江省公共信用修复管理暂行办法》第 5 条。至少从各省信用修复规范文件的语言表述上看，都将"履行了行政决定和司法裁判的义务"和"社会不良影响基本消除"联系在一起，似乎行政机关认为只要履行了行政处理结果或司法裁判的义务，就可以认为其社会不良影响已经基本消除，可以基本达到信用修复的条件。这种认识显然过于片面，信用修复除了履行义务、承担责任，更需要各种方式的整改措施：信用主体的整改行为需要行政机关的督促，需要第三方信用机构的协助，也需要社会公众的监督。相比传统行政管理模式，信用修复显然不能"一蹴而就"完成；信用主体的整改行为需要行政机关的督促，也需要第三方信用机构的协助，更需要社会公众的监督。信用修复是行政机关从管理走向治理、在服务引领下走向多元协商共治的典型领域，不宜简单以执行行政处理决定或司法裁决代替修复。

（三）救济机制的缺失

信用监管作为新型政府监管方式，制度的实施效果更加被重视，相应的保障救济机制并没有随之构建起来，使得当前社会信用体系中呈现救济机制整体缺乏的问题，而这一问题在信用修复中则更加凸显。《社会诚信建设的指导意见》中提出建立健全信用信息异议、投诉机制，支持信用主体通过行政复议、行政诉讼等方式维护自身合法权益。《新型监管机制的指导意见》中对此也进行了再次重申和强调。然而，目前地方层面对此仍缺乏重视，各地信用修复管理办法中对于行政相对人不服信用修复处理结果的情况,有些是未规定任何救济措施、完全空白,比如《上海市人民政府办公厅关于进一步做好本市公共信用信息修复工作的若干意见(试行)》《云南省劳动保障监察信用修复管理暂行办法》;有些是在"责任监督"章节中用一个条文粗略规定了申请人的异议权,比如《吉林省公共信用修复管理暂行办法》第25条;有些虽然规定了信用修复机构违法修复的责任,但是没有明确赋予申请人提出异议的权利,也没有规定哪些主体可以启动对违法信用修复机构的责任追究程序,易导致信用修复责任监督条款被虚置,比如《河南省公共信用信息修复管理办法(试行)》第13条。

四、信用修复法律制度规范精细化的基本要求

(一)适用范围精细化的要求

在修复范围的具体设定上,检视修复范围是否能够为市场交易和资源配置起到准确的指引作用,需要有更加科学、审慎的考量,对于适用范围的设计至少需要有以下两个层面的考虑与限制:

1. 应当发挥面向未来决策的激励作用

一方面,对于已经受到惩戒的失信主体,激励其通过积极行为恢复信用,尽快解除限制;另一方面,对于潜在的失信主体,"信用修复政策及其执行的过程好像是一场公开的演示",[8]通过信用修复高昂的经济成本和时间成本,抑制市场主体潜在的失信动机,引导广大市场主体在市场经济活动中的决策,激励公民作出维持良好信用评价、避免失信行为的市场决策。并且,虽然激励已受惩戒的信用主体纠正失信行为确实是一项重要制度功能,但是从长远来看,引导包括潜在失信主体在内的市场个体的未来决策恐怕更具有战略性意义。换言之,信用修复制度在整体上更依赖面向未来的正向激励功能:不仅仅是惩罚,更是教育和引导;除了面向过去的填补,更有面向未来的警示和预防。因而,若要符合信用修复的制度功

---

[8] 吴晶妹:《开展信用修复工作的现实意义与路径》,载《中国信用》2019年第8期。

能，设置适用范围时应当以允许修复为原则、不予修复为例外，允许修复的范围应该大于不予修复的范围。

2. 应当考虑整体的失信成本

如果仅仅考虑信用修复制度的激励未来诚信决策作用，我们很容易得出"信用修复的适用范围越宽越好"的结论，但是如果从整体社会信用体系出发，我们会发现更多微妙的问题。信用修复制度处于社会信用体系框架中，在设计其适用范围时，绝不可能不考虑与其他信用制度——主要是失信惩戒制度——的衔接协调关系，这关系到整体的失信成本问题。

具体来说，失信惩戒制度的形成直接源于传统监管方式对于矫正市场失范和维护市场秩序的日渐乏力，我国的信用修复制度可以说是在失信惩戒制度如火如荼的开展中发展起来的，信用修复适用范围设定的松紧直接关系到整体的失信成本以及失信惩戒制度的实践功效。具体来说，如果适用范围的设定太宽，行为人在任何情形、任何时间段下均可通过信用修复重塑信用，那么将使得潜在失信者提前预知，即使受到惩戒，也可以轻易消除所受惩戒及其负面影响，整体的失信成本大为降低，市场主体将不再畏惧失信惩戒，履约守信动力也随之减小，减损失信惩戒制度的严肃性和震慑力，如此下来前期的失信惩戒措施也只是浪费资源，没有任何实际意义。反之，如果信用修复的适用范围被限制得过于狭窄，随着失信惩戒措施的扩大，"信用极刑"下将催生出一大批"信用难民"，[9] 他们长期无法享受到修复信用、预防失信措施带来的利益，信用修复的边际收益小于边际成本，修复行为无法产出积极价值，导致他们不仅没有动力修正失信行为，而且为了寻求更大的生存空间和经济收益，反而会转身继续从事失信行为。进一步地，当失信惩戒措施丧失有效的边际震慑时，他们会更加肆无忌惮、无所顾虑地从事失信活动，长此以往信用制度逐渐空转，成为被虚置的僵尸制度。同时，这些"信用难民"被驱逐出市场和社会，长期处于狭窄生存环境中，更容易作出极端、恶劣的决定，对社会秩序造成的

---

[9] 林彦：《信用惩戒制度对行政法治制度的结构性影响》，载《交大法学》2020年第4期。

潜在影响值得警惕。

（二）行为方式精细化的要求

修复行为和失信行为必须具有关联性，信用修复不是为了修复而修复，而是要让每个人真正进行实质性整改，这样的行为方式才是有效合理的。明确"修复行为和失信行为必须具有关联性"，这既是信用修复制度在资源配置意义下的必然选择，也是行政法基本原则之一"不当联结禁止原则"的基本要求。

1. 应当满足降低决策风险的要求

如前所述，信用修复信息应当能够有效反映与被信用主体交易的安全度，降低市场主体的市场决策风险，因而"修复行为和失信行为必须具有关联性"便是其中应有之义：一方面，对于其他市场主体角度来说，信用修复信息是市场主体作为资源配置主体，评判交易相对方是否可以施以信任，从而规避资源配置风险和提高资源配置安全的重要依据。[10] 在潜在交易者眼中，失信就意味着不足为信，无法相信与失信人交易、向其配置资源的安全性；同样地，信用修复则是向潜在交易者传递该信用主体可以重新被信任、可以放心向其配置资源的信号，所以说信用修复必须真实反映市场主体改过自新、纠正错误的状态，帮助广大市场主体规避资源配置风险、保障交易安全。而另一方面，对于该失信者来说，如果想要修复自己的信用，意味着希望提高潜在交易对象向其配置资源的信任度，希望获得更多的资源配置机会，那么必须通过实质性整改，真正纠正往日错误，证明今时不同往日，现在的自己已经足以被信任或值得交易。

2. 应当满足不当联结禁止原则的要求

根据行政法基本原则之一不当联结禁止原则，行政相对人被要求承担的义务要与立法目的有合理的联结关系。根据此原则，行政机关设定信用修复行为方式时，必须与失信惩戒措施的变更有实质性关联，禁止行政机关利用失信人的信用修复行为来完成不具有关联性的行政管理目标。在信

---

[10] 陈国栋：《论违法行为的信用惩戒》，载《法学评论》2021 年第 6 期。

用修复的实践中,有行政机关为失信主体设定与改善信用状况不相关的修复行为,导致真正应当给予失信主体承担的修复行为被抛弃,而与失信主体的信用状况无实质联系的行为却被要求承担。这种形式主义的修复不仅会滋长修复机关的懒政思维和懒政现象,而且无助于失信主体信用修复目的的实现,甚至引发投机行为。循此,信用修复结果并不能准确传达出信用主体的真实信用状况,市场主体据此作出了错误的资源配置决策后,对政府信用修复信息和信用修复活动的认可度、信任度都将大为下降,未来市场主体将不愿意以政府背书的市场主体信用判定作为市场决策和经济交易的依据,最终损害的既是政务信用和政府公信力,也是整体社会资源分配的效率与公正性。

(三)救济机制精细化的要求

信用修复中救济机制的法理依据主要在于保障信用主体的信用利益。信用修复涉及的是申请者的信用评价,不论信用主体处于何种社会地位,只要其存在于一定的社会关系中,那么与之相连的社会评价就会存在。无论是农耕经济的熟人社会,还是商业经济的风险社会,基于对受信人的信任,授信人才选择与对方交易,信用有助于授信人判断对方行为的可预测性和交易稳定性,因而信用评价先于市场交易,信用评价是获得经济利益的媒介,信用评价直接影响后续市场交易的成功与否,直接改变相对人通过信用可获得的经济利益,不同的信用评价将导致获得社会资源或者交易机会的多少。可见,对于授信人来说,信用评价与是否信赖受信人直接相关;而对于受信人来说,信用评价对市场主体获得交易机会和获取经济利益有着紧密且直接的影响。[11] 信用修复传达的是经济关系调整的信息,行政机关不予以信用修复,不良的信用评价会直接导致信用主体的市场活动空间继续被压缩,减少其可以获得的资源配置机会和市场交易机会,直接冲击其经济利益的获得;而失信者成功修复信用后,良好的信用评价可以稳定对信用主体的交往期待和行为期待,是交易发生、获得资源配置机

---

[11] 李晓安:《论信用的法权性质与权利归属》,载《法学论坛》2020年第2期。

会的前提，直接决定的是其"期待"利益的获得。

综上，信用利益本质上是一种经济利益，是一种建立在信任基础上的、信用主体可获取的资金、物资、服务等社会资源的经济利益，信用利益随着当前信用经济的发展，越发凸显出其宝贵的经济价值，所以信用修复的过程中，争议的发生会越来越频繁，也可能出现行政机关违反公法原则或法律规范而造成信用主体的经济利益受损的情形。为了保障信用主体的经济权益，根据"无救济则无权利""有权利必有救济"的法治基本要求，在合法性框架下的信用修复必须保证行政处理行为是可审查的、引发的争议是可解决的，保证受损的信用主体可以诉诸行之有效的救济机制。信用修复制度中同样应当增设行政复核、行政复议和行政诉讼等救济方式，畅通救济渠道。

五、信用修复法律制度规范精细化的具体形塑

（一）合理设定适用范围

设定适用范围时可以采用反面列举的立法模式，划定不予信用修复的失信行为的范围，从反面对失信主体无法进行信用修复的失信行为范围进行设定，剩余的行为均允许进行修复。选取这种反面列举的立法模式是考虑到，信用修复既然要发挥其对未来市场决策的正向激励作用，那么大部分失信行为应该给予失信者进行纠正的机会，总体上允许修复的范畴应该远大于不予修复的范畴，否定式列举模式符合"允许修复为原则，不予修复为例外"的精神。至于不予修复行为范畴的划定，则应该在扩大正向激励、指引未来效果的同时防范道德风险，本文认为可以"严重失信行为"确定不予修复的范围，即考虑失信行为的严重程度，严重失信行为的范围即为不予信用修复的范围。判定是否为"严重失信行为"应遵循以下两个步骤：

1. 第一步：确定是否属于失信行为

理论上，只有"失信"行为才可以适用社会信用制度，这应该是整个社会信用制度适用的前提，根本无须在信用修复中再次特地提及，但是

从我国社会信用体系的现实情况来看，在此特地来讨论这个问题却显得尤为必要。目前我国社会信用体系建设在并未厘清"失信"精确含义之背景下，就如火如荼地运用推广于实践，即使目前信用制度已经广泛铺开有数年之余，关于什么是失信，目前仍没有高位阶的法律作出统一精确的定义，而是由效力层极低的规范性文件进行列举，一些地方政府将失信行为与违法行为混为一谈，把单纯的违法行为列入失信范畴，更有甚者，将失信行为的范围扩展到违纪、违反社会公德、违反职业规范等。失信和违法虽然是两个不同的概念，但也存在重合，即违法行为涉及欺诈、违约、造假、冒领或竞争法规定的违反公认商业道德等行为时，这时重合的部分即为失信已经达到违法的程度。总之社会信用体系中的失信绝不能简单等同于所有违法违纪行为，而遗憾的是，这正是当前"泛信用化"的表现。

如果被惩戒的行为本不属于失信行为，则根本谈不上"信用修复"，但是出于公平公正的需要，只能将错就错，这些事实上已经被惩戒的所谓的"失信行为"，也应该对其"修复"。其实，我们可以换一个角度，从信用修复与失信惩戒的关系来看这个问题，失信惩戒是通过给失信行为人带来一系列痛苦和不便来震慑和规制失信者，但是这些失信者受到惩罚之后，不能永远处于负面影响中，"一处失信，处处受限"的失信惩戒扩大了惩戒措施的消极影响，为了抵消失信惩戒带来的消极影响，信用修复应运而生。由此可以看出，信用修复的出现正是为了处理失信惩戒措施实行后的问题，因此完全可以运用信用修复来处理信用体系的上游制度遗留下来的争议，以此来缓解信用惩戒滥用、泛化带来的负面影响。

总而言之，先判断是否为失信行为，如果本不属于失信行为却被认定为"失信行为"而被惩戒的，无论如何都要对其进行信用修复。对于其余真正的失信行为，进入第二个步骤。

2. 第二步：确定是否属于严重失信行为

严重失信行为的判定可以从以下三个方面考量：

（1）从受损法益的严重性层面考量

首先，受损法益如果无法得到修复，则应归属于严重失信行为，无论如何都不能对失信者进行信用修复,即使失信者已经履行行政处理决定或司法裁判的义务和责任。此时要判断已然发生的违法行为所侵害的是否属于可以填补的法益类型,如果被侵害的法益属于一旦受到侵害则再无补救之可能的类型,则不允许信用修复。比如,药厂生产不符合安全标准的药物,流入市场后造成药品安全事故,购买药品的消费者死亡、残疾或健康损害,被市场监管部门处罚。此时消费者生命权、健康权受到严重损害,即使该厂商及时缴纳足额罚款,受损的特定消费者的生命健康法益也无法得到弥补。

其次,如果受损法益可以通过修复回复到原有状态,但是造成的社会影响很恶劣,仍应属于严重失信行为,不允许修复,比如《社会诚信建设的指导意见》中界定的四类严重失信行为不予以失信主体修复的机会。[12]虽然这些行为已然侵害的法益也可以得到修复,但是正如上文所述,信用修复不仅看重对过去的弥补,更看重对未来的预防和指引,如果造成社会影响恶劣的行为亦允许修复,则会形成一个风向标,引导机会主义者改变未来的决策,将社会风气带向更为败坏的一面,其中最典型的莫过于逃税骗税,税费问题都可以通过事后补缴等行为来弥补,但即便如此,也绝对不允许修复信用,否则逃税骗税的失信成本将大幅下降,无异于向潜在失信者发出了"逃税漏税事后补缴即可"的信号,信用规制的震慑力和严肃性会大为下降,引发一系列道德风险问题。

（2）从主观状态层面考量

这是用失信者的主观状态来判定是否属于严重失信行为。主观过错在刑法领域一直是一个重要议题,责任要件是刑法中构成犯罪的重要构成要件,但是在行政责任中,主观过错是否为行政违法行为的构成要件过去在学术界争议颇大。我国《行政处罚法》自1996年颁布实施以来,一直采用单一的客观违法归责原则,亦即只要违法行为符合法律规定的客观构成

---

[12] 具体参见《国务院关于建立完善守信联合激励和失信联合惩戒制度加快推进社会诚信建设的指导意见》规定:"三、健全约束和惩戒行为机制:(九)对重点领域和严重失信行为实施联合惩戒……"

要件即可予以处罚，而无须考虑其主观上是否存有故意或者过失。一直以来，这种单一的客观违法归责原则也受到理论界的质疑。2021年新修订的《行政处罚法》第33条[13]明确把主观过错纳入行政违法行为的构成要件中，正式确立我国行政处罚法中的主观过错归责原则。因而未来信用修复也需要考虑主观状态，对不同的主观状态进行区分，当失信者故意实施失信行为，即失信行为非因客观原因发生时，应归属于严重失信行为，切断其修复的途径。因故意实施失信行为而给社会信用带来重大消极影响的失信行为被排除在信用修复的适用范围之外。

（3）从失信次数层面考量

这是用数字量化的做法来区分失信行为的严重程度。严重性标准的量化做法是通过设置一定的数字作为参照物来缩小裁量幅度，降低主观任意性。比如，在信用修复完成后的18个月内，再次发生同类的失信行为，认定为严重失信行为，不予信用修复；又如，1年内信用修复累计满2次后又发生失信行为的，认定为严重失信行为，不予信用修复。实现数字化标准之后，在一定程度上简化了认定"严重程度"的流程以及增加了认定的可操作性、精确性，有效统一衡量标准，避免行政机关的恣意行为。但是这一切的前提是必须用合理的数字作为参照物，只有设置的数字标准符合客观情况，才能达到理想的效果，所以数字标准的选定应该审慎为之：各行业失信行为的客观表现有所不同，如出现频率、涉及金额、持续期间，因而选定时应结合行业实际情况，有效便捷的做法之一是"参考行政执法裁量基准制定中的行为情节予以明确"。[14]

（二）类型化设定行为方式

当前修复行为方式是在未区分失信违约行为和失信违法行为的情况下随意设定，导致信用修复流于形式。失信违约行为和失信违法行为这两类

---

[13] 《行政处罚法》第33条第2款规定："当事人有证据足以证明没有主观过错的，不予行政处罚。法律、行政法规另有特别规定的，从其规定。"

[14] 杨丹：《联合惩戒机制下失信行为的认定》，载《四川师范大学学报（社会科学版）》2020年第3期。

失信行为性质不同，失信违约行为损害的是合同相对人的利益，失信违法行为损害的法益是社会秩序等社会公共利益。可见，修复时对于失信者行为方式的规定若僵化地"一刀切"，必将带来一系列混乱，因此建议区分失信违约行为和失信违法行为，根据两类失信行为的特点，分别规定修复的行为方式。

失信违约行为主要是不履行约定义务的行为，其修复主要是"纠错式修复"，修复行为是"点对点"式的，如继续履行、清偿债务、提供担保、赔偿损失、采取补救措施、支付违约金、取得债权人谅解等。失信违法行为则要兼顾"纠错式修复"和"救济式修复"，并且以"救济式修复"为重点。纠错式修复是指停止实施违法行为；救济式修复是指对违法行为造成的社会利益及社会秩序的损害进行救济，即"基本消除社会不良影响"，具体体现在以下两个方面。

1. 根据行政处理决定或司法裁判，履行相应的义务或承担相应的责任

履行行政机关或司法机关赋予的义务或责任确实是失信者重建信用的行为方式之一，可以作为信用修复行为方式中的一种，但实践中将其等同于"社会不良影响基本消除"则非常片面，判断是否"基本消除不良影响"时，是否履行行政处理决定或司法裁决仅是参考因素之一。而正如上文所述，信用主体各种形式的整改活动对消除不良社会影响有更为重要的意义。

2. 根据行政机关的要求，完成相应的整改行为

国务院办公厅发布的《新型监管机制的指导意见》中规定的第三方修复、信用承诺修复和公益修复这三种类型的修复整改行为都有一定的合理之处，但最关键的是要尽可能发挥"实质性整改"的作用而不流于形式，为此，就这三种整改行为如何才能达到"实质性整改"的效果提出以下建议。

（1）针对第三方修复：加强对第三方服务机构的监管

第三方服务机构参与信用修复工作是合理的，符合信用修复"公私合作、多元参与"的制度构想。但是目前我国第三方信用服务市场处于起步

阶段，服务内容、运行流程等相关设置都尚不成熟，提供的修复方案和服务多停留在形式层面，信用培训、信用考核、信用报告等都流于形式，更多只是为了帮助失信者"洗白信用"或者"删除负面信息"，并未真正起到帮助失信主体实质整改的作用。信用体系具有公共性，当前我国信用修复服务市场上，一些信用服务机构之所以能提供信用报告服务和信用专题培训服务，是因为有来自政府部门的委托，且其提供的服务已成为信用修复的必要条件，因而具有了准公共服务性质。[15]在这样的现实背景下，政府应发挥监管职责，对第三方信用修复市场进行合规监管，建立专门针对第三方信用修复机构进行监管的部门，形成常态化监管机制：第一，规范提供信用报告和信用培训相关服务的收费标准；第二，管理监督信用修复服务的内容，保证个性化定制信用报告和信用培训服务内容，针对失信者的不同情况拟定不同的实质性整改方案；第三，管理监督信用修复服务的工作流程，保证高质量完成服务内容，真正督促失信者纠正整改，防止"走过场"现象。

同时，可以制定有关信用修复机构的法律规范。美国所有营利性的信用修复机构都要受《信用修复机构法》的监管，我们可以借鉴美国经验，在专门的信用修复机构立法文件或者其他社会信用规范中，明确信用修复机构的定义、业务范围、禁止业务、工作流程、信息披露、责任义务等方面的内容，清晰界定第三方信用服务机构的地位、职能和权限。[16]最终目的是规范第三方信用服务市场的秩序，促进信用服务行业长效健康发展。

（2）针对信用承诺修复：加强对信用承诺书的监督

信用修复是一个动态漫长的失信整改过程，出具信用承诺书固然有必要，但更要注重信用承诺后的跟踪评估机制和监督机制，提高信用承诺书的公信力和执行力。这种监督一方面来自政府，即加强对信用承诺主体在承诺后的持续跟踪和效果评定。另一方面则来自社会公众的监督，在风险

---

[15] 韩家平：《第三方机构在信用中的定位和作用》，载《中国信用》2019年第9期。
[16] 王秋香：《借鉴美国经验完善我国个人信用修复机制》，载《征信》2015年第10期。

社会中，行政活动从"行政主体与行政相对人"的二元格局转向多元主体共同参与、合作互动的关系。在风险社会的治理中，为了实现行政效益最大化，行政机关必须学会善于运用信息工具，这不仅停留在学会主动公开信息上，更要学会利用公开的信息：通过社会各方力量对行政执法活动加以有效整合，尤其是社会舆论的监督力量。信用修复领域同样如此，行政机关要利用信息工具提高治理效能，重视社会舆论的监督作用，从信用修复的申请到决定等一系列信息都要进行公示，包括信用承诺书；积极引导社会公众参与信用监督，通过平台查询信用主体承诺信息、举报违反信用承诺的行为；对于其他信用主体和社会公众提出的异议，行政机关要认真处理，要求失信主体作出明确的答复。调动、整合多方社会力量，激发社会各界参与监督信用承诺书的热情，形成多元互动的监督合力，增强信用承诺书的实效。[17]

（3）针对公益修复：删除"慈善捐助"方式

慈善捐赠虽然可以体现信用主体某些积极的个人品质，但是以此作为失信者改善信用状况的依据则不妥当，原因是：第一，《公益事业捐赠法》第4条明确规定捐赠应当是自愿的，将捐赠作为信用修复的方式，使得自然人失信主体在进行信用修复的过程中，不得不去选择进行慈善行为，在一定程度上与慈善活动中的"自愿性"要求有所违背，有变相倒逼捐赠之嫌。第二，慈善捐助式修复下，信用修复需要花费的金钱可以预先确定，这意味着失信成本可以具体化为某一金额，那么以金钱换取信用的现象就会不可避免地发生：市场主体可以将失信成本的金额纳入经营费用中，事前计算出失信时获利最大化的经营模式，从而更加大胆放心地从事失信行为。第三，因为失信行为破坏了社会公益的信用秩序，而慈善行为恰好具有公益性，所以将慈善行为作为修复行为方式，这样的理由形式上似乎具有合理性，但是完全缺乏实质上的关联性，存在"为了修复而修复"的意味。公益修复中"参加公益志愿活动"的行为方式一定程度上能

---

[17] 王虎：《风险社会中的行政约谈制度：因应、反思与完善》，载《法商研究》2018年第1期。

够体现个人诚信，可以继续保留，但是以"参加慈善捐赠活动"来完成公益修复则完全无法证立，应当删除。

（三）补充设定救济机制

针对当前信用修复救济机制缺位的现状，未来立法者构建救济机制时，至少要明确其定义、适用对象、主要内容与途径。救济机制的定义是当有关信用主体的信用利益在信用修复有关的行政行为中遭受侵害时，受害人有权通过有关机关对侵权行为进行纠正、矫正或补救以维护信用利益的方式、程序。适用对象是修复行政行为中的行政相对人，具体包括两类人：第一类是申请人，即失信者；第二类是申请人之外与被申请修改的信用记录有法律上利害关系的其他当事人（第三人）。主要内容是申请人和第三人可以为了保护其信用评价客观性、公正性及恢复合理的信用评价而寻求法律救济，具体有两种情形：第一，行政机关拒绝信用修复申请时申请人的权利救济，即申请人认为自己已经达到信用修复的标准，本应对其信用记录进行修改而行政机关不予修改，造成自己获得不公正不客观的信用评价的情形。第二，行政机关同意进行信用修复时第三人的权利救济，即行政机关为申请人修复信用影响了第三人的信用利益的情形。主要途径包括申请人和第三人提起行政复核、行政复议和行政诉讼，这是救济机制中的重要内容，以下详细阐述。

1. 行政复核

申请人或有法律上利害关系的第三人有对信用修复结果提出异议的权利，并由行政机关进行复核。具体来说，行政相对人不服信用修复结果的，有权向修复机关提出异议，即提出书面申请并提交相关证明材料，修复机关收到异议申请后，应当审查证明材料，告知受理情况。受理异议申请期间，对异议事项进行复核，并在一定期限内决定是否改变原有修复处理结果。未来我们需要规范复核的程序，比如，在法律规范文件中就异议申请、异议处理部门、异议处理期限、异议复核、异议答复与处理结果告知等作出明确的规定。[18]

2. 行政复议和行政诉讼

从法理层面的基本要求来看,当行政机关告知相对人信用修复的处理结果,将行政处理结果形式外部化后,应受到司法审查和上级行政机关的行政审查,申请人应当有权针对信用修复的行政处理决定提起行政复议和行政诉讼。那么,从制度实际层面来看,根据当前我国《行政复议法》和《行政诉讼法》的规定,行政机关的信用修复行为是否具有"可诉性",或者说是否属于行政诉讼和行政复议的受案范围呢?根据《行政诉讼法》和《行政复议法》中关于受案范围的规定,行政机关拒绝修复必须属于"侵犯了行政相对人的合法权益",而社会信用视野下市场主体的"合法权益"其实就是其"信用利益"。如前所述,虽然信用修复涉及的是信用主体的信用评价,但信用评价直接影响着其信用利益,而信用利益本质是一种经济利益,因而行政机关的信用修复行为当然可以纳入行政复议和行政诉讼的适用范围中予以救济。

同时,信用修复制度中技术标准的缺乏使得复议和诉讼救济更加必要。如前所述,信用修复的行为方式中,纠错式修复要判断失信主体是否真正改过自新,救济式修复要判断社会不良影响是否基本消除。无论是纠错式修复,还是救济式修复,最重要的是失信主体实质上已经达到足以恢复信用的程度,这就意味着行政机关必须进行实质性审查。认定是否"改过自新""社会不良影响基本消除"不仅是价值判断问题,更有来自技术要素维度的考虑。当下信用修复的地方法律制度中,相关技术标准是缺位的,使得实际操作具有极大的主观性,增加了修复机关随意判定的可能性。故而,在尚未建立技术标准时更应该通过行政复议或行政诉讼来审查:在行政救济层面,让复议机关审查信用修复裁量行为的合法性和合理性;在司法救济层面,将信用修复置于司法审查下,让法院审查信用主管部门在修复工作过程中是否存在滥用职权、滥用裁量、同案异判或其他明

---

[18] 王秋香:《借鉴美国经验完善我国个人信用修复机制》,载《征信》2015年第10期。

显不公的情形。虽然出于尊重行政权的角度，对于信用主管部门行使裁量权作出的选择，法院不会直接以自己的判断代替信用主管部门的判断，但是依据各国通例，法院可以对信用主管机关行使裁量权进行合法性审查，对于滥用裁量权的行为可以进行一定的干预。按照实务通例，行政裁量的司法审查内容主要包括：是否符合法定目的、是否考虑相关或不相关因素、是否怠于行使裁量权。除了以上形式合法性的判断，随着近年来实质法治的兴起，合法性审查在形式合法性基础上逐渐深入实质合法性的判断，因而行政裁量是否合理、是否符合合理行政原则也逐渐纳入法院审查的内容中。[19]基于目前法院对行政裁量审查强度的加大，司法救济更是成为保护信用主体的最后一道防线。

结语

在信息不对称的现代社会，获得其他市场主体的"信任"并不容易，现代市场经济下的"信任"意味着其他市场主体作为授信方愿意承担交易对方不兑现承诺的风险，信用修复法律制度规范正在于稳定交往期待和行为期待，辅助市场主体以更低的交易成本作出更正确的市场决策，具有十分重要的意义。当前各地的规范构建工作仍然处于探索阶段，规范内容的不精细问题逐渐暴露出来，亟待在回顾检视中予以及时完善，在不断总结实践经验的基础上走上符合立法规律的精细化立法之路，有序提升信用修复的法治化和规范化水平。随着地方实践的有序推进和理论研究的持续深入，有理由期待信用修复规范朝着更加精细、科学、完善的方向发展。

---

[19] 程琥：《行政诉讼合法性审查原则新探》，载《法律适用》2019年第19期。

市场运作模式下深圳城市更新强制搬迁法律制度的构建

王小波*

摘要：作为全国最早进入存量土地开发新阶段的城市，深圳于2009年率先提出"城市更新"概念。目前深圳城市更新坚持"两条腿"走路，一是政府主导实施，当出现搬迁难题时，政府可以基于公共利益通过房屋征收方式解决；二是政府引导、市场运作实施。实践中，市场运作需取得权利主体的一致同意，在经协商无法达成一致的情况下，现行法律框架内无有效救济措施，这使得深圳已列入计划的旧住宅区更新项目大部分陷入搬迁僵局，造成社会矛盾。为解决此项难题，可学习借鉴日本、新加坡等国以及我国香港特区的经验和做法，构建

---

* 王小波，法学博士，深圳市司法局立法二处副处长。

民事诉讼形式的司法裁决机制。对更新项目已签订搬迁补偿协议的不动产产权比例达到规定要求的，市场主体可以作为原告，以未签约业主作为被告向法院起诉，法院经审理后作出裁决。

关键词： 城市更新　市场运作　强制搬迁　司法裁决

一、问题的提出

为改善城市生存环境，恢复经济复兴和增长，欧美国家从20世纪30年代开始发起"城市更新"运动，[1]随之伴生了城市更新理论。深圳于2009年出台政府规章《深圳市城市更新办法》，在全国率先提出"城市更新"概念。目前城市更新已成为深圳存量土地开发的主要方式，在优化城市结构、完善城市功能、塑造城市品质等方面发挥了关键作用。

深圳城市更新坚持"两条腿"走路：一种是政府主导实施。如政府基于规划实施需要开展的重点更新单元开发和成片连片改造，以及市场难以有效发挥作用情形下的兜底更新。当出现搬迁难题时，依照《国有土地上房屋征收与补偿条例》和《深圳市房屋征收与补偿实施办法（试行）》等规定，政府可以基于公共利益运用房屋征收手段予以解决。另一种是政府引导、市场运作。政府在规划、政策、统筹和监管方面发挥引导作用，市场主体则具体负责搬迁谈判和项目建设。坚持市场化运作是深圳城市更新机制创新的重点：一是深圳市场化发育程度较高，通过市场化运作既可以提升实施效率，又符合现代土地管理制度发展方向，通过市场化手段实现政府土地管理的公法目标。二是政府引导、市场运作方式可以有效配置政府和市场两种资源，避免政府直接组织实施引发的矛盾和冲突，使政府更专注于社会管理和公共服务等民生领域。三是基于深圳快速城市化造成土地产权关系复杂、违法建筑众多的现实情况，单纯由政府主导城市更新开展补偿安置等工作会面临巨大的行政成本和审计风险，也难以满足城市高质量发展的需求。市场运作下的城市更新搬迁谈判，只能由当事人通过平

---

[1] 姜杰、张晓峰、宋立焘：《城市更新与中国实践》，山东大学出版社2013年版，第12页。

等协商方式进行，一旦未能协商一致，项目将陷入停滞僵局。这个问题在现有法律、政策框架内缺乏救济路径，亟须寻求市场运作机制下的公权救济渠道，以实现公共利益和私人合法权益保护之间的平衡。

二、城市更新现有相关法律制度分析

（一）房屋征收制度的谦抑性决定了该制度大规模运用的局限

2011年出台的《国有土地上房屋征收与补偿条例》（以下简称《征补条例》）在总结我国房屋拆迁20年经验教训的基础上，创设了房屋征收制度，房屋拆迁的概念进而被取代。根据《征补条例》，政府依照《城乡规划法》有关规定组织实施的对危房集中、基础设施落后等地段进行城市更新属于征收领域的公共利益情形，市、县人民政府可以基于该情形作出房屋征收决定，为城市更新提供强制搬迁依据。房屋征收是城市更新的方法之一，目前，我国上海、广州、成都等城市均通过该方式实现土地产权的归集。

对深圳而言，一方面，深圳的城市更新主要由市场运作实施，存在搬迁难题且缺乏救济路径的也正是市场运作情形，通过房屋征收手段干预存在征收对象不适格的问题。另一方面，从房屋征收的价值定位来看，"房屋拆迁"到"房屋征收"制度变迁的内在逻辑主要是提高对私权的保障，限制和规范行政公权扩张，[2]在私权彰显与公权克制的过程中保障公共利益和被征收人的合法权益，整体上表现出谦抑的制度品性。其实，不只是房屋征收制度对公权力运用进行克制，征收制度由于涉及对私人利益的削减和剥夺，在实践中运用必须十分谨慎，如《土地管理法》修改后，最大的亮点就是保证农民的土地不被随意征收，明确了公共利益边界，杜绝了过往政府任何征收行为都可以被归为公共利益的做法，新《土地管理法》实施后，大片、成片的土地征收将大规模减少。因此，国家对于房屋征收整体上呈限缩趋势，更为强调征收的谦抑品格，房屋征收制度在城市更新

---

[2] 杨波：《国有土地上房屋征收补偿制度研究》，华东师范大学2017年硕士学位论文。

领域广泛运用具有一定的局限性。此外，据统计，深圳全市20年以上，占地5000平方米以上的老旧住宅小区有576个，还有老旧工业区和商业办公楼宇，可以预期将来存在搬迁难题的更新项目会较多，如果完全由政府兜底进行房屋征收将承担巨大的行政成本和社会稳定风险。因此，从学理探讨，笔者认为房屋征收并非最佳选择。

（二）城市危险房屋改造在城市更新领域的运用

1989年，原建设部出台《城市危险房屋管理规定》，对城市危险房屋的鉴定、治理、法律责任等问题作了规定。城市危险房屋改造确实能够达到阻止房屋衰败，使其重新繁荣的效果，危房改造的手段也比较灵活多样，既可以补强加固、局部修缮，也可以整体拆除、重新建设，但它并不是城市更新的常规手段，城市危房改造的首要价值目标也并非更新城市面貌，而是保障居民的人身、财产安全，是对基本生存需要的保障。

第一，我国城市危房管理的法律层级过低，仅有1989年原建设部出台、2004年修正的《城市危险房屋管理规定》一部部门规章，缺乏专门的全国性的城市危房管理法律，立法指导性不足，相关配套制度缺乏。第二，城市危房改造启动的门槛较高，根据我国现行《危险房屋鉴定标准》，房屋危险性鉴定可以划分为A、B、C、D四个等级，通常至少在承重结构承载能力不能满足正常需求，局部出现险情的情况下才能将房屋认定为危房，鉴定为D级危房，房屋整体出现险情，构成整幢危房的情况下才能够采用拆除重建的方式进行改造。由此可见，被认定为危房的房屋质量较差，安全隐患较多，甚至产生险情，威胁到居民安全，是亟须被整治的一批房屋。第三，危房改造在程序上由房屋所有人或使用人提出危房鉴定申请，房屋所有人对经鉴定的危险房屋，必须按照鉴定机构的处理建议，及时加固或修缮治理，对于需要拆除重建的危房，经政府部门审核同意后，由房屋所有权人出资，原址原貌拆除重建。在不增加容积率，不增添其他建筑结构的制约下，房屋所有权人普遍认为物业增值有限，改造重建的积极性不高。另外，原址原貌的拆除重建，无法在重建过程中实现片区的规划统筹和土地的节约集约利用。

（三）区分所有建筑物改建、重建制度检视

区分所有建筑物的改建与重建是我国《民法典》《物业管理条例》等相关法律规定由权利主体启动的，对区分所有建筑物进行改造更新的两种方式。虽然我国从立法角度赋予了权利主体通过多数决改建、重建区分所有建筑物的权利，但是在实践中改建、重建却存在诸多困境，"自下而上"的改造思路还面临诸多认识层面和操作层面的问题，尤其是房屋的重建制度，在现实生活中基本被架空，难以发挥其应有的功能。造成上述困难的主要原因如下：[3]

第一，传统所有权观念的束缚。区分所有权与传统所有权相比，权利的性质具有复合性，区分所有权由专有权、共有权及成员权复合而成。其中专有权具有主导性，其权利客体是区分所有建筑的专有部分，本质也是一种单独的所有权，但是与传统意义上的所有权还是存在一定的差异。专有所有权人负有对区分所有建筑物整体的维持和改良义务，所有专有所有权人有着共同的利益牵连，对区分所有建筑物进行改建或者重建时，要经过利益相关业主的同意，但在实践中，专有所有权人往往只认识到自己作为所有权主体享有处分权利的一面，却认识不到自己对建筑物整体负有的义务，所以实践中要达成业主合意十分困难。

第二，资金筹措困难。2008年施行的《住宅专项维修资金管理办法》规定了住宅专项维修资金交存和续交的办法。住宅专项维修资金的缴纳为区分所有建筑物的共用部位、共用设施设备保修期满后的维修和更新、改造提供了资金支持，但是往往也只能用于一定程度的建筑物改建，如加装、更换电梯，更换设备等。至于要消耗巨额费用的建筑物重建，一方面，由于我国业主大会等居民自治机构发展尚不成熟，无法承担起重建的组织领导重任。另一方面，每个业主经济收入不同，价值判断各异，对重建费用的担负能力也有差别，重建资金的筹措在主客观层面都存在巨大阻力。另外，原有建筑物拆除后，重建期间区分所有建筑物的安置处所及费

---

[3] 陈华彬：《区分所有建筑物的重建》，载《法学研究》2011年第3期。

用等也是必须配套解决的问题。

因此，区分所有建筑物改建、重建制度由于缺乏相关具体规则支撑，制度实用性较低，实践中只有少部分通过住房专项维修资金使用进行的建筑物改建工作得以完成，依靠区分所有建筑物重建制度进行的拆除重建成功案例至今尚未出现。

三、相关国家和地区城市更新强制搬迁经验借鉴

（一）日本：自发型社区更新

随着区分所有建筑物数量增加以及老化问题的凸显，日本逐渐兴起了区分所有建筑物权利主体的自发社区更新。1962年日本颁布的《建筑物区分所有权法》规定，建筑物的重建须获得全体业主的同意方可实施，但这样严苛的规定使得该条文在实践中基本无法实施。1983年，经修订的《建筑物区分所有权法》将全部同意重建制度改为多数决重建制度，具有区分所有人及表决权各4/5以上多数同意，则可以拆除区分所有建筑物，并进行重建。2002年这一规定进一步修改，对区分所有建筑物重建的客观要件和新建建筑物的使用目的不再特别限制。但是立法对于业主大会重建决议的程序要件要求非常严格，决议内容必须包含重建建筑物设计概要、概算额、费用分担等内容，必须有会议记录并符合规定的业主大会召集程序。对于会议记录中不同意重建的业主，业主大会召集人应当书面催告其在2个月内回答是否依重建决议参加重建，不同意者才最终被视为不参加重建者，其余为参加重建者。[4]

为了调和业主之间的矛盾，日本《建筑物区分所有法》创设了卖渡请求权和买回请求权两种制度，这两种权利都属于形成权，意思表示到达相对人即产生效力，不需要取得对方承诺。卖渡请求权是指参加重建的业主所享有的，要求不参加重建的业主将其建筑物所有权进行让渡的权利。卖渡请求权的意思表示到达对方时，以市价购买对区分所有权的契约即告成

---

[4] 陈华彬：《区分所有建筑物的重建》，载《法学研究》2011年第3期。

立,无须相对人承诺。这一制度的设立能够有效打破业主意见不同而出现的僵局,有效推动更新进行。而且依照日本民法的相关规定,不动产物权变动只要当事人意思表示一致即生效力,无须登记。所谓买回请求权,是指为避免项目久拖不实施,保护各方合法权益,允许不参加重建者在丧失建筑物区分所有权后,要求卖渡请求权人将所有权返还的权利,从而对卖渡请求权加以制衡。通过前述方式使得业主合意满足法定要求后,业主可以引入市场力量来进行社区重建。

（二）我国香港特区：公私并举的市区更新

香港的市区更新采用两种模式,即政府主导的市区重建和市场主导的私人重新发展。

在市区重建方面,2001年,香港依照《市区重建局条例》成立了主导市区重建的法定机构——市区重建局(以下简称市建局),其按照政府《市区重建策略》的指引,鼓励、推广及促进香港市区更新。在市建局成立初期,立法会向该局注资100亿元,以推行各项市区重建计划,同时,政府提出在批地时将以减免地价形式作为给予市建局的一项补助措施。市建局的核心业务包括重建发展、楼宇修复和保育活化等方面。由于《收回土地条例》将基于市区重建的土地收回视作公共用途,因此,香港市区重建主要依据《收回土地条例》进行土地收回。

在私人重新发展方面,私人重新发展之初,其面临的最大困难在于无法获得重建地段建筑物全部的业权以进行拆除重建。为应对这一困境,香港于1999年颁布了《土地(为重新发展而强制售卖)条例》(以下简称《强卖条例》),根据该条例,任何人士拥有某地段不少于90%的业权不分割份数,可向准司法机构土地审裁处申请为重新发展而强制售卖整个地段。2010年,为进一步减少重建障碍,提高私人机构重新发展旧区的效率,以改善旧区居住环境,香港通过了《土地(为重新发展而强制售卖)(指明较低百分比)公告》(以下简称《公告》),《公告》将申请强制售卖的门槛由90%业权降低为80%,但需满足三个条件:一是地段上每个单位各占该地段不可分割份数的10%以上;二是地段上所有楼宇的楼龄均达 50 年或以上；三是如果地段并非位于工业地带，而地段上所有楼宇均属工业大厦及楼龄均达 30 年或以上。[5]《强卖条例》颁布后，从 1999 年 6 月至 2016 年 3 月 31 日，土地审裁处共收到 248 宗强制售卖土地申请，其中 89 宗（35.9%）获发出强制售卖令，2 宗（0.8%）遭拒绝，125 宗（50.4%）暂缓执行或由申请人撤销申请，其余 32 宗（12.9%）正在处理中。[6]

（三）新加坡：分层地契出售

为了优化土地使用效率、推进城市更新，新加坡于 1993 年出台 en-bloc 法案，en-bloc 可以简单理解为：分层地契房产的所有者共同卖出他们的全部财产。第一起 en-bloc 在 1994 年应运而生。但是依照当时的法案，分层地契房产的全部所有者必须集合在一起，把所有财产当作一个共同体卖给开发商。由于整个交易需得到 en-bloc 全部财产所有者的一致同意，en-bloc 的成功率很低。据统计，每 10 例 en-bloc 出售中只有 3 例能够最终成功。所有者选择不卖的原因有很多，包括因希望得到更多金钱补偿而否决开发商提出的出售方案。

en-bloc 的低成功率使得政府努力提高土地使用效率的设想落空。由于新加坡是一个土地面积很小的岛国，人口密度极高，达到了每平方公里 7788 人，[7] 土地再开发对新加坡意义重大。为此，新加坡在 1997 年对 en-bloc 法案进行了修订以促进出售，力求使每块土地都达到其最大开发潜能，并在黄金地段建造更多的商业楼盘。en-bloc 修正案的重点在于修

---

[5] 钟澄：《香港城市更新土地强制售卖制度及对内地启示研究》，法律出版社 2016 年版，第 42 页。

[6] 《立法会十一题：土地（为重新发展而强制售卖）条例》，载中华人民共和国香港特别行政区政府发展局网站，https://www.devb.gov.hk/sc/sdev/press/index_id_6379.html；《立法会一题：为重新发展而强制售卖土地的安排》，载中华人民共和国香港特别行政区政府发展局网站，https://sc.isd.gov.hk/gb/www.info.gov.hk/gia/general/201602/17/P201602170409.htm，最后访问时间：2025 年 2 月 27 日。

[7] 参见《Population in Brief 2023：key Trends》，载新加坡人口和人才署（National Population And Talent Division，NPTD）网站，https://www.population.gov.sg/media-centre/articles/population-in-brief-2023-key-trends/，最后访问时间：2025 年 2 月 27 日。

改了分层地契开发的全部所有者"一致同意"才能拆迁的条款。修正案规定，只要开发商的拆迁方案获得了一定比例的所有者的支持和同意，就可以进行 en-bloc 出售，具体而言，如果财产使用年限在 10 年以下，需获得 90% 所有者的同意；如果财产使用超过 10 年，只需获得 80% 所有者的同意即可。在该修正案讨论期间，很多专家学者都担心这一修改后的政策将侵犯到私人的绝对财产权利，因为它不同于传统的以公共利益（基础设施如公路、机场、铁路等）为名的土地征用。但是考虑到新加坡土地资源匮乏及城市发展的现实需求，这些保留意见须让位于以土地使用最优化及城市更新为立法目的的"公共利益"。因为无论一个人基于何种原因（情感的或金钱的）不愿离开其居住地，都需要保证实现社会群体中大部分人的利益，"少数服从多数"是新加坡重要的价值观。[8] 自修正案实施以来，en-bloc 出售的成功率从先前的不到 1/3 上升为现在的 65%—75%。

（四）启示

通过考察相关国家和地区城市更新运行经验，可得出几点启示：第一，多主体合作是城市更新的共同趋势。城市更新的成功需要建立一个包容开放的决策体系，并通过相关利益主体共同参与来凝聚共识，协调利益。城市更新大体经历了由地方或中央政府主导到政府与市场主体合作，再到政府、市场主体和社区组织共同合作的发展阶段。第二，完善的法律制度是城市更新的基本保障。由国家或者地区层面统一立法，实现更新的规范化和科学化。第三，强制性的产权归集是城市更新的关键。基本采用"多数决"方式，但严格建立保护少数反对者利益的机制，以兼顾公平和效率。

四、深圳城市更新强制搬迁法律制度构建

通过梳理，可以发现已有的法律制度难以有效解决市场运作模式下的

---

[8] 陈建霖、崔炯哲：《新加坡 en-bloc 程序与我国拆迁制度的立法完善》，载《厦门大学法律评论（2009 年卷）（总第十七辑）》，厦门大学出版社 2009 年版，第 259 页。

城市更新搬迁困境，创设一种新的强制搬迁法律制度成为现实选择。从学理角度，可以探索构建司法裁决机制，这是目前比较公平合理并且笔者认为最值得推荐的方案。司法裁决是指，当更新项目已签订搬迁安置协议的产权比例达到一定要求（如95%以上），经协商、调解后仍未达成100%搬迁安置协议时，市场主体可以作为原告，以未签约业主作为被告向法院起诉，法院经审理后作出裁判。

（一）司法裁决机制的正当性基础

第一，司法裁决机制设置的基本前提是维护社会公共利益。正如耶林在《法律：实现目的的手段》中所说：没有什么绝对财产，不存在可以不考虑公共利益的私的所有权。社会基于公共利益可以限制或剥夺个人所有权。[9]因此，司法裁决在制度设计上始终围绕城市更新领域的社会公共利益这条主线展开，一是选取的拆除重建项目应当基于公共安全、公共配套和政府规划实施等公益需要，二是设定的搬迁补偿标准应当公平合理，三是按照既定程序规定取得绝大多数权利主体的同意并且保障了少数未签约者的合法权益。

第二，市场主体提起诉讼的适格性。根据《民事诉讼法》，诉讼的原告应该是与案件具有直接利害关系的公民、法人和其他组织。诉讼程序中的利害关系认定主要是为了描述利害关系人与案件行为的因果关系，具体来讲利害关系人要与诉讼标的存在利益关系或者与争议的当事人存在身份关系。城市更新中市场主体与案件具有直接利害关系，理由为：首先，市场主体是由权利主体公开选定，获得了绝大多数权利主体的认可和信赖；其次，被选定的市场主体与权利主体签订了搬迁补偿协议，并且已签订搬迁补偿协议的专有部分占建筑物总面积比例不低于一定比例，也就是说市场主体在城市更新前期签约过程中付出了相当高的经济成本、社会成本以及时间成本，案件的处理结果与其有直接利害关系。

第三，司法裁决的客观公正性。基于公共利益对少数业主自由行使所

---

[9] 金俭：《不动产财产权自由与限制研究》，法律出版社2007年版，第38页。

有权进行限制，这种强制性规则的设立极易激发权利主体的逆反心理，引发社会矛盾。所以司法裁决制度引入法院作为第三方来对不同利益诉求进行裁决，力图对所引发的纠纷给予客观、公正的裁决，获得社会公众的信赖与认可。首先，法院承担着审判职能，通过审判活动解决社会矛盾和纠纷，维护公平正义，法院的审判能够保证司法裁决的专业性；其次，法院与政府不同，政府是更新活动的利益共享者，而法院却是超脱中立的第三方，与城市更新没有利益相关性，能够保证司法裁决的公正性。

（二）司法裁决机制运行流程

第一，严控准入门槛。旧住宅区拟申请列入更新单元计划的，建筑物年限原则上应当在 20 年以上并须满足以下条件之一：一是需落实规划的重大城市基础设施、公共服务设施。二是年久失修或经维修后仍无法满足使用标准，或者存在严重安全隐患危及业主、物业使用人以及公共安全，只能通过拆除重建方式解决。三是使用功能不齐全，配套设施不完善，经评估后亟须拆除重建。对于建成年限不足 20 年的合法旧住宅区，经鉴定危房等级为 D 级的，经区政府批准也可列入计划。旧工业区、旧商业办公区适用司法裁决机制的，以建成年限 15 年作为准入门槛，建成年限虽未满 15 年，但经鉴定危房等级为 D 级，经区政府批准可以申请司法裁决。

第二，遵循先协商、调解后司法诉讼的程序。当已签订搬迁安置协议的合法产权比例不低于 95% 而存在搬迁困境时，市场主体应当先与未签约业主进行充分协商，协商不成的，向项目所在地的区政府申请行政调解，区政府也可以主动调解。经协商、调解并符合规定条件时，由市场主体按标准补偿未签约业主，未签约业主应当限期搬离，未签约业主在规定期限内未搬离的，市场主体可以作为原告，以未签约业主作为被告，向人民法院提起诉讼，由法院作出司法裁决。

PART 2
立法评析
Legislative Review

论省级人大常委会地方性法规审查批准权的性质

吴楚翘[*]

摘要： 省级人大常委会对设区的市的地方性法规行使的审查批准权，其性质到底是立法权，还是监督权，一直没有定论，由此在实践中也引发了关于审查批准的原则、范围、标准等一系列问题。本文在系统回顾关于审查批准权性质的理论分歧及由此形成的不同审查模式的基础上，以广东省人大常委会对《东莞市城市管理综合执法条例》进行的审查批准活动为例，展现省级人大常委会在行使审查批准权时参与度高、把关性强、立法引导与复审的实践特点及其积极作用。从基于现实的必要性与必

---

[*] 吴楚翘，中山大学法学院宪法学与行政法学专业博士研究生，主要研究方向为行政法与行政诉讼法、立法学。

然性角度论证审查批准权是立法权，不是监督权。一方面，省级人大常委会行使审查批准权不仅发挥上级人大对下级人大立法工作的监督作用，在此过程中还具有辅助下级立法工作的功能，审查批准权作为地方立法权的组成部分也不会架空设区的市的权力。另一方面，基于权力配置与分工的法理，审查批准是地方立法体制的重要组成部分，是维护法制统一秩序和平衡地方立法需求与创新的关键枢纽。

关键词：设区的市　地方立法　立法权　监督权　立法体制　审查批准权

一、问题的提出

根据现行《立法法》第81条第1款中的规定，"设区的市的地方性法规须报省、自治区的人民代表大会常务委员会批准后施行。省、自治区的人民代表大会常务委员会对报请批准的地方性法规，应当对其合法性进行审查，认为同宪法、法律、行政法规和本省、自治区的地方性法规不抵触的，应当在四个月内予以批准"。可知，"审查批准"是指省级人大常委会对下级人大制定的地方性法规依据一定的标准进行审查，进而作出予以批准或其他处理决定的活动。审查批准作为一种有效的立法监督控制手段，随着我国地方立法主体的逐步扩容而得到广泛的实践。1982年，第五届全国人大第五次会议第一次修正《中华人民共和国地方各级人民代表大会和地方各级人民政府组织法》（以下简称《地方组织法》），将省、自治区的人民政府所在地的市以及经国务院批准的"较大的市"纳入地方立法体系中，赋予这些地方以地方性法规草拟权，同时明确这些地方提出的法规草案需提请省、自治区人民代表大会常务委员会审议制定。[1]这种地市地方性法规草拟权与省级人大常委会的批准权相结合的模式奠定了持续推进地方立法扩容的基本范式。1986年，第六届全国人民代表大会常务委员会第十八次会议第二次修正《地方组织法》，正式赋予省、自治区政府

---

[1] 参见《地方组织法》（1982年修正）第27条第2款。

所在地的市和国务院批准的较大的市人民代表大会以地方性法规制定权，同时要求获得立法权的地市级地方[2]立法主体制定地方性法规需报省、自治区人民代表大会常务委员会批准后实施。[3] 2015年修正后的《立法法》第72条将地方立法主体进一步扩容至设区的市人大及其常委会，并规定设区的市法规须报省、自治区人民代表大会常务委员会批准后施行（以下简称省级人大常委会）。省级人大常委会对报请批准的地方性法规应当进行合法性审查，同宪法、法律、行政法规和本省的地方性法规不抵触的，应当在四个月内予以批准。[4] 2018年，第十三届全国人民代表大会第一次会议通过了宪法修正案，进一步从宪法层面明确了设区的市法规制定权以及省级人大常委会的审查批准权。自此，立法权基本覆盖至我国293个地级市。与之相适应，各省级人大常委会也开始探索设区的市法规审查批准的原则、范围、基准以及程序机制，工作成果斐然，有效地维护了国家法制统一原则，提高了设区的市的地方性法规的立法质量。[5]

然而，由于无法准确把握审查批准权的性质，省级人大常委会并不十

---

[2] 我国现行《宪法》第30条规定："中华人民共和国行政区域划分如下：（一）全国分为省、自治区、直辖市；（二）省、自治区分为自治州、县、自治县、市；（三）县、自治县分为乡、民族乡、镇。直辖市和较大的市分为区、县。自治州分为县、自治县、市。自治区、自治州、自治县都是民族自治地方。"该规定自"八二宪法"出台以来沿用至今，明确将我国行政区划划分为省、县、乡三级。但实践中根据1983年2月15日中共中央、国务院发布《关于地市州党政机关机构改革若干问题的通知》中指出，以经济发达的城市为中心，以广大农村为基础，逐步实行市领导县的体制，使城市和农村紧密结合起来，促进城乡经济、文化事业的发展，参见《党史上的今天（2月15日）》，载中国政府网，https://www.gov.cn/ztzl/17da/content_739634.htm，最后访问时间：2024年6月18日。我国逐渐形成了省、地、县、乡四级行政区划，地级行政区包括地级市、自治州、地区及盟，在地方立法权逐步扩展的进程中，法律文本中不论是"省、自治区人民政府所在地的市""经国务院批准较大的市"，还是后来"较大的市""设区的市"，所指代的城市均属于地级行政区，为了简化表述，参照王崟屾所著《地方立法权之研究》（浙江工商大学出版社2014年版）第63页提出的"地市"一词，本文将以"地市地方"的概念来标识这一部分获得地方立法权的地方主体。

[3] 《地方组织法》（1986年修正）第7条第2款。

[4] 根据《宪法》《立法法》的规定，自治州的人大及其常委会可以行使设区的市制定地方性法规的职权，自治州法规须报自治区人民代表大会常务委员会审查批准后施行。本文对设区的市法规审查批准权的讨论，同样适用于自治州。

[5] 闫然、毛雨：《设区的市地方立法三周年大数据分析报告》，载《地方立法研究》2018年第3期；闫然、毛雨：《设区的市地方立法大数据分析报告（2018）》，载《地方立法研究》2019年第6期。

分明确自身在审查批准过程中的角色定位——它是与设区的市共同行使立法权的立法者,还是监督设区的市的立法权的监督者,抑或既是立法者,又是监督者。[6]审查批准功能定位不清进而导致省人大常委会无法准确界定设区的市的地方性法规的审查原则、审查范围、审查标准。[7]具体把握设区的市立法活动的边界毕竟是一个实践问题。在全国人大及其常委会没有对具体问题作出进一步明确的指引,且省级人大常委会对下级地方立法的审查批准权一再得到保留的前提下,地级地方立法主体激增带来的压力以及对立法事项范围边界的划定等实践问题,最终都被寄望于通过审查批准权的行使加以消化。在地方立法新形势下,审查批准权的行使事实上在地方立法中仍然发挥着极为关键的作用,是维护法制统一秩序和平衡地方立法需求与创新的关键枢纽。本文试图对现有的审查批准权的理论做一个全面的检视,归纳总结目前对于审查批准权的理论研究并指出其与实践的错位,进而跳出纯粹理论的探讨,借助一个特殊而又具体的地市级地方立法实践范例,展示审查批准权的实践样态,破除一贯的关于审查批准权的理论迷思,厘清审查批准权的性质,明确省级人大常委会在行使审查批准权时的模式选择。

二、审查批准权性质的理论之争及其审查模式

(一)立法权?监督权?抑或其他?

因为地市地方立法需要经过省、自治区审查批准后才能生效实施,所以"从定量上来分析就是半个立法权"。[8]基于对地市地方立法权的不完整性的直观认识,学界对省级人大常委会审查批准权最初的定性就是立

---

[6] 自20世纪90年代至今的相关讨论参见:丁祖年:《试论省级人大常委会对较大市地方性法规的批准权》,载《法学评论》1990年第6期;黄新山:《谈谈批准地方性法规》,载《人大研究》1992年第4期;敖俊德:《地方立法批准权是地方立法权的组成部分——兼评王林〈地方立法批准权不是立法权的组成部分〉》,载《人大工作通讯》1995年第8期;冉艳辉:《省级人大常委会对设区的市地方性法规审批权的界限》,载《法学》2020年第4期。

[7] 参见李飞:《加强和改进省级人大常委会对设区的市立法工作的审批指导》,载《中国人大》2020年第2期。

[8] 参见宓雪军:《半个立法权辨析》,载《现代法学》1991第6期,第40页。

法权的组成部分，即"享有制定权的制定机关和享有批准权的机构都只享有半个立法权，二者只有有机地结合起来，才能构成一个完整的地方立法权"。[9]

除了基于审查批准权对地市地方立法生效与否的决定性影响，学界将审查批准权定性为立法权的组成部分还出于两点考虑：一是，从立法的目的，即制度设立的初衷来看，审查批准制度肩负维护法制统一、把握利益全局、保障立法质量等多重的使命，只有当审查批准权是"具有实质性内容的决定权"时，上述的目的才能够达成。同时，也只有当审查批准权是立法权的组成部分时，法理逻辑上才能将其解释为"具有实质性内容的决定权"。[10]二是，在2018年宪法修正案以前，不论是1986年的《地方组织法》还是后来的《立法法》，关于地市地方立法权的规定都缺乏直接的宪法依据。虽然《地方组织法》以及《立法法》都是宪法性法律，但是根据现代宪法理论：一方面，公权力的创设应当有宪法依据，并受宪法制约；[11]另一方面，在宪法至上的原则下，两部法律在宪法之外创设具有实质意义的公权力不构成对宪法的补充和修改。[12]因此，为了让地级地方立法权摆脱违宪的嫌疑，有必要通过审查批准制度补强其合宪性，[13]将地级地方立法等同于省级地方立法，作为省级地方立法权的延伸。[14]从这一意义上说，审查批准权也应当被视为立法权的组成部分。

将地方立法的审查批准权定性为立法权的组成部分的观点随后受到猛烈的抨击。相关的研究从逻辑、立法初衷、省市两级人大之间的关系等

---

[9] 参见敖德俊：《地方立法批准权是地方立法权的组成部分——兼评王林〈地方立法批准权不是立法权的组成部分〉》，载《人大工作通讯》1995年第8期。

[10] 参见敖德俊：《地方立法批准权是地方立法权的组成部分——兼评王林〈地方立法批准权不是立法权的组成部分〉》，载《人大工作通讯》1995年第8期。

[11] 参见刘克希：《较大的市制定地方性法规应经批准——兼论贯彻立法法第63条》，载《法学天地》2001年第1期。

[12] 参见牛振宇：《地方立法批准程序之检视》，载《法治社会》2016年第3期。

[13] 参见刘克希：《较大的市制定地方性法规应经批准——兼论贯彻立法法第63条》，载《法学天地》2001年第1期。

[14] 参见侯学勇：《设区的市地方性法规批准制度的宪法回归》，载《政法论丛》2020年第6期。

方面对其提出反对意见。首先，从逻辑上看，"针对某一事项具有的终局意义的实质决定权不能授予两个以上的主体先后行使"，否则，就是在否认地级地方立法机关对地方立法事务进行决断的自主性与独立性。[15]其次，从立法初衷上看，若把审查批准权视为具有实质意义的决定权，则地级地方立法权实质上无异于1982年《地方组织法》规定的地方性法规草案拟定权，与1986年《地方组织法》进一步扩大地方立法的初衷不符，会导致地方立法发展的倒退，且有损地级地方立法机关的权威。[16]再次，从省市两级人大及其常委会的关系来看，一般认为，不同于行政机关和党组织的上下级之间直接的领导与被领导、指挥与服从的关系，其二者之间是法律上的监督关系，业务上的指导关系和工作上的联系关系。[17]将审查批准权定性为具有立法性质的决定权，则与人民代表大会制度的组织逻辑不符，有悖议事法理。[18]最后，关于地级地方立法权的合宪性问题，虽然学界承认通过将地级地方立法权视为省级地方立法权的具体行使和适当延伸从而弥补其缺乏宪法依据的瑕疵有一定的合理性，但是随着2018年第五次宪法修正案将设区的市立法权列入其中，[19]审查批准权确保地市地方立法合宪性的功能也不复存在。

基于上述主张审查批准权是立法权的组成部分的观点的种种理论漏洞，关于审查批准权的性质问题出现了与之截然对立的另一种观点，即主张审查批准权是一种监督权。持这种观点的学者们回顾了审查批准权的产生背景，对立法的目的作出了不同的解释，其认为：审查批准权是基于有效保证地市地方性法规不与上位法相抵触的需要而设计的，是对地市地方

---

[15] 参见丁祖年：《试论省级人大常委会对较大市地方性法规的批准权》，载《法学评论》1990年第6期。

[16] 参见宓雪军：《半个立法权辨析》，载《现代法学》1991年第6期。

[17] 参见牛振宇：《地方立法批准程序之检视》，载《法治社会》2016年第3期。

[18] 参见姜孝贤：《论设区的市地方性法规报请批准制度的困境与出路》，载《北方论丛》2019年第3期。

[19] 《宪法》（2018年修正）第100条第2款规定："设区的市的人民代表大会和它们的常务委员会，在不同宪法、法律、行政法规和本省、自治区的地方性法规相抵触的前提下，可以依照法律规定制定地方性法规，报本省、自治区人民代表大会常务委员会批准后施行。"

立法活动的一种制约。本质上，这种制约与省级人大对于其他领域的监督和制约（如对"一府两院"的监督和制约）是一致的，是上级人大对下级人大的监督制约工作的组成部分，所以审查批准权是一种监督权。[20]此外，将审查批准权定性为监督权的理由还在于：一方面，这样可以充分体现对地市地方立法独立性的尊重和保护，从理论研究角度来看能够以此为基点泾渭分明地将地级地方立法权与过去的法规草案拟订权区别开来，合乎制度设立的初衷；从实践的角度考虑又有助于激励地级地方发挥立法的积极性。[21]另一方面，自第五次宪法修正案以后，从理论上而言，地级地方立法权已经是依据宪法授权，受宪法保障的完整的独立的立法权，因此，"省级人大常委会提供效力担保的必要性不复存在"，进而"凝聚在批准制度中的价值诉求只剩下立法监督"。[22]所以，"立法批准权只可能被理解为一种监督权，立法批准制度也只能是一种监督制度"。[23]

　　但是，将审查批准权视为监督权的观点也同样受到质疑。批评者认为将审查批准制度的目的简化为监督失之偏颇。诚然审查批准权是对地市地方立法的一种制约，但是审查批准制度的设置显然还包含了其他的价值诉求。上下级人大之间的"立法工作的监督"往往是通过备案审查制度实现的，若将审查批准视为单纯的"立法工作监督"，就是将审查批准制度等同于备案审查制度，就是否定审查批准制度的特殊性及存在的必要性。批评者还指出将审查批准权定性为监督权与权力实际行使事实不相符。将审查批准权视为监督权的一个很重要的原因就是要否认被赋予审查批准权的省级人大常委会对地市地方立法"具有实质性内容的决定权"，进而将地市地方立法权与过去的地方性法规拟定权予以区分。但事实上，地市地

---

　　[20]　参见丁祖年：《试论省级人大常委会对较大市地方性法规的批准权》，载《法学评论》1990年第6期。
　　[21]　参见王林：《地方立法批准权性质之我见》，载《福建人大月刊》1994年第8期。
　　[22]　参见侯学勇：《设区的市地方性法规批准制度的宪法回归》，载《政法论丛》2020年第6期。
　　[23]　参见严海良：《设区的市立法批准制度之检视——以〈宪法〉第一百条第二款为基础展开》，载《学海》2020年第2期。

方立法实践中省级人大常委会就是在行使实际决定权,所谓"实际决定权不能授予两个以上主体先后行使"的逻辑论断是本末倒置的,"不是事实要服从逻辑,而是逻辑要服从事实。如果逻辑不符合事实,那么,应当修正的是逻辑而不是事实"。[24]再者,即使审查批准权是"具有实质性内容的决定权",也并不意味着地市地方立法权就与过去的地方性法规草拟无异,从地市地方的立法地位、对法规内容的决定权和立法程序等角度来看,即使受审查批准权的制约,地市地方立法依然拥有比此前更大的自主性空间。总而言之,将审查批准权定性为监督权的观点是建立在批判将审查批准权定位为立法的组成部分的观点的基础之上的,但是由于其与事实的背离,在理论上也很难成立。[25]

关于审查批准权的性质问题,除却上述两种主要观点,还有少部分学者称审查批准权为"同意权"或"立法监控权"。[26]对于所谓的"同意权"和"立法监控权",提出这些概念的学者并没有明确的界定和进一步的阐发,相关的论述更多是为讨论更具体的审查批准权行使的原则及标准问题所作的铺垫。如认为审查批准权是一种"同意权"的学者,其核心观点是认为审查批准必然涉及法规的合理性和合法性的一系列问题的考量,而作为同意权的审查批准权在行使的过程中,应该只看原则性的问题对错,不能因为非原则性的问题影响法规批准的进度。[27]另外,值得注意的是,也有学者虽然持将审查批准权定性为监督权的立场,但是在审查原则及标准方面却表达了类似的观点,主张审查批准权视为监督权并不当然地排除省级人大常委会对下级地方制定的法规存在的一般质量问题或称非

---

[24] 参见敖德俊:《地方立法批准权是地方立法权的组成部分——兼评王林〈地方立法批准权不是立法权的组成部分〉》,载《人大工作通讯》1995年第8期。

[25] 参见敖德俊:《地方立法批准权是地方立法权的组成部分——兼评王林〈地方立法批准权不是立法权的组成部分〉》,载《人大工作通讯》1995年第8期。

[26] 参见蔡定剑:《如何行使法规批准权》,载《人大研究》1994年第4期;宓雪军:《半个立法权辨析》,载《现代法学》1991年第6期。

[27] 参见蔡定剑:《如何行使法规批准权》,载《人大研究》1994年第4期。

不抵触问题进行审查。[28]

省级人大常委会的审查批准权性质问题是审查批准实践的起点，围绕着对审查批准权的定性，理论上形成了不同的审查模式。主张审查批准权是地市地方立法的组成部分，即认为审查批准权是对被报批的法规的实质性内容的决定权，"既是对被批准行为的制约和补充，又决定着被批准行为的存在和法律效力"。[29]进而具体到实践中，省级人大常委会可以对地市地方立法进行包括合法性在内的合理性审查或称正当性审查。[30]相对地，主张审查批准权是一种监督权，则只是将审查批准视作一种事前监督措施，为了尊重市级立法的自主性并保障其立法权的完整性，[31]"只能以某种条件或程序对被批准行为加以制约"，[32]所以省级人大常委会应当只进行合法性审查。此外，将审查批准权定性为"同意权"或者"立法监控权"的研究中则通常试图保持一种中庸的立场，即认为省级人大常委会应对报批的地方性法规进行合法性审查和一定程度的合理性审查，同时尽量简化程序，对立法技术规范等其他问题应当作不影响报批法规通过的其他处理（如提出修改建议等）或不处理。[33]概言之，省级人大审查批准权的行使可以划分出两种模式：一是主张审查批准权为立法权的组成部分或非监督权的特殊权力，进而奉行合理性审查的模式，在审查地市立法过程中既考量立法的合法性，也考量其适当性、可操作性等；二是主张审查批准权为监督权，恪守合法性审查的模式，仅以立法活动是否合法、立法结果是否抵触为审查的标准。

---

[28] 参见丁祖年：《试论省级人大常委会对较大市地方性法规的批准权》，载《法学评论》1990年第6期。
[29] 参见牛振宇：《地方立法批准程序之检视》，载《法治社会》2016年第3期。
[30] 参见冉艳辉：《省级人大常委会对设区的市地方性法规审批权的界限》，载《法学》2020年第4期。
[31] 参见侯学勇：《设区的市地方性法规批准制度的宪法回归》，载《政法论丛》2020年第6期。
[32] 见牛振宇：《地方立法批准程序之检视》，载《法治社会》2016年第3期。
[33] 参见蔡定剑：《如何行使法规批准权》，载《人大研究》1994年第4期。

（二）作为立法权的审查批准权：合理性审查模式

基于审查批准权为立法权而进行合理性审查，是指省级人大常委会审查地市立法时将"是否符合广大人民群众的根本利益，是否符合总的政策精神和一般规律"[34]纳入考量的范围，而不仅囿于审查立法活动及结果的合法性。在学界的讨论中，对法规合法性以外的一切其他内容进行审查几乎都可以囊括进合理性审查的范围，包括：地方性法规是否符合本市的具体情况和实际需要、是否体现地方特色、是否对上位法的规定进行了不必要的重复、是否具体可操作……[35]

在关于审查批准制度的研究中，基于对合法性审查模式在实践中的不足的认识，合理性审查的模式得到了一定的支持。许多学者在研究中指出，经过多年的地方立法实践，地方立法水平和能力均得到了极大提高，直观地与上位法发生抵触的可能性极低。同时，近年来地方立法屡屡出现质量不佳的情况，其主要问题不是与上位法相发生抵触，而是脱离地方的具体情况和实际需要，进行重复立法、无效立法。[36]要避免这些问题的发生，显然通过囿于是否抵触的标准下的合法性原则无法实现。此外，随着2011年中国特色社会主义法律体系宣告建成，[37]地方更应侧重于"拾遗补缺""因地制宜"的自主性立法与"先试先行"的创新性立法。[38]地方立法工作也因此迎来了整合更广泛的利益需求、平衡制度创新与上位法律框架限制等更棘手的挑战。正是在这样的立法形势下，作为上位立法机关的省级人大常委会一般被认为有能力，同时也有义务对下级立法进行

---

[34] 参见蔡定剑：《如何行使法规批准权》，载《人大研究》1994年第4期。

[35] 参见李春燕：《论省级人大常委会对设区的市地方性法规批准制度》，载《汉江学术》2017年第3期；刘锦森：《对报批的地方性法规进行合理性审查的必要性》，载《人大研究》2005年第8期。

[36] 参见尹奎杰：《地方立法中的问题及其破解思路》，载《学术交流》2019年第10期。

[37] 参见焦洪昌：《中国特色社会主义法律体系的鲜明特质》，载新华网，http://www.xinhuanet.com/politics/2021-11/03/c_1128024996.htm，最后访问时间：2024年6月18日。

[38] 参见封丽霞：《中央与地方立法事权划分的理念、标准与中国实践——兼析我国央地立法事权法治化的基本思路》，载《政治与法律》2017年第6期。

合理性审查。[39]

为了进一步论证合理性审查模式的正当性，学者们还从规范的角度否定合法性审查作为审查批准权形式的唯一模式。有学者就指出，虽然2015年《立法法》第72条明确规定了省级人大常委会对报请批准的地方性法规应当进行合法性审查，但这并不当然排除省级人大常委会在实践中作其他方面审查。[40]从这一意义上说，《立法法》的相应规定只是强调应当将合法性审查作为审查重点和必备要素，而不是要求将合法性审查作为"唯一原则与标准"，由此而否定对市级立法的其他方面作审查的需要，是失之偏颇的。[41]还有学者主张，合理性审查具有宪法上的依据——根据《宪法》第104条规定，县级以上的地方各级人大常委会有权撤销下一级别人大不适当的决议。自然，立法也可以视为"决议"的一种，因此，省级人大及其常委会对下一级人大及其常委会进行审查监督的标准为是否"适当"。而相对于"合法性"的概念而言，"合理性"显然更加接近"适当"一词所指代的宽泛的内涵。[42]

需要注意的一点是，目前关于合理性审查模式的研究中，存在一点不足："合理性审查"更多是作为一个与"合法性审查"相对的形式主义的概念而被提出，旨在证成或反对合法性审查。至于其基本内涵、实践向度等问题，尚未有深入的探究以及更系统的阐发。

（三）作为监督权的审查批准权：合法性审查模式

根据学界通说，合法性审查模式是指省级人大常委会在行使审查批准权时保持相对克制，只审查立法主体的立法活动及其结果是否合法。[43]

---

[39] 参见曹瀚予：《省级人大常委会对设区的市法规报批处理方式探讨》，载《人大研究》2018年第9期。

[40] 参见肖迪明：《问题与对策：设区的市行使立法权探析》，载《地方立法研究》2017年第1期。

[41] 参见肖迪明：《问题与对策：设区的市行使立法权探析》，载《地方立法研究》2017年第1期。

[42] 参见严海良：《设区的市立法批准制度之检视——以〈宪法〉第一百条第二款为基础的展开》，载《学海》2020年第2期。

[43] 参见周旺生：《立法学（第2版）》，法律出版社2009年版，第332页。

具体而言，合法性审查的内容包括以下几点：（1）立法主体所进行的立法活动是否有法的根据；（2）立法主体在立法活动中所行使的立法权是否合乎法的规定；（3）立法主体的立法活动是否符合法定程序；（4）立法所调整的范围是否超越法定界限；（5）立法活动所产生的规范性法律文件是否合法或者是否与上位法相抵触；（6）立法活动和立法结果是否还有其他不合法甚或违法的情形。[44]

整体而言，在目前的理论研究中，合法性审查模式是主流的选择。除了基于审查批准权是监督权的理论证成以外，更现实的原因在于，一方面，合法性审查原则与《立法法》的对应规定在字面意义上保持一致，似乎也更契合立法者在制定《地方组织法》及《立法法》时对地方立法审查批准制度运行表达的预期。一直以来，简化程序、提高效率都是对省级人大常委会行使审查批准权的要求。在1986年《地方组织法》的修改说明中，时任的全国人大常委会秘书长兼法制工作委员会主任就提出："建议省、自治区简化审批程序，只要同宪法法律、行政法规和本省、自治区的地方性法规没有抵触的，原则上应该尽快批准。"[45] 2000年出台的《立法法》，首次明确规定了"合法性审查"的概念，相应的释义中对"合法性审查"这一概念的说明又再次强调省级人大常委会进行审查批准应当"对地方性法规的规定是否适当，立法技术是否完美、文字表述是否优美，不作审查"。[46] 2015年新修正的《立法法》保留了"合法性审查"的表述，相应的释义中还批评了一些地方没有按照仅进行合法性审查的建议和要求办理的行为，使得"批准程序过于复杂，实际上同制定程序没有什么区别，使批准的时间拖得过长，影响了一些报请批准的地方性法规的

---

[44] 参见周旺生：《立法学教程》，北京大学出版社2006年版，第359—360页。

[45] 参见王汉斌：《社会主义民主法制文集（上）》，中国民主法制出版社2012年版，第231页。

[46] 参见全国人大常委会法制工作委员会编：《中华人民共和国立法法释义》，法律出版社2000年出版，第185页。

及时出台"。[47]另一方面，普遍认为合法性审查以"不抵触"为唯一的审查标准，将减轻省级人大常委会审查批准的工作量，同时也让其无法借立法活动及其结果的合法性以外的其他缘由介入地市地方立法的过程中拖延立法进程，进而避免省级人大常委会过度的、越权的干预，最终实现维护地市地方立法主体的自主性与积极性、保障地市地方立法出台的及时性的目标。

尽管多年来坚持合法性审查原则、简化审查批准程序、提高立法效率是全国人大常委会和大多数学者共同倡议的审查批准权行使的方向，但是实践却总是有所不同。最直观的例证就是实践中审查批准的提前介入机制在各省级人大常委会工作中的运用和推广。[48]全国人大宪法和法律委员会主任委员李飞在第二十五次全国地方立法工作座谈会上发言就提出，对于实践中确实存在的合理性或者立法技术等问题："省级人大常委会有关工作机构可以在法规立项、起草、审议通过前、提请审批前等各阶段提前介入，加强沟通和指导，从合法性、合理性、适当性、协调性和立法技术规范等各方面提出意见建议，做好事前把关的工作，尽量把问题解决在省（区）人大常委会进行审批之前，避免设区的市立法出现反复和走弯路。"[49]审查批准的提前介入机制，实质上就是将审查重心前移，这种机制下必然同时伴随着审查标准的多元以及审查范围的扩大，进而规范层面上的合法性审查原则被审查批准的提前介入机制轻易地解构。除此以外，地方性法规报批后发生"抵触"情形下一些省级人大常委会选择直接予以修改后批准或者搁置的处理方式，也在一定程度上说明了实践对合法性审查的理论模式的背离。[50]不论是直接修改还是搁置，都说明省级人

---

[47] 参见全国人民代表大会常务委员会法制工作委员会编：《中华人民共和国立法法释义》，法律出版社2015年版，第231页。

[48] 参见陈建新、谭瑟：《浅谈设区的市地方性法规审查批准制度的完善》，载《人大研究》2018年第3期。

[49] 参见李飞：《加强和改进省（区）人大常委会对设区的市立法工作的审批指导》，载《中国人大》2020年第2期。

[50] 参见曹瀚宇：《省级人大常委会对设区的市法规报批处理方式探讨》，载《人大研究》2018年第19期。

大常委会对于报请批准的地方性法规有着超出了审查批准制度规范所要求的消极克制，实质上发挥着具有终局性意义的决策影响力。

诚然，法律层面的审查批准制度程序性规范缺位是造成实践处理方式各异且饱受争议的原因之一。但规则的模糊性也许是立法机关在认识到自身的有限理性的基础上采取的一种策略，以包含实践的更多的可能。[51] 理论分析难以展示地方立法现实的全貌，所以与其通过规范的分析，以规范的立场批判实践中审查批准制度落实的一些现象，指责省级人大常委会的越权，挑剔设区的市地方立法周期长短，一个更加值得思考的问题是：为什么审查批准权的实践总是倾向于扩大审查范围，进行合理性审查甚至全面审查？对于审查批准权性质的认定又是建立在何种基础之上的？笔者认为，这是重新审视省级人大常委会审查批准权的功能与定位，明确审查批准制度优化方向的关键所在。下文将以一个具体的地方立法中行使审查批准权的实践，揭示其中一些不能契合合法性审查模式的做法的发生逻辑，以进一步对关键问题作出回应。

三、省级人大常委会行使审查批准权的实践——以《东莞市城市管理综合执法条例》的审查批准为例

（一）东莞市先行性地方立法实践

广东省东莞市位于我国东南沿海地区，于1988年经国务院批准成为地级市。升级为地级市以后，东莞市保持过去的行政区划基本不变，实行市辖镇、镇辖村的城镇管理体制，是全国为数不多没有设区的地级市。东莞市这种"扁平化管理"的行政管理体制随着经济的飞速发展，人口和资金的大量涌入，出现了严重的城市管理能力与管理需求错位的问题。具体而言，由于镇政府处于行政管理的终端，仅属乡镇一级的行政单位，其执法权、事权、财权受制于《地方组织法》《行政处罚法》《行政强

---

[51] 参见丁建峰：《立法语言的模糊性问题——来自语言经济分析的视角》，载《政法论坛》2016年第2期。

制法》《行政许可法》等法律法规中关于行政主体级别管辖的规定,因此难以应对市政府下派的城市管理任务,难以满足企业、社会对公共服务的需求。为了缓解镇政府的压力,东莞市政府在下辖的各镇街安排了公安、工商、城市综合管理执法等派出机构,以提供相应的公共服务。但是这一条块分割的做法又引发了新的问题——"具体管理部门以自我政策领域为中心,使镇街政府在管理过程中出现政策执行力度偏弱和沟通困难的局面。其结果是政出多门,权力交叉,责任不落实的现象时有发生"。[52]

幸而东莞市这种"小马拉大车"的现象并不是孤例,而是广泛存在于我国东南沿海的经济发达地区,逐渐引起了中央的重视。2000年起,中央开启了一系列城镇管理体制改革。及至2008年,更是对东南沿海发达城市有针对性地开展了"简政强镇"改革。[53]中央、广东省以及东莞市政府围绕着"扩权强镇"(后改称为"简政强镇")改革颁布了一系列的政策文件,采用授权、委托的方式逐渐扩大镇级政府的行政事务权限,并且将人事权、财政权也一并下放至各镇。东莞市简政放权改革工作成果斐然,试点的镇街经济社会管理权限基本达到县一级政府的水平,还有个别镇被选为国家新型城镇化综合试点地区,开始撤镇设市设区试点,作为建制镇被正式授予县级行政管理权限。[54]

然而,"简政强镇"改革又为东莞市的城市管理带来了新的难题。正如上文所述,由于东莞市不设区,所以东莞市的城市管理综合执法机关架构不同于设区的市的寻常设置,即在市一级执法机关下设区一级执法机关,再由区一级执法机关视情况在乡镇设立派出机构。东莞市是由市级执法机关直接向各镇街派出分支机构,由市城市管理综合执法机关为主导,

---

[52] 参见王巍、唐晓阳、王学敏:《乡镇新一轮行政体制改革的问题与对策——以东莞市塘厦、石龙镇为例》,载《岭南学刊》2011年第1期。
[53] 详见《珠江三角洲地区改革发展规划纲要(2008—2020年)》(国函〔2008〕129号),2009年1月8日发布。
[54] 详见《关于印发国家新型城镇化综合试点方案的通知》(发改规划〔2014〕1229号),2014年12月29日发布,现已失效。

统筹、监督、指导各镇街城市管理综合执法分支的工作，再由各镇分支机构以市城市管理综合执法机关的名义履行市容环境卫生管理方面的监督检查、行政处罚、行政强制等具体职能。另外，"简政强镇"改革下放了包括城市管理执法在内的人、财、物资源至各镇（街），使得表面上各镇的城市管理分支机构虽然仍以市的城市管理机关名义作出执法决定，但实际上具体的相关工作已经交由镇一级政府部署开展。最终，这种做法令东莞市各镇的城市管理执法工作一直饱受着权责不对等的困扰，存在有"责"无"权"或"权责不明"的制度性缺陷。[55]进一步又造成了市城市综合执法机关执法不作为，城市管理职责落实不到位，部门之间拒绝协调配合、推诿扯皮等现象，阻碍了东莞市的城市管理综合执法工作的推进。[56]

如何建立健全与东莞市城市规模相匹配的城市管理体制，调和东莞市特殊的城市管理架构下城市管理工作实际开展过程中发生的"权名责"错位？2015年出台的《中共中央、国务院关于深入推进城市执法体制改革改进城市管理工作的指导意见》（以下简称《指导意见》）提出的属地管理、权责一致、下移执法重心、完善城市管理服务、推进城市管理现代化的目标，为东莞市深化城市管理体制改革指明了方向。[57]2015年又恰逢修正后的《立法法》出台，东莞市成为全国四个不设区又获得立法权的地级市之一，为东莞市进一步推进城市管理工作，实现城市管理法治化提供了绝佳的契机。

《东莞市城市管理综合执法条例》（以下简称《条例》）最具创新性的条款是关于执法主体的规定，东莞市人大常委会在公开的关于《东莞市城市管理综合执法条例（草案修改二稿）》修改情况的报告中指出："东

---

[55] 参见《东莞立法：崭新的课题与热切的期待》，载《东莞日报》2015年8月11日，第A02版。

[56] 参见《关于〈东莞市城市管理综合执法条例（草案修改二稿）〉修改情况的报告》，载东莞人大网，http://dgrd.dg.gov.cn/dgrd/lfwj/null/4237467f0249404bfe0b58e0862d9cb25b1a.shtml，最后访问时间：2024年9月5日。

[57] 参见陈健秋主编：《探路：东莞全面深化改革系列问题研究（三）》，广东人民出版社2017年版，第315页。

莞特殊的行政架构导致在客观上存在管理的断层。为了解决城市管理综合执法'断层'的问题，《条例》第四条的执法体制明确了各主体综合执法中的地位、责任。明确市综合执法部门是本市综合执法工作的行政主管部门，同时针对街道（园区）和镇法律地位的不同，分别采用了委托和授权两种不同的形式，市综合执法部门应当在街道（园区）派驻综合执法机构，以市综合执法部门的名义负责本辖区内综合执法工作；镇综合执法部门以镇人民政府的名义负责本辖区内综合执法工作，在行政执法中，行使法律法规规定的县级行政执法的权力。该制度设置是对现有体制的突破，体现了东莞的地方特色。"[58]

通过立法的方式赋予镇街一级以城市管理综合执法权，一方面，这样规定在东莞市具备切实的可操作性。持续十余年的城市管理体制改革以及"简政强镇"改革，使得东莞市的镇一级政府在资源配置上可比县一级的政府，自然有能力承担指挥、部署镇综合执法工作，事实上，城市管理综合执法工作在《条例》制定前夕已经基本交由镇政府进行指挥管理。另一方面，这样有助于解决东莞市城市管理综合执法中权责错位的问题，过去各镇城市管理综合执法机构以市城市管理综合执法机构的名义作出执法行为，有关的复议及诉讼都只能由市城市管理综合执法机构应对处理，这与市城市管理综合执法机构的地位和能力均不相称。规定城市管理综合执法以镇街一级的名义作出，市城市管理综合执法机构便由此具有对这些执法决定进行复议的权力。这一变化意味着，东莞市大量的综合执法纠纷可以在市城市管理综合执法部门中得到解决，市政府以及省政府的有关工作部门也因此可以从职责范围内的这些细枝末节中抽身，让发生在镇辖区内的执法案件找到与事态相应的解决渠道，真正实现城市管理体制改革的属地管理、权责一致的目标。[59]

---

〔58〕 参见《关于〈东莞市城市管理综合执法条例（草案修改二稿）〉修改情况的报告》，载东莞人大网，http://dgrd.dg.gov.cn/dgrd/lfwj/null/4237467f0249404bfe0b58e0862d9cb25b1a.shtml，最后访问时间：2024年3月12日。

〔59〕 详见《中共中央、国务院关于深入推进城市执法体制改革改进城市管理工作的指导意见》，2015年12月24日发布。

但规定的突破性在于，当时的《行政处罚法》（2009年修正，以下简称《行政处罚法》）对行使行政处罚权有关于级别管辖的明确规定，要求行政处罚由违法行为发生地的县级以上地方人民政府具有行政处罚权的行政机关管辖。法律、行政法规另有规定的除外。[60]《条例》规定牵涉到大量行政处罚及行政强制的内容，显然，如果《条例》只是简单地将城市管理综合执法权下放至镇一级政府，各镇的行政级别保持不变的话，就是在突破级别管辖的限制，直接与作为上位法的《行政处罚法》相抵触。但是，《条例》关于执法主体的规定的合法性问题不是完全不容商榷的，这里就涉及相对集中处罚制度。《行政处罚法》中关于具有行政处罚权的实施机关规定中又明确"国务院或者经国务院授权的省、自治区、直辖市人民政府可以决定一个行政机关行使有关行政机关的行政处罚权"。[61] 换言之，通过一些行政管理具体权限的授予，《条例》中关于执法主体的规定是可以在法制统一的框架下实现的。只是这又意味着，《条例》的制定将不可避免地牵涉到省市两级除人大以外包括省委、省政府在内的更多的机关部门，引发更大范围的争论、沟通与协商。

（二）广东省人大常委会审查批准实践

《条例》是东莞市人大及其常委会2015年获得立法权后，第一个被纳入年度立法计划中预期审议的地方性法规草案，并且在2016年已经完成了草案的三审并报请省级人大常委会。但是正是由于《条例》中关于执法主体规定合法性的问题，一直到2019年7月才获得省人大常委会的通过，显然，在这个漫长的立法周期中省级人大常委会有着除合法性审查外更深度地介入。

---

[60] 《行政处罚法》（2009年修正）第20条。
[61] 《行政处罚法》（2009年修正）第16条。

表 1 《条例》制定过程及主要事件[62]

时间	《条例》制定大事记
2015 年 3 月 15 日	东莞市获得地市地方立法权。
2015 年 6 月 5 日	东莞市委第十三届第一百零六次常委会会议同意将《东莞市城市综合管理条例》（后更名为《东莞市城市管理综合执法条例》）列入《东莞市人大常委会 2015 年下半年及 2016 年度立法项目计划》。[63]
2015 年 10 月 30 日	东莞市政府向市人大常委会提交《关于提请审议〈东莞市城市管理综合执法条例（草案）〉的议案》。[64]
2015 年 11 月 27 日	东莞市人大常委会会议对《东莞市城市综合管理条例（草案）》进行第一次审议。[65]
2015 年 12 月 30 日	东莞市人大常委会会议对《东莞市城市综合管理条例（草案修改稿）》进行第二次审议。[66]
2016 年 1 月—3 月	《东莞市城市管理综合执法条例（草案修改二稿）》成稿，上报省人大常委会法工委预审，依法向常委会环资工委、法制工委委员、市政府有关部门、市立法咨询与服务基地、立法专家发函征求意见，并通过东莞人大网立法专网向社会公开征求意见。[67]

---

[62] 表格根据笔者在东莞市人大法制工作委员会实习期间收集材料及东莞市人大网披露的《东莞市城市管理综合执法条例》立法过程公开信息整理制成。
[63] 《东莞市立法工作第一次召开》，载东莞人大网，https://dgrd.dg.gov.cn/dgrd/lfdt/201508/84f93392cc094b86861e51ee55051da3.shtml，最后访问时间：2025 年 2 月 14 日。
[64] 参见《关于〈东莞市城市综合管理条例（草案）〉的审议意见》，载东莞人大网，https://dgrd.dg.gov.cn/dgrd/lfwj/null/2a3ac7dd08b9f0400d096b306525bfc2244e.shtml，最后访问时间：2025 年 2 月 14 日。
[65] 参见《关于〈东莞市城市综合管理条例（草案）〉修改情况的报告》，载东莞人大网，https://dgrd.dg.gov.cn/dgrd/lfwj/null/01a47b56001e8046840bd400547b62dee066.shtml，最后访问时间：2025 年 2 月 14 日。
[66] 参见《关于〈东莞市城市管理综合执法条例（草案修改二稿）〉修改情况的报告》，载东莞人大网，https://dgrd.dg.gov.cn/dgrd/lfwj/null/4237467f0249404bfe0b58e0862d9cb25b1a.shtml，最后访问时间：2025 年 2 月 14 日。
[67] 参见《关于〈东莞市城市管理综合执法条例（草案修改二稿）〉修改情况的报告》，载东莞人大网，https://dgrd.dg.gov.cn/dgrd/lfwj/null/4237467f0249404bfe0b58e0862d9cb25b1a.shtml，最后访问时间：2025 年 2 月 14 日。

续表

时间	《条例》制定大事记
2016年4月12日—14日	东莞市人大常委会副主任、法工委主任、法规科科长等工作人员在省人大常委会法工委主任的带领下,到北京就《东莞市城市综合执法条例》核心条款存在的问题,向全国人大常委会法工委请示。[68]
2016年4月27日	东莞市人大常委会会议对《东莞市城市综合管理条例(草案修改稿)》进行第三次审议。[69]
2016年5月11日	市委常委会会议审议并原则同意《东莞市城市管理综合执法条例(草案修改三稿)》。
2016年5月12日	东莞市第十五届人大常委会第三十六次会议表决通过《东莞市城市管理综合执法条例(草案修改三稿)》。[70]
2016年5月18日	东莞市人大常委会法制工委向省人大常委会报送了关于报请批准《东莞市城市管理综合执法条例》的报告。[71]
2017年2月—2018年11月	《东莞市城市管理综合执法条例》被搁置。[72]

[68] 参见《关于〈东莞市城市管理综合执法条例(草案修改二稿)〉修改情况的报告》,载东莞人大网,https://dgrd.dg.gov.cn/dgrd/lfwj/null/4237467f0249404bfe0b58e0862d9cb25b1a.shtml,最后访问时间:2025年2月14日。

[69] 参见《关于〈东莞市城市管理综合执法条例(草案)〉审议结果的报告》,载东莞人大网,https://dgrd.dg.gov.cn/dgrd/lfwj/null/f9ada46a0061d0438408654083ad3cc95659.shtml,最后访问时间:2025年2月14日。

[70] 《〈东莞市城市管理综合执法条例(草案修改三稿)〉获市人大常委会表决通过》,载东莞人大网,https://dgrd.dg.gov.cn/dgrd/lfdt/201605/2be115219f744102b4094e8067b1f7f2.shtml,最后访问时间:2025年2月14日。

[71] 《〈东莞市城市管理综合执法条例(草案修改三稿)〉获市人大常委会表决通过》,载东莞人大网,https://dgrd.dg.gov.cn/dgrd/lfdt/201605/2be115219f744102b4094e8067b1f7f2.shtml,最后访问时间:2025年2月14日。

[72] 《关于〈东莞市城市管理综合执法条例(草案修改稿)〉审议结果的报告》,载东莞人大网,https://dgrd.dg.gov.cn/dgrd/lfwj/null/035a475109c0e04b050805105bed879f0566.shtml,最后访问时间:2025年2月14日。

续表

时间	《条例》制定大事记
2018年12月	东莞市人大常委会向省人大常委会请示撤回《东莞市城市管理综合执法条例》修改后重新报请审查批准。[73]
2019年1月31日	中共中央办公厅、国务院办公厅印发《关于推进基层整合审批服务执法力量的实施意见》
2019年1月—6月	东莞市人大常委会修改稿发送省人大常委会法工委征求意见，请其将征求意见稿发至省有关部门及省立法专家征求意见，继而形成修改二稿；与省人大常委会法工委进行十几轮磋商，并就关键条款多次征求全国人大常委会法工委行政法室、社会法室、研究室、备案审查室的意见；工作人员两次赴穗向省人大法制委、省人大常委会法工委领导作专题汇报，听取意见。[74]
2019年6月27日	东莞市第十六届人大常委会第二十四次会议表决通过条例。
2019年7月4日	东莞市人大常委会就修改后的条例正式报请广东省人大常委会批准。
2019年7月25日	广东省第十三届人大常委会第十三次会议通过。

从《条例》的制定过程看，广东省人大常委会行使审查批准权具有参与度高、把关性强、立法引导与复审的特点。广东省人大常委会针对东莞市立法的处理是：提前介入《条例》的制定当中，对《条例》制定的指导细致到立法技巧、内容表述等，全过程与市人大法工委保持良好的沟通，在《条例》内容合法性存疑时主动携东莞市人大常委会寻求全国人大常委会的支持和肯定，在《条例》被认为涉及重大改革事项时负起向省委汇报的责任，并多次组织座谈会、专家论证会等，邀请省级主管部门及省立法

---

[73] 《关于〈东莞市城市管理综合执法条例（草案修改稿）〉审议结果的报告》，载东莞人大网，https://dgrd.dg.gov.cn/dgrd/lfwj/null/035a475109c0e04b050805105bed879f0566.shtml，最后访问时间：2025年2月14日。

[74] 《关于〈东莞市城市管理综合执法条例（草案修改稿）〉审议结果的报告》，载东莞人大网，https://dgrd.dg.gov.cn/dgrd/lfwj/null/035a475109c0e04b050805105bed879f0566.shtml，最后访问时间：2025年2月14日。

专家进行调研论证，最后在《条例》制定走向僵局时果断采用搁置的方式静待立法时机。[75]

2019年1月中共中央办公厅、国务院办公厅印发了《关于推进基层整合审批服务执法力量的实施意见》。该意见中提出要"推进行政执法权限和力量向基层延伸和下沉，强化乡镇和街道的统一指挥和统筹协调职责""按照有关法律规定相对集中行使行政处罚权，以乡镇和街道名义开展执法工作""按照依法下放、宜放则放原则，将点多面广、基层管理迫切需要且能有效承接的审批服务执法等权限赋予乡镇和街道，由省级政府统一制定赋权清单，依法明确乡镇和街道执法主体地位"。[76]基于该改革政策，东莞市在规范层面上明确镇一级政府作为城市管理执法主体终于成为可能。在随后的修改中，东莞市借助广东省人大的帮助征求了省有关部门及省立法专家的意见，与省人大常委会法工委进行十几轮磋商，并就关键条款多次征求全国人大常委会法工委行政法室、社会法室、研究室、备案审查室的意见。[77]

获得批准通过的《条例》关于镇一级行政主体的执法地位规定为："镇人民政府（街道办事处）依据省人民政府制定的赋权清单，行使相应的城市管理综合执法权。"[78]该规定一方面实现了东莞市将城市管理综合执法权下放到镇街一级的诉求，另一方面通过立法的谨慎表述实现了与中央改革决策的衔接。至于合法性问题，省级人民政府以授权清单的形式向镇乡一级下放执法权，也符合《行政处罚法》[79]对于相对集中行政处

---

[75] 参见《首次！全省地级市中首部城管综合执法地方性法规正式出台》，载东莞人大网，https://dgrd.dg.gov.cn/dgrd/lfgz/201908/95e914ac428946f48421dcdd2b3d869c.shtml，最后访问时间：2015年2月14日。

[76] 详见《中共中央办公厅、国务院办公厅关于推进基层整合审批服务执法力量的实施意见》（中办发〔2019〕5号），2019年1月31日发布。

[77] 参见《关于〈东莞市城市管理综合执法条例（草案修改稿）〉审议结果的报告》，载东莞人大网，http://dgrd.dg.gov.cn/dgrd/lfwj/null/035a475109c0e04b050805105bed879f0566.shtml，最后访问时间：2024年2月13日。

[78] 《东莞市城市管理综合执法条例》第4条第3款。

[79] 《行政处罚法》（2017年修正）第16条。

罚权的规定，《条例》没有与《行政处罚法》第20条关于行政处罚管辖级别的规定直接抵触。[80] 可以看到，面对一个基于地方实践及需要却合法性存疑的城市管理综合执法主体权属立法方案，广东省人大常委会既配合帮助东莞市人大常委会表达立法诉求，向更大的范围、更高的层级征求意见，在《条例》遭遇挫折时又拒绝放任一部不能解决实际问题、不契合地方需求的保守立法的诞生，避免了浪费立法资源，重复立法，最终让东莞市的立法诉求在法治的框架下得到完满的实现，保护了地市地方立法积极性。尽管《条例》的制定历经四年，立法周期较长，但是将其归责于广东省人大的深度参与失之偏颇。从东莞市制定《条例》的过程可以看到，实际上并没有所谓的立法周期长短可言，只有立法时机成熟与否。立法周期长不是一种不合理的现象，立法实践问题的复杂性会导致立法实践成本的叠加，在涉及改革的情况下，基于"先破后立，有序进行"[81]的基本遵循，更是如此。立法时机才是影响立法进程的重要因素，而立法时机总是需要等待的，在这一意义上，《条例》遭遇搁置，是不可避免的。

四、作为地方立法权组成部分的审查批准权：必要性与必然性

（一）必要性：作为监督权的审查批准权的局限

作为监督权的审查批准权，其核心就是合法性审查模式。合法性审查要求省级人大常委会保持相对被动与克制，并不主动参与下级地方立法的过程，也只审查立法主体的立法活动及其结果是否合法。[82] 合法性审查模式的核心是"不抵触"，相对于地方立法三大原则中的"有特色""可操作"，"不抵触"作为"地方立法的底线，不可逾越的红线"[83]，经

---

[80] 《行政处罚法》（2017年修正）第20条规定："行政处罚由违法行为发生地的县级以上地方人民政府具有行政处罚权的行政机关管辖。法律、行政法规另有规定的除外。"

[81] 参见《处理好立法与改革的关系（五则）》，载中国人大网，http://www.npc.gov.cn/npc/c2/c30834/201905/t20190521_296672.html，最后访问时间：2024年3月22日。

[82] 参见周旺生：《立法学（第2版）》，法律出版社2009年版，第332页。

[83] 乔晓阳：《地方立法要守住维护法制统一的底线——在第二十一次全国地方立法研讨会上的讲话》，载《中国人大》2015年第2期。

过自地方立法制度确定以来的多年实践,已经有相对明确的内容。有基于此,合法性审查模式以"不抵触"为核心,实际上包含这样的预断,即地方立法过程中发生的所有问题,都可以借助"不抵触"的标准迅速寻求到正确的、明确的且唯一的答案。在这一前提下,地市地方立法只需要满足合法性的条件,省级人大常委会在审查批准时就没有置喙的空间,在明确的"不抵触"标准下,省市两级的立法主体的行动准则清晰明确,二者除正式的职责往来外没有其他互动协商空间及必要,地市地方立法的主动性与积极性得到保护,立法周期大幅缩短。

显然,具体到广东省东莞市的立法实践,这一预断不能成立。东莞市《条例》关于镇街一级执法权的规定与《行政处罚法》关于行政处罚级别管辖的规定发生典型意义上的直接抵触,但是通过省政府的相对集中行政处罚权的授予,实现《条例》的诉求是可能的。如果按照合法性审查的模式,严格遵循"不抵触"的审查标准,广东省人大常委会只需直接以抵触为由不予审批,显然这样并不能体现对地市立法积极性的尊重,也不符合新时代更具价值的地方立法"有特色"的原则。

审查批准的标准固然可以简化,但实践具体问题并不会因此而简化。在广东省东莞市《条例》制定实践中可以看到,"不抵触"的标准并不是绝对的,即使其作为地方立法的底线,也仍然有讨论、操作空间。与此同时,广东省东莞市《条例》受争议的内容也充分揭示了,立法过程中涉及的问题可能是复杂烦琐的,合法性的考量常常与地方需要、改革决策的因素交织在一起,嵌套在"发挥立法的引领和推动作用"[84]法治要求之中,为解决问题,等待立法时机所付出的时间成本也是必要的。事实上,一切字面意义上的要求和限制,都无法应对实践的各种各样的可能,立法本身就是一个以实践为导向的活动,如果用教条化的规则束缚立法的结果,那么立法将毫无意义。合法性审查模式孤立地看待合法性的问题,割裂了合法性问题本身与现实之间的联系,对于解决法制统一与地方需求、

---

[84] 参见《中共中央关于全面推进依法治国若干重大问题的决定》,2014 年 10 月 23 日发布。

改革创新的矛盾无济于事。仅以"不抵触"为审查批准的唯一标准，是对实践具体问题的复杂性的忽视，并不能真正地保护地市地方立法的自主性与积极性，降低所谓的立法时间成本也毫无意义。有基于此，具有内在固有缺陷的合法性审查模式注定无法涵盖现实的复杂性，可以为省市两级人大常委会搭建沟通、协商空间的，基于作为立法权组成部分的审查批准权合理性审查模式才是地方在追求高质量立法目标时的必然选择。

（二）必然性："分工型"立法体制下省的应然定位

诚然《条例》的制定具有特殊性，实践中，省级人大常委会行使审查批准权时面对的并不总是这样复杂且棘手的立法问题，但这个案例足以揭示合法性审查模式的局限性，打破其基于规范分析的实践预期。同时，《条例》的制定也展现了省级人大常委会的角色定位的另一面向。

合法性审查模式对省级人大常委会在审查批准工作中的角色的预设同样是从"不抵触"标准延伸出来的，其是中央通过法律体制对地方施加的一种相对具体的刚性的约束，而省级人大常委会因此扮演着维护"地方立法底线"的角色。从这一意义上，省级人大常委会被视为相对于设区的市而言的"中央"，进而省级人大常委会一超越合法审查范围的做法都可以被视为一种代表"中央"的越位。因此，仅作合法性审查是基于对"中央"集权的警惕，建立起合法性的边界以抵制对地市地方立法权力的蚕食。简言之，合法性审查模式下省市两级立法主体被理所当然地对立起来。然而，广东省东莞市的立法实践却充分说明并非如此，省市两级人大之间的互动、协商与合作，不仅是现实的，而且对于保护地方立法积极性而言也有正面的意义。

省级人大常委会基于审查批准权的行使深度参与到地市地方立法中具有推进地方立法高质量发展，推动国家治理现代化的战略意义。地方立法的功能定位在于弥补中央立法地方性、可操作性不足，提供立法实验和制度创新的场域，实现地方治理结构的改善和优化。[85]尤其是在我国特色社会主义法律体系已经建成的新时代法治建设背景之下，意味着地方立法必须向"精细化"转型，坚持以问题为导向立法，切实面对急需解决的实际问题。[86]赋予设区的市以立法权，是对 2014 年《中共中央关于全面推进依法治国若干重大问题的决定》改革决策的落实，该决定中还明确提出"必须坚持立法先行，发挥立法的引领和推动作用""推进多层次多领域依法治理"和"推进基层治理法治化"的要求，因此，设区的市立法是实现治理现代化目标的重要一环，在地方特色性、创新性、可操作性等具体方面更应当有所突破。但是，契合地方特色的创新性的立法需要对现有的体制有所突破，而地市往往不具有有关方面的事务管辖权，出现了事务管辖权和规则设定权的错位。[87]这时就必须借助省级人大常委会的能力与资源，让具有事务管辖权的主体参与到立法过程中，从省的定位出发为立法结果背书。

东莞市《条例》获批通过后，不久中共广东省委就印发了《关于深化乡镇街道体制改革完善基层治理体系的意见》，旨在全面加强对市县乡镇街道体制改革的指导工作，对改革作出专门部署，推动改革有序推进。[88]2020 年 8 月 1 日，广东省政府颁布了《关于乡镇街道综合行政执法的公告》（以下简称《公告》）。《公告》中提出为贯彻落实中共中央办公厅、国务院办公厅《关于推进基层整合审批服务执法力量的实施意见》以及省委《关于深化乡镇街道体制改革完善基层治理体系的意见》，根据有关的规定，"省人民政府决定将部分县级人民政府及其所属行政执法部门行使的行政处罚权调整由乡镇人民政府和街道办事处（以下简称镇

---

[85] 封丽霞：《认真对待地方法治——地方立法在国家法治建设中的功能定位为视角》，载《地方立法研究》2016 年第 1 期。

[86] 参见田成有：《地方立法必须向精细化转型》，载《人大研究》2020 年第 11 期。

[87] 参见杨登峰：《我国立法权的内在构成及其配置原理的完善》，载《中国法学》2023 年第 6 期。

[88] 《广东依法推进乡镇街道综合行政执法改革 打通基层治理"最后一公里"》，载中国政府法制信息网，https://www.moj.gov.cn/pub/sfbgw/fzgz/fzgzxzzf/fzgzxzzfxtjd/202304/t20230404_475653.html，最后访问时间：2024 年 6 月 18 日。

街）以其自身名义行使，实行综合行政执法"。《公告》还明确了调整由乡镇人民政府行使行政处罚权的原则和具体准则，表示将以镇街名单和事权目录的方式推行综合执法权的下放……最后明确东莞市将参照《公告》，推进镇街综合行政执法工作。可以看到，正是由于省级人大常委会的深度参与，实现了《条例》立法结果地方需要与改革决策无缝衔接，切实平衡了中央与地方两个维度。

我国是一个单一制的国家，这意味着中央是国家的中央，地方是国家的地方，不论是在行政还是在立法领域，权力的纵向配置，都是以中央对地方的有效控制为前提的，相较于联邦制的国家，不存在地方保留的事项。[89] 因此，我国的中央与地方不存在实质意义上的分权，只有功能性的分工，地方只是基于地方知识、经验和信息的优势，参与到公共产品的供给当中。而省作为"国家之下，地方之上"的地方治理的最高层级，发挥着承上启下的作用。一方面，省作为地方受制于中央的监督与控制。另一方面，省相对于地市地方有更大范围的自主权与决策权。又基于人口规模和疆域大小，我国的省并不是最理想的地方性公共产品的提供者。[90] 因此，省在治理体系中既要契合中央的决策部署与权力限制，又要兼顾地方治理的实际需要，在这一意义上，省既是中央也是地方。分工型的事权划分体制决定了省与下级的地市之间不可能形成泾渭分明的界限，不能否认省对地市地方事务进行决策与监督的权力。具体到立法领域，立法与行政紧密相连，因此也不能仅仅将省级人大常委会局限于监督者的角色定位，审查批准权必然是半个立法权，是地市地方立法权的组成部分。因为在地方立法体制中省只有这一抓手来平衡中央与地方的两个维度，发挥其维护法制统一秩序和平衡地方立法需求与创新的应然功能。

---

[89] 任广浩：《当代中国国家权利纵向配置问题研究》，中国政法大学出版社2012年版，第46页。

[90] 刘海波：《我国中央与地方关系探析》，载《甘肃行政学院学报》2008年第2期。

五、结语

自审查批准被广泛地运用于地市地方立法以来,在不甚健全的立法框架下,将省级人大常委会的审查批准权视为监督权,建构以"不抵触"为核心的合法性审查模式逐渐成为主流的观点。一般认为,只有将审查批准实践限于合法性审查,才能从根本上将地市地方的立法权与过去地市地方的法规拟定权区别开来,避免省级人大常委会的过度干预,保障地市地方立法的自主性,并且有助于简化地方立法的审批程序,推动地方立法的及时出台,调动地市地方立法的积极性。然而,制度运行数十年至今,各地市在地方立法的审批实践中,却仍总是倾向于违背规范意义上的合法性审查,倾向于更深度参与的合理性审查甚至全面审查。相较于站在常规的规范分析的角度,苛责地方立法审查批准制度的整体实践展开与合法性审查模式的背离,本文通过广东省《东莞市城市管理综合执法条例》的立法过程与立法结果的展现,跳出理论的探讨,轻易解构了主张审查批准权是监督权、恪守合法性审查边界自以为的实践价值。

在关于省级人大常委会行使审查批准权的研究中,很早就有学者指出这样一个基本遵循:"不是事实要服从逻辑,而是逻辑要服从事实。如果逻辑不符合事实,那么,应当修正的是逻辑而不是事实。"[91]省级人大常委会对于审查批准权的行使是一个实践的场域,其与合法性审查模式的背离,一方面是基于地方立法具体问题复杂性的必然选择,另一方面也是基于省在分工型的体制下角色定位的应然选择。随着我国的法治建设工作迈向新的台阶,"发挥立法的引领和推动作用,抓住提高立法质量这个关键"成为立法工作的中心。包含互动协调机制的合理性审查模式更有助于形成立法工作合力,破解立法实践具体问题的复杂性,尤其是立法与改革的矛盾关系,让地方立法坚持问题导向,推动地方治理的法治化进程。显然,作为立法权的审查批准权的行使更能契合我国当前法治建设工作形

---

[91] 参见敖德俊:《地方立法批准权是地方立法权的组成部分——兼评王林〈地方立法批准权不是立法权的组成部分〉》,载《人大工作通讯》1995年第8期。

势。未来的地方立法审查制度建设，应当从这一点出发，以合理性审查为优化模式，加强相关的理论研究，有意识地转变地方立法原则，拓展审查的标准，转化成熟的制度实践经验，探索审查批准程序的细化，实现地方立法审批制度的规范化、系统化、法治化。

公共卫生应急地方立法的逻辑与技术研究

——基于国家和若干省市的实证研究

陈建胜　胡汝为[*]

摘要：国家正在大力完善公共卫生体制机制、强化公共卫生法治保障，公共卫生应急地方立法也被提上日程。本文通过对国家最新立法动向和若干省市地方立法的实证研究，对有关名称、体例、制度设置、技术运用等方面的立法逻辑进行分析，透过法条把握立法技术思路和方法。继而按照提前介入的思路，结合公共卫生应急地方立法中需要解决的重大现实问题以及实践需要，从宏观、中观、微观角度尝试搭建立法框架，围绕实践需要的宏观把

---

[*] 陈建胜，中国政法大学博士研究生，广东省司法厅立法一处一级主任科员；胡汝为，中山大学公共卫生学院副教授、博士生导师。

握、体例结构的中观布局、技术运用的微观考量进行全方位、多角度的实证研究，呈现立法稿件在立法技术指导下的形成过程，以期为各省市下一步推进相关地方立法提供具有指引性、实践性的技术参考。

关键词： 公共卫生应急　地方立法　实证分析　立法技术

我国自 2003 年经历"非典"疫情后，经过二十年的沉淀和改革，突发公共卫生事件应对的能力和水平已得到极大提升，重大疫情防控体制机制和公共卫生应急管理体系也得到相应完善，但在应对新冠疫情期间也出现了新的问题、新的任务和新的挑战。国家一直高度重视突发公共卫生事件应对法律体系的建设，明确要求加快补齐治理体系的短板弱项，为保障人民生命安全和身体健康夯实制度保障，[1]党的二十大报告进一步提出，要"创新医防协同、医防融合机制，健全公共卫生体系，提高重大疫情早发现能力，加强重大疫情防控救治体系和应急能力建设，有效遏制重大传染性疾病传播"。国家已将《突发公共卫生事件应对法》列为《全国人大常委会 2024 年度立法工作计划》和《国务院 2024 年度立法工作计划》初次审议项目，很多地方紧随其后，将相关立法任务重点提上日程，关于突发公共卫生事件应对的地方立法理论研究和实践论证也逐渐受到学术界和实务界的关注。

从目前已有研究来看，学术界主要关注的是需要立什么法、制定什么制度、解决什么具体问题，[2]更多是从立法原理、立法制度等方面进行探讨和阐释。[3]而地方在组织起草突发公共卫生事件应对立法稿件时，主要依靠公共卫生专业团队进行制度内容设计，哪怕加入了法律专家学术

---

[1]　《全国抗击新冠肺炎疫情表彰大会在京隆重举行　习近平向国家勋章和国家荣誉称号获得者颁授勋章奖章并发表重要讲话》，载中国政府网，http://www.gov.cn/xinwen/2020-09/08/content_5541722.htm，最后访问时间：2024 年 3 月 30 日。

[2]　陈思静、石悦：《公共卫生应急管理地方立法的现状、问题及完善路径》，载《医学与哲学》2022 年第 3 期；黄鑫：《突发公共卫生事件应对地方立法现状及其因应路径》，载《医学与社会》2022 年第 1 期。

[3]　陈远红、马韶青：《完善我国公共卫生应急立法体系》，载《中国卫生法制》2021 年第 5 期。

团队，但在如何构建起一部法规规章，如何精准、有效确立立法的基础逻辑，实现管理需求向规范制度的转化表达的问题上，应用研究和理论支撑还是相对欠缺。因此，本文尝试从以下角度展开实证研究分析：一是综合考察国家最新立法动向以及若干省市的公共卫生应急管理立法情况，对名称、体例、制度设置、技术运用等方面的立法逻辑进行分析，透过法条把握立法技术思路和方法；二是按照提前介入的思路，从宏观、中观、微观角度尝试搭建立法框架，以满足实践需要、完善体例结构、拓展技术运用的方式，呈现立法稿件在立法技术指导下的形成过程，以期为各省市下一步推进相关地方立法提供具有指引性、实践性的技术参考。

一、我国突发公共卫生事件应急立法体系的概况

2003年，国务院依据《传染病防治法》和有关法律的规定，在总结前一阶段防治非典型肺炎工作经验教训的基础上，借鉴国外的有益做法，制定了《突发公共卫生事件应急条例》。该条例与《传染病防治法》成为我国国家层面应对新发突发传染病最强而有力的法律武器。但这部运行超过二十年未修改的行政法规，不仅与《传染病防治法》《突发事件应对法》《基本医疗卫生与健康促进法》等上位法之间存在衔接问题，还与国家关于公共卫生突发事件应急处置工作的部署要求存在差距。基于保护人民生命财产安全的需要，国家及时启动了相关修法计划，将《突发公共卫生事件应对法》《传染病防治法（修改）》《突发事件应对法（修改）》三个项目同时列入立法计划，其中2003年出台的行政法规《突发公共卫生事件应急条例》将升格为法律，充分体现了国家对强化公共卫生法治保障的决心。

在地方层面，各地在国家出台《突发公共卫生事件应急条例》后，密集出台了一批实施性的地方立法，其中广东作为严重急性呼吸综合征（SARS）重灾区高站位出台了地方性法规，其他省市则以政府规章形式细化应急内容和程序。[4]近年来，天津（2020年）、深圳（2020年）、北京（2020年）、上海（2020年）、山东（2021年）、珠海（2021年）、乌鲁木齐（2021年）、辽宁（2021年）、汕头（2022年）应急制定了突发公共卫生事件地方性法规，浙江（2020年）、威海（2020年）、河南（2021年）则新制定或修订了有关政府规章。

我们可以看到，从国家到省市层面应对突发公共卫生事件主要还是沿用2003—2004年"非典"期间的立法（部分有少量技术修正），这批立法为我国应对严重急性呼吸综合征（SARS）、中东呼吸综合征（MERS）、甲型流感（H1N1）等多次重大公共卫生事件发挥了重要的制度支撑作用，可以说其制度基础已通过了历史的多次考验。而个别省市在应对新情况、新需求中制定或完善地方突发公共卫生事件应急立法，将一些行之有效制度措施进行固化，以新理念、新制度、新机制解决新问题，为国家和地方完善相关立法带来了不少的创新思路和参考价值。

二、国家立法动向和省市立法情况的技术分析

（一）国家立法动向技术分析

《突发公共卫生事件应对法（草案）》已于2024年6月经国务院常务会议讨论并原则通过，将提请全国人大常委会审议，[5]但目前未能从网络上找到相关公开稿件，因此仅能从位阶及定位、标题及内涵等方面，探析国家立法的思路和方向：

第一，立法位阶的上升。《突发公共卫生事件应急条例》原是《突发事件应对法》和《传染病防治法》的下位法，其修改工作本应等待两部法律基本定稿后启动。但国家在推进公共卫生专项立法修法的过程中，将

---

[4] 含河北、山东、安徽、辽宁、江苏、内蒙古、云南、四川、广西、湖南、河南、海南、青海、吉林、上海、陕西、江西、浙江18个省，以及邯郸、太原、石家庄、南京、鞍山、淄博、昆明、大连、郑州、成都10个市。

[5] 《李强主持召开国务院常务会议 研究促进创业投资高质量发展的政策举措等》，载中国政府网，https://www.gov.cn/yaowen/liebiao/202406/content_6956243.htm，最后访问时间：2024年9月4日。

《突发公共卫生事件应对法》与《突发事件应对法》《传染病防治法》同步推进，显然是基于突发公共卫生事件应急本身与其他种类的应急治理有相对独立和特殊的立法需求和实践需要，避免再次出现"对于新发突发传染病到底是适用《突发事件应对法》还是《传染病防治法》"的困境而使公共卫生措施滞后实施的问题，这也是立法"后体系时代"应该重点关注的命题。[6] 从目前的立法需求和实践需要共识来看，公共卫生应急的立法更集中于"事件应对"，对应急响应状态下的处置措施着墨更多，同时更为强化"社会共治"以达到"无急可应"的规制要义；而传染病防治的立法更强调对法定传染病的预防、救治、通报上报及多主体防控的常态秩序的设定和维护，对常态机制、常态与应急转换机制的关注更多，回归"从以疾病为中心到以健康为中心"的大健康立法思路，与《基本医疗卫生与健康促进法》并行成为卫生法律体系的基础性规范。

第二，立法标题的变化。从《突发公共卫生事件应急条例》改为《突发公共卫生事件应对法》，重点变化是将"应急"扩展为"应对"，这与《中共中央关于制定国民经济和社会发展第十四个五年规划和二〇三五年远景目标的建议》的表述是一致的，[7] 也与作为"一般法"的《突发事件应对法》相呼应。从公共卫生应急管理的角度来看，"应对"的外延应大于且包含"应急"，明显带有将突发公共卫生事件以事件为核心，以"应对"为立足点，把事前、事中、事后的全链条动态过程纳入立法的倾向，展现出国家对该领域立法思路、方向和重点的转变，事实上也是对实践需要进行的"回应型"立法，也是立法走向自觉的重要体现。标题的变化必然会带来体例的调整，这属于立法方向的重大变更，不仅涉及整体立法思路的改变，也涉及各项制度的排布与衔接等核心问题，需要同步考虑体例设计的技术性问题，特别是立法整体逻辑的匹配。值得关注的是，"应

---

[6] 葛天博：《立法"后体系时代"命题的判断》，载《长江师范学院学报》2016 年第 3 期。
[7] 《中共中央关于制定国民经济和社会发展第十四个五年规划和二〇三五年远景目标的建议》，载中国共产党新闻网，http: //cpc.people.com.cn/n1/2020/1104/c64094-31917780.html，最后访问时间：2024 年 3 月 30 日。

急"之说在公共卫生领域内已经使用较长时间,与《突发事件应对法》所指向客体的内涵存在一定的差异,更具特殊的历史沉淀和使用惯性,社会的接受程度也相对较高。当法律确定要进行这种牵一发而动全身的技术"校正"时,必须把整体思路和具体表述进行有机统一,以实现立法需求和实践需要的辩证统一。

(二)省市立法情况梳理与技术分析

笔者登录中国人大网国家法律法规数据库、中华人民共和国司法部备案法规规章数据库,对突发公共卫生事件应急相关地方性法规、政府规章进行了全面搜索,并对制度文本概况、体例、主要信息等进行了总体观察研究,借助 Nvivo 软件进行了文本内容的细致分析。[8]

一是关于立法形式。全国各省市以地方性法规形式制定突发公共卫生应对立法的只属少数,主要原因是《突发公共卫生事件应急条例》是行政法规,因此,以政府规章落实行政法规更符合一贯做法。但是地方采取政府规章形式进行立法有两个突出问题:第一,政府规章调整的防控主体范围相对地方性法规要狭窄,制定政府规章无法实现地方公共卫生应对的全链条规制,不利于在党委领导下与党的部门、群团组织等合作开展疫情防控工作;第二,政府规章的立法权限相对地方性法规要小,无法设置贬损权利或增加义务的强制措施、应急措施等,限制了应急立法的适用范围。国家既然已明确将《突发公共卫生事件应急条例》上升为法律,可以预见未来地方跟进立法也将更多趋向于以地方性法规形式进行。

二是关于体例和布局。鉴于当年国家优先立法、地方跟进立法的历史原因,地方立法基本上属于《突发公共卫生事件应急条例》的实施性立法,因此,立法的体例基本上与该行政法规的篇章布局保持一致,部分省市甚至没有设置章节。但是,也有一些省市对章节布局进行了部分

---

〔8〕 含天津、陕西、吉林、青海、云南、内蒙古、山西、山东、浙江、江西、湖南、辽宁、安徽、海南、北京、广东、广西、河北、四川、江苏、上海、河南 22 个省(市、自治区),鞍山、昆明、大连、郑州、成都、大连、珠海、淄博、石家庄、南京、乌鲁木齐、汕头、邯郸、深圳 14 个市。

调整或增加了一些特殊的章节（见表1），其中"指挥与组织""工作责任""部门职责""联防联控与基层治理"可理解为组织管理类章节的扩展；"应急保障""保障措施""应急物资储备与供应"可理解为保障类章节的扩展；"应急保障""保障措施""应急物资储备与供应"可理解为保障类章节的扩展；其他如"大数据应用""公民的权利和义务""救援与救治措施""监督措施"等可理解为个别重点制度的扩展。针对新增章节的情况来看，各地更加注重体制机制、事前准备、事后复产等工作规定，体现了公共卫生应急本身对于治理韧性的要求，从体例上回应"具备迅速响应并迅速恢复的弹性"。特别针对具体应急工作中暴露出的体制机制不顺、应急保障不足、常态化防控时间延长等问题，对不同环节实施的内容进行了有重点的重整，充分体现出"统一领导、分级负责，常备不懈、平战结合，风险驱动、系统治理"原则的应用。这些新的章节设置实际上都是贴合地方实际进行的创新，各省市在后续立法时也可以根据实际进行借鉴或细化，使法律体系更加科学完备、统一权威。

表1 各省市立法章节布局情况

一般章节	组织类特殊章节	保障类特殊章节	其他特殊章节
总则 预防与应急准备 监测、预警、报告与信息发布 应急处理 法律责任 附则	指挥与组织 工作责任 部门职责 奖惩 联防联控 联防联控与基层治理	应急保障 保障措施 应急物资储备与供应	大数据应用 公民的权利和义务 救援与救治措施 监督措施

三是关于特色制度创制。分析新近的地方立法，可以发现各省市均将一些地方应对过程中必须的、社会高度关注的、实践证明有效的可支撑应急管理的制度进行了固化，很好体现了科学立法、民主立法的精神。从表2中可以看出，增设制度大致可分为"普遍增设"和"个别增设"两大

类。其中涉及几个问题：第一，为落实纵向到底、横向到边的防控要求，多数地方立法都以独立章节规定了领导小组和协调机制、县级以上人民政府及其部门的具体职责、基层和社会职责等内容，这属于应急类立法的一大特征和重点创新。这种章节布局一方面从内容上明确了四方责任，确立了完整的应急体制机制，为有效落实联防联控、群防群治、群专结合的要求提供支撑；另一方面从技术上避免后续各章节对同一主体职责进行反复规定，防范出现规制主体散乱交叉而显得逻辑混乱的问题。但是，这种模式也存在一定的缺陷，仍然需要仔细考虑并选择集中规定、还是分散规定的模式，这对于整部立法框架的搭建起到至关重要的作用。第二，个别制度独立成章，所占比重较大，如将"社会共治"有独立成章，也有多个条文组合形成体系，规定的主要是政府、社会各方职责，有些内容很具体，有些则很虚浮，从可操作性方面来看参差不齐，没有形成相对一致的规范；又比如深圳将"物资储备"作为独立一章，内容非常具体细致，这种设置固然能够体现地方对相关制度的重视程度，但存在重点分散、逻辑不畅等问题。第三，亮点制度很多，但在条文嵌入中存在较大分歧，主要是在"总则""应急准备"和"保障措施"这三章中存在一些概念、内涵上的混淆，同样的制度在不同地方立法中所处的章节差异性较大，这与各地立法思路、立法重点、立法习惯等有着较密切的关系。第四，排除特色制度外，剩下的内容绝大多数是移植上位法或对上位法的个别细化，重复率极高。这种问题在地方立法中较为常见，一方面可能是需要兼顾体例、逻辑的完整性；另一方面也是为了形成地方完整操作规范、便于执行，这与目前"守正创新、务实管用"的立法要求存在一定的矛盾。

表2　各省市增设制度情况

普遍增设制度	原则类 个别增设	制度类 个别增设	人文类 个别增设	其他 个别增设
物资储备 社会共治 证伪辟谣 医疗保险 中西医结合 专家委员会 医防结合 志愿服务 信息隐私保护 人才储备	最小限度原则 反歧视 非恶意报告 治疗拒收 正面报道	方舱规划 监测哨点 疫苗接种 强制隔离分类 隔离程序 隔离措施 医疗废物 遗体处置 涉外物品消杀 口岸管理	工作休息和 待遇 隔离不停发 工资 餐饮安全 社交卫生 个人储备 减税降费	防控授权 监督举报 人大备案 人大检查 大数据监督 区域联动 国际合作 信用惩戒 规范执法 多元纠纷解决

三、突发公共卫生事件应急地方立法的宏观把握

尽管目前很多地方已将突发公共卫生事件应急相关立法列入人大常委会立法计划项目，但项目要转化为正式项目/初次审议项目还需要符合一些硬性的立项条件。按照立法技术规范要求，国家正在制定或者近期即将制定相关法律、行政法规的，一般不列入立法计划。鉴于目前国家正在大力推进有关立法，地方立法理论上来说最快也要等到全国人大常委会二审或者三审当年才能将相关立法列为初次审议项目。而关于超前于国家进行立法，至少存在两种风险：首先是为了维护国家法制统一的需要，超前立法在具体制度设计上不好把握，但凡有细微的不一致或者冲突，即需要在出台不久后立即修改，容易造成"朝令夕改"的错觉；如不及时修改，又会造成对法制统一的挑战，在适用方面也会产生困扰。其次是地方实施性立法需要参考国家草案相关规定，在取舍不明的情况下，往往畏首畏尾，只能仓促制定"大路货"，导致地方立法为立法而立法，重点和特色不够突出，难以满足实践需要。因此，暂不宜盲目推进，需要进一步对各省市的特色和可行性、必要性进行调研论证和充分征求意见，待时机成熟后再

快速推动进程。

（一）密切跟进国家系列立法，与行政管理实践需要同步更新

开展突发公共卫生事件应急地方立法，目前的主要依据为《突发事件应对法》《传染病防治法》和《突发公共卫生事件应对法》三部，诸如《基本医疗卫生与健康促进法》《生物安全法》《动物防疫法》《国境卫生检疫法》《野生动物保护法》等专业领域立法可以用作特定条文内容的参考，至于《民法典》《行政强制法》《行政处罚法》等基础性法律则只能作为法学理论基础融入立法当中。

《突发事件应对法》的主要调整范围为自然灾害、事故灾难、公共卫生事件和社会安全事件四大类，因此，规定的制度和措施主要是一些通行的应急方式方法，没有对突发公共卫生事件应对作出专门规定，地方立法对其依赖度较低。《传染病防治法》主要针对预防、控制传染病的发生与流行，对象是各类传染病而非公共卫生应急事件，因此，领域性的规定相对突出，应急处置的制度设计应急需求存在一定差异，地方立法对其依赖度中等。《突发公共卫生事件应对法》是直接的上位法依据，地方立法制度的设计正是围绕该法开展，可以说该法的章节布局、每一个条文都需要进行慎重考虑，这是制定实施性立法的必然要求，对其依赖度自然极高。

虽然三部法律的侧重点有所不同，但仍属于地方立法应当遵循的重要依据，在立法起草过程中应当特别关注一些共性制度设计存在的差异，比如制度设计的层次、顺序、侧重点，制度实施的主体、时限、节点，还有制度的前后衔接、监督落实、评估报告，以及用词、用语等，这些都需要在技术上进行准确把握，一方面从内容上避免触碰合法性底线；另一方面细化制度时能够突出重点、满足需求，这也是紧跟国家立法步伐的应有之义。地方立法起草者、决策者还要紧扣法治实践，坚持以实践需求为导向，广泛吸纳各类有益、有效的思路和方式方法，在确保法制统一的前提下，着力建立健全地方公共卫生应对急需的法律制度，填补空白点、补强薄弱点，以实现国家治理体系和治理能力现代化在公共卫生法治体系的重塑。

另外，国家立法过程中可能会将一些制度进行剥离，但并不代表这些制度存在问题，国家更多从宏观层面对广泛适用的制度进行固化，而地方立法完全可以甄别并重拾其中的一些优秀制度转化为己用。地方立法的制度创设绝不能自我设限，不能排斥从其他上位法或者参考依据中进行引进或借鉴，善于利用法律资源并开拓立法思路，这是创新地方立法的重要方法。

（二）综合确认性质和名称，与地方立法实践保持统一

由于突发公共卫生事件应急立法体系总体上采取的是"先中央、后地方"的模式，所以多数省市当年采用了实施性法规形式，这从名称、体例和内容中可以清晰地反映出来。因此，现阶段继续将该项目作为实施性立法似乎更为合理，更容易形成各方共识。但从立法技术的角度来看，该项目是要做成"鸿篇巨著"还是"小切口""小快灵"，就必须考究项目的体量问题。

结合各地在实践工作中积累的制度经验以及主管部门所做的立法前期准备工作来看，立法需求不仅是想对上位法中规定的内容进行补充、细化，还想对很多上位法没有规定的内容作出额外的规定，创制性的立法需求更多。因此，地方立法在不重复上位法的情况下，最需要把握的问题还应落在立法空间的多少之上：一是细化空间。国家制度相对宏观，在很多制度设计上可以根据地方实际进行拓展、补充、细化，更有一些内容是授权或要求地方进行实施性的制度建设，因此地方立法在这些方面的作为更大。二是创新空间。各省市自身积累的一些经验和做法是立法扩容的重点，在突发公共卫生事件零星暴发的过程中，各地的实战经验给立法带来了很多新鲜、直接的思路和可行性依据，因此立法的体量最终不会以"小切口"的形式出现而更多聚焦于条文的集中优化，优中选优的解决上。

基于上述情况，在保证实施性立法性质不变的前提下，可以技术性地将标题定为《突发公共卫生事件应对条例》。理由主要包括：一是《突发公共卫生事件应急条例》即将上升为法律，地方立法配套也应参照国家与《突发事件应对条例》看齐，更加凸显项目的重要地位。二是预期要在上

位法规定之外在细化和创新空间中增设大量丰富内容，最典型的改变是将要增设章节布局，填充大量创制性的制度措施，为鼓励创新、增添特色亮点，需要通过改变标题予以凸显。另外，由于项目名称变更，技术规范上来说该项目转变为"立新废旧"，而不再属于修订项目，在起草和申报立项时有不同的要求，需要特别注意。

四、突发公共卫生事件应急地方立法的中观布局

体例结构布局属于立法的基础性技术工作，在起草阶段定下完善的框架结构，将极大地提升立法的效率和质量。鉴于突发公共卫生事件应对的地方立法主要还是实施性立法，因此，遵循上位法的章节设置进行布局属于基于上位实施的传统、稳妥的思路，这从多数省份的立法实践中可以得到印证。但是，地方立法往往需要增加一些特色制度，这些内容是否需要独立成章、独立成节，增加章节后是否会破坏或者扰乱原来的立法逻辑，反而是起草者需要论证得更加透彻的问题。因为增加一个独立章节至少在技术上应当满足几个条件：一是要把一些制度内容进行整合并区别于其他章节，那么这些内容需要本身是能够自成体系、逻辑自洽的。理论上说，它们在主体、客体、对象、目标或者行为模式上应当是基本一致或者大致相仿的，并且这些内容需要具有一定的体量才能构建形成一个完整的体系。二是需要与其他章节内容进行横向比较，形成具有一致逻辑属性的模块。一方面需要考虑逻辑是否顺畅，包括章节的时空顺序、前后衔接等；另一方面需要关注章节内容是否存在重复、交错等问题。三是需要融入整部立法进行综合考量，确保内容的整体一致。最为典型的问题莫过于将立法调整范围以外的内容引入，或者对非常具体细化的操作规则作出规定，这种"突兀"的章节设置应当尽量避免或者果断排除。诚然，对于立法技术的讨论，特别是适用逻辑分析方法时，不可依靠纯粹的形式逻辑进行机械化的演绎，必须紧密协调理念层面的信条与技术层面的规范，[9]才

---

[9] 杨鹏：《立法技术的现状与愿景》，载《行政法学研究》2021年第3期。

能真正切合立法实践研究的需求。

（一）"管理体制"章节设置的技术障碍

分析各省份的立法情况，章节设置主要还是按照突发公共卫生事件的时空顺序进行排布，若"管理体制"独立设置一章往往放置在总则之后，初衷是明确、集中地表述指挥机构、协调机制、政府及其部门的职责、社会职责等众多内容，从某种角度来看具有一定的合理性和可行性。但这种制度布局实际上存在较大技术问题：

一是可能与预案内容竞合。正常来说，立法着力规范基础要求、解决重点问题，应具有一定的稳定性和克制性；预案主要设定对具体工作的操作规则，应具有较强的可操作性和灵活性，两者是互为补充、界限明确的。但是，为了明确分工、提高效率，独立设置管理体制一章，大量罗列、堆砌职责，会使立法转变为政策性的分工方案，内容与预案的大部分内容高度趋同。立法抢占政策空间，造成的最大问题是使本来应由预案设定的内容转变为法律规定，限制了应急主体灵活调整、敏捷应对的可能性，削弱了预案应有的基础功能，可能会对应急工作的有效开展造成一定的障碍和不利影响。

二是造成职责重复问题凸显。"管理体制"一章中的职责属于总括性的规定，在"应急准备""监测预警""应急处置"章节中这些职责又被细化，典型的如宣教、救治、保障等内容将在每一章都重复规定一次。总分结构之间本身就存在一些逻辑上重叠，从整个立法来看就变成一个部门的职责在反反复复地强调，甚至存在技术上的重复勘误。这种现象在应急类立法中比较突出，因为以事件为主线的立法确实需要对不同环节的职责进行具体明确，所以《突发公共卫生事件应急条例》以及《传染病防治法》没有采取这种章节设置，技术上就是分散在各个章节进行职责规定，不会发生类似的重复问题。

（二）"社会共治"章节排布的技术要点

从突发公共卫生事件应急的实践来分析，"社会共治"的有效落实确实起到了关键性作用，将其作为地方立法特色章节进行固化值得考虑。从立法技术角度来看，立法对各主体共治义务进行明确规范，能够带来较好的社会效应，推动实现"自我规制"，有效提升宣教和执行效果，相比纳入预案更符合实际需求。另外，"社会共治"与"管理体制"的独立成章不能类比，主要是社会共治义务不存在总分的逻辑关系，数量上要远少于政府部门职责，不会发生章节间的内容重复。但仍需要考虑以下一些技术问题：

首先，需要明确章节的所在位置。从目前省市立法来看，"社会共治"的内容相对分散，独立成章的设置相对特殊。考虑到应急类立法往往按照"应急准备""监测预警""应急处置"的时空顺序进行章节排布，"社会共治"不宜放在这些章节的前面或者穿插在其中。另外，"社会共治"与上述三个章节的内容紧密衔接，与"保障善后"等制度设计也存在明显的差异和先后逻辑，因此将"社会共治"一章放置在"应急处置"之后、"保障措施"之前比较合理，能够充分体现社会共治的价值和意义，符合全文和章节之间的基本逻辑。

其次，需要整合汇聚足量的制度内容。社会共治的内涵和外延其实并不是特别明确，既包括个人对突发公共卫生事件的应急义务与权利保障和救济，也包括社区、网格、行业主体等不同层次层层嵌套的行为规范和权利义务的设置。若独立设置章节主要还是围绕社会主体的义务作出规定，还包括政府通过特定机制对社会主体进行统筹和支持，同时也涵盖不同行业在公共卫生应急过程中的"自我规制"的原则和标准，从技术上可以分两条线路进行制度的开拓和延伸：其一，挖掘主体的多样性，不仅要对村民委员会、居民委员会、党群服务中心及相关行业如药店、商场、市场、公园等带有一定公共属性的主体作出规定，还要将辖区单位、物业管理企业、业主委员会、志愿服务组织、社会团体、家庭、个人等广泛纳入考虑；其二，开拓共治的机制，除了传统的环境整治、政策宣教科普、爱国卫生、防疫准备等制度机制以外，还可以考虑基层联防联控、志愿服务、党员服务、关爱服务、社区信息互动及自我规制等制度内容。

最后，需要理顺章节逻辑。独立成章要求与其他章节内容不重复、不交叠，这需要从技术上将其他章节中规定的社会共治内容全部进行抽取、整合。这里需要注意的是社会共治的主体一般是社会主体，但部分内容的主体也属于政府部门，在抽取时要特别注意，避免遗漏。同时，社会共治的内容可能与总则、应急准备、保障措施的部分内容存在一些混同而难以分割，在界定归属时需要特别明确制度属性和重心，结合实际进行判断。

（三）应急响应状态与封闭管理应急处置的技术甄别

从国家、省市立法来看，应急响应状态和封闭管理内容是否不宜独立成章、独立成节引入立法？答案或许可以从以下技术角度进行考量：

一是独立成章还是独立成节的问题。应急响应状态和封闭管理内容实际上属于应急处置的特殊情况，制度内容与一般应急存在较大差异，可以考虑将应急处置一章拆分为"一般应急处置"和"特殊应急处置"，并对需要引入的重点内容进行处理，避免发生交错和重复，技术上具有可行性。若考虑将相关内容独立设节放在"应急处置"一章当中，逻辑上也并无不妥，但需要考虑一些其他的技术问题：比如，分节后需要考虑按照总分或者并列的逻辑思路对原来的条文进行技术归类；比如，需要形成至少三个至四个体量相当的节的内容，就有必要在原来的基础上补充引入其他同层次的应急制度设计。

二是与国家具体防控方案的衔接问题。突发公共卫生事件无论是应对事件本身还是相关措施所造成的伤害，在不同情景中的表现形式各具特色，无法照章办事，而同类事件的表现形式也千差万别，处理难用同样的模式来框定；且事件是随着事态的发展而演变的，人们很难预测其蔓延范围、发展速度、趋势和结局。[10]国家具体防控方案是工作实施中非常重要且细致的标准、规则和指南，其操作性、时效性和灵活性远高于法律法规。所谓应急响应状态、封闭管理的制度设计实际上已在方案中作出了比较多、比较细致的规定，在避免重复、固化的原则下，需要严格把握界限才能将立法制度的价值最大化，如通过立法重点解决宣布应急响应状态的

---

[10] 詹思延主编：《流行病学》（第八版），人民卫生出版社2020年版，第248页。

条件、授权、制度机制、职责义务、行政执法等方案未能涉及的重要法律问题；对一些比较关键、成熟的制度进行固化，既可以来自防控方案并进行转化，也可以来自防控实践经验进行规范，但不宜规定有关技术性、操作性的标准和规定。

三是制度设计的灵活性和普适性问题。应急响应状态和封闭管理属于非常特殊的应急处置，往往制度设计会显得比较刚性，这有利于重点政策制度的贯彻落实，但也会对基层单位的执行效果造成较大的影响。取得平衡的关键在于划定立法的底线，注重对原则、机制进行规范，不对应急工作的具体操作方式方法进行明确，从技术上保留必要的操作空间和余地，让渡更多的自主权限、发挥空间给一线组织和人员。从全国各地的实践情况来看，确实形成了一些行之有效、具有特色亮点的制度机制，但能否完全适用于其他省市、其他应急状态和环节，则需要有更多的技术考量和实践数据参考，不能盲目引入。

（四）关键性小型制度的技术嵌套

地方立法时往往需要对制度需求进行全方位的甄别，特别是对一些小型但重要的制度的去留问题进行研究讨论，这在起草阶段具有独特的价值和意义，却往往容易被忽视。

1. 物资储备制度

从立法技术角度来看，物资储备只属于应急准备或保障措施的一部分，且政策成分居多，若设置成独立的章节（如深圳立法）将会影响整部立法的基础逻辑。但是，从立法需求角度来看，仍有必要对该项制度进行扩容，具体可以立法对物资储备与供应的体系、目录、管理、程序等作出规定，以产储结合、藏储于民为主要的突破口，并将其放置于保障措施当中。

2. 其他四大类突发公共卫生事件

从突发公共卫生事件的定义来看，除传染病疫情事件外，还包括食品安全事故、职业中毒、群体性不明原因疾病以及其他严重影响公众健康的四大类事件。目前仅有部分省市在"应急处置"一章下作出了相对具体的规定，或授权省级主管部门另行制定防治规范和控制措施。从省市立法文本上看，不少地方立法缺失了其他四大类事件的防控规定，造成了公共卫生事件应对仅仅是新发突发传染病的应对，尤其是呼吸道传染病的误导。考虑到突发公共卫生事件范围的全面性和实践工作的需要，可以有两种方法进行补全：其一，在总则部分对此内容进行明确，全面适用立法的各项应急操作规范，或作出指引性、授权性的规定；其二，如果应急响应状态和封闭管理应急处置独立设节的话，可以考虑同步引入相关内容。

3. 医疗救治制度

救治内容独立设置的思路源自《传染病防治法》，从目前省市的篇章布局来看，几乎没有将救治内容进行独立设置的情况，往往是将有关制度内容分散在"应急准备""应急处置""保障措施"章节当中。然而，医疗救治作为突发公共卫生事件应对的重要一环，与群众的切实利益直接相关，在社会面上关注度较高，不少地方也进行了很多有益的探索，地方立法纳入有关内容具有一定的合理性和可行性，技术上可以按照传统的方式进行分散放置；如果应急响应状态和封闭管理应急处置独立设节的话，也可以考虑同步设节放在"应急处置"一章当中。

4. 善后处理制度

善后处理内容独立设置的思路源自《突发事件应对法》，也是公共卫生应急管理的韧性和弹性的重要体现，具体可将其放置在"保障措施和善后"的章节当中。这种设置的现实意义非常明显，但很多善后措施规定得比较宏观，如支持复工复产、事后评估报告、政策资金扶持、补助抚恤等。地方立法若想将有关内容引入，可能需要结合实际进行具体细化，着重于如何通过制度保障复建环节的弹性，但总体内容不算丰盈，技术上也不建议独立成章。

五、突发公共卫生事件应急地方立法的微观考量

立法技术以立法实践作为出发点和最终归宿，在起草过程中除恰当使用名称、准确找准定位、合理编排体例、科学设置章节、有序组织条文等

逻辑应用技术需要特别关注外，还需要厘清制度创制的技术因素，明确一些特殊制度内容的设置原则和基本思路，这对于整个立法的质量和水平提高有着重要的作用。本文坚持从立法技术角度对地方立法进行实证研究，无意对这些立法具体内容的必要性、可行性、合法性、合理性等问题进行过多着墨，主要是希望以立法起草过程中遇到的问题为导向，尽可能从技术上考究制度内容设计应有的原则、思路或逻辑，不求面面俱到，但求突出重点、切中要害。

（一）制度创制的综合技术研判

突发公共卫生事件应急地方立法的主要目标是对国家法律进行实施性、补充性的规定，"小法抄大法""后法抄前法""上下一般粗""你有我也有"的情况并不少见。地方立法的起草者、决策者需要形成基本的共识，处理问题关注的重点主要还应落在厘清"摘抄"与创作的界限，明晰技术操作的差异之上。更实际的做法应是从立法技术上考虑满足需求、解决问题，并逐步对该问题进行限制和修正。

第一，认识和处理好与央地制度的差异。地方立法过程中需要特别注意对国家立法有关精神、原则、大型制度等进行逻辑细分和具体固化，制度层次上要与国家立法保持一定的梯度和差距，制度纵深方面需要考虑进行必要的挖潜和拓展，规则标准需要进一步作出具体和细化，切忌照搬照抄、盲目复制，必须进行符合地方实际的实施性设计，确保国家制度真正落地、落实、落细。同时，实施性立法中仍然不能缺少创制性制度的补充，地方在立法时不仅需要针对本地公共卫生以经济工作情况和实战经验进行创新和固化，还要横向分析兄弟省市的一些优秀制度措施进行引入和转化，实现制度的创新和丰盈，这与国家兼顾全国应急需要所作的基础性制度设计存在较大差异，是地方立法展现特色的关键。

第二，做好制度的细分和甄别。在完整覆盖应急全链条的前提下，制度需要按照不同环节和层次科学地展开，逻辑上需要对条文进行必要的筛选、整合，宏观、大型的涉及多主体的制度要进行细化，微观、具体但不同主体相对集中的制度要加强衔接，避免将一些重要、有特色但是非常细小的制度与大型制度措施强硬合并，或者将一些显性、典型的制度与隐形、特异的制度相并列，使得"无急可应"的预防性隐性措施无法获得与显性措施同样的配套支持。值得一提的是，立法起草过程中还要注意对制度内容的取舍，要抓大放小，不要贪大求全、乱铺摊子，希望一部立法解决所有问题，这种想法是不现实的。

第三，关注政策的有效转化。目前一些地方立法的内容都直接源自政策文件。实际上，如果能将经过科学决策的、符合善治和社会发展目标的政策，特别是本省行之有效的制度内容转化、上升为具备有效实施"基因"的法条，这本身就是立法的价值所在。[11]地方立法经由对公共政策的吸收，可开拓立法空间，实现从管制型立法到回应型立法的转变，亦即制定具有地方特色、软法与硬法相交融的"融合法"。[12]技术上不仅需要关注摘抄内容与立法内容的明确界限，确保立法与政策之间不发生重叠或干涉；更需要将有关内容转换成明确、规范的法律语言，并与全篇的语言表述风格保持统一协调。

第四，为制度实施预留充足空间。危机公关型立法在制度设计时不宜过分限制、干预下级政府的续作，一些微观的制度应当由市、县甚至乡镇政府结合自身特点进行独立创制和实施，立法重点还在于提取最大"公约数"，赋予下级政府特别是基层更多的自主权限，预留立法和政策实施的空间，保证地方应急制度体系的完整、有效。同时，制度设计要保持足够的灵活性和开放性，特别是在物资储备、宣教等共治和人文色彩稍浓的制度方面，可以适当增加一些柔性的激励元素，不能过分微观细致，切忌将制度规定得"滴水不漏"，以防稍一不慎就将执行者的操作空间完全堵死，使得制度与实践需要脱节，大大削弱应急处置的最终效果。

（二）强制性制度措施的柔性破解

高比例的强制性规范在应急类立法中属于实践需要的理性选择，特

---

[11] 徐向华主编：《立法学教程》，北京大学出版社2019年版，第281页。
[12] 涂青林：《地方立法对公共政策的吸收机制初探》，载《人大研究》2013年第10期。

别是对于应急响应状态下的应急处置，强制性内容更应理所当然地占有主导地位，这与公共卫生应急立法属于行政管理性立法的属性相匹配，是我国卫生法律体系的重要特征。行政管理性立法的公定力、确定力均要求全社会应无条件地服从和执行。但立法起草者、决策者需要有一个清晰的理念，并不是所有的强制性规范均需由立法作出规定，如属于防控方案、技术标准、操作指南中规定的要求；或者属于执行过程中需要实施的灵活变通的措施；又或者属于市场自由竞争、基层自治组织自治、个人自主决定等。因此，严格把控强制性规范入法的边界，从技术上筛除不该由立法进行规制的强制性内容，是理顺立法自身逻辑脉络，有的放矢地通过立法解决现实问题，提升立法总体质量和水平的必然要求和应有之义。

在制定强制性规范时要特别注意遵守依法立法的基本原则，在地方立法权限范围内进行创制，必须始终坚持运用法治思维和法治方式开展立法工作，这是地方立法的底线所在。实践当中起草部门一般会结合管理实践需要对临时性、强制性的应急措施进行突破研究和探索，可能存在贬损单位或个人的权益的情况，尽管在改革创新、安全领域具有一定的现实意义和价值，但应该通过法定的程序和形式予以实现，不应将突破作为解决立法障碍的常规化思路和手段。在明确立法需求、保证合法性的前提下，还需要注重立法的整体思维，积极将强制性制度设计、优化问题作为导向，从立法技术入手打开制度突破口子、转换制度设计思路或设置替代性方案。

第一，以总体国家安全观作为背景依据。维护人民安全，是总体国家安全观的宗旨；人民安全高于一切，是总体国家安全观的精髓。[13]公共卫生安全作为国家安全体系的重要部分，在突发公共卫生事件应急立法时必然要将人民安全放在首位。在技术上可以在总则的立法目的、方针中作出明确的规定，并在具体制度内容表述中进行渗透。比如，制定涉及出入境管控、跨省跨市流动限制、区域联防联控、人流物流交通管制等强制性

---

[13] 《陈文清：总体国家安全观的生动实践和丰富发展——深入学习贯彻习近平总书记关于疫情防控的重要论述》，载中国共产党新闻网，http://cpc.people.com.cn/n1/2020/0417/c64102-31677485.html，最后访问时间：2024年3月30日。

制度时，均可以总体国家安全观作为预设和前提条件，从而保障制度的合法性基础。

第二，以维护公共利益作为基本依托。公共利益与私人利益在应急类立法中的冲突比较明显甚至被放大，需要在最小限度损害原则指导下进行慎重的衡量。除了按照传统技术方法在总则的立法目的、基本原则中进行纲领性的规定以外，还可以在扩展卫生健康部门和疾控部门职责、封闭管理、物资征用、先期处置等典型限制单位和个人权利的制度设置中明确公共利益优先原则，从制度的正当性和必要性入手纾解利益矛盾。

第三，将政府主体转换为社会主体。从国家立法和地方立法来看，应急类立法按照实践需求从政府主导向社会共治转化的趋势特别明显，强制性制度设计时也要特别关注政府主体与社会主体的内容结构比例。技术上可以采取包括将政府目标转化为社会需求、将政府理念转化为社会共识、将政府工作转化为社会协作、将政府管治转化为基层自治等方式，将本该要求政府被动履行的内容通过不同方式转化为社会主动配合，在保证立法初衷得以实现的前提下，推动强制性制度的柔性落地。

第四，将强制内容转换为政府服务。紧密联系近年来服务型政府建设的深入推进现实情况，贴近群众需求进行人性化的强制性制度设计，强调政府在疫情防控工作中提升政务服务的水平，增强各部门应急的协调性、可及性和精准性，满足人民日益增长的需求。比如，在物资定点采购、药物实名制采购、信息和隐私脱敏、信息错误救济等方面，不仅给社会大众设定强制性义务，也需同步考虑配套政务服务保障内容，减轻对社会主体的侵扰，更好地满足社会的现实需要，以人为本，提升制度的适用性和可执行性。

第五，增加制度设计的实效性保障。强制性制度内容在制定、实施中往往存在一定的风险，需要为其提前设置"保险装置"，才能保证风险的可防可控。如出台强制性制度后应向人大备案、上级政府备案，事后应作专项工作报告；非紧急制度调整时应要求作评估论证、压力测试；要求加强应急演练和日常监督检查；完善社会舆论对制度执行信息的反馈与监督机制；强化应急工作监督和事后问责等。从保障制度依法执行、有效落实方面入手，堵塞制度可能存在的漏洞，是提升强制性制度运行效能，保障人民群众权益免受非法侵害的必然要求。

（三）创新特色制度措施的挖潜增效

立法创新不是来自书斋里的苦思冥想或信马由缰式的凭空虚构，而是通过对特定领域活动的全面参与、研究论证、归纳总结形成的经验成果，既包含社会现实倒逼的因素，也有民主政治要求和社会管理的需要。地方立法特色是比较模糊的概念，既涉及宏观上的立法策略，又涉及具体制度的创制。一般认为，法律作为预设的技术成果，需要切合复杂关系构成的实情，[14]因此可以从技术层面对特色制度创设提供一些思路。

一是从地域特点的角度进行有针对性的差异化制度配置。国家立法需要从宏观层面统筹考虑全国综合情况，地方立法却可以尽情展现地方特色，设置差异化的制度措施。从地方的地缘特征、开放程度考虑，沿海省市的外国客货流量、外来人员均可能带来疫情防控的巨大压力，不仅在出入境管控中需要有制度的支持，城市中的外国人服务管理也需要有制度的保障，而内地省市在这两个方面的制度设计与考量可能截然不同。从区域协同共治角度考虑，区域内人员和经济生产要素的流动是硬需求，在开展应急立法时更应考虑的是社会服务和公共卫生防控措施的融合，不仅需要在信息沟通、疫情防控策略协调等方面进行着墨，还要在联合演练、科技合作、资源共享等方面发力，才能有效推动和完善区域一体化防控格局，这也是现阶段区域协同立法应有的特色和亮点。从区域发展不平衡的基本情况进行考虑，设计制度时既要考虑地市经济社会文化差异，也要考虑特殊经济区域、城镇、城中村、革命老区、民族地区、偏远山区的需求和重点，精准研判、分类施策，这种精细化的立法内容往往要求较高，但效果也最为亮眼。

二是从专业和行业管理发展方向的角度增强立法的科学性。通常来

---

[14] 黄震云、张燕：《立法语言学研究》，长春出版社2013年版，第233页。

说，主管部门对本行业发展方向是最为敏感和了解的，在起草阶段完全可以从技术上对超前的内容进行预设，对同步的内容进行细化，对滞后的内容进行改进或撤除。超前制度的预先谋划，能够对一些新生事物进行有力的扶持，促进其快速发展或完善，如增加有关"管理体制"和"保障善后"的内容，很大程度上是要对有关体制进行改革、推动有关制度上马，地方立法对其进行前瞻性的谋划肯定可以带来相应的制度创新，是立法亮点挖掘的重点。同步制度的细化，是比较切合实际的立法模式，能够将国家、省市运行良好的制度措施融合到立法当中，其核心是结合实践需要，对原有的预防与应急准备、监测预警、应急处置中比较成熟的内容作进一步深入的挖掘和拓展，该细化的细化、该明确的明确、该补充的补充，丰富制度的广度和深度，形成相对完整的制度链条和闭环，提高制度体系的针对性、可操作性和可执行性，这将成为地方立法特色的重要一面。滞后制度的更新和修补，是根据实战经验对制度本身进行评估、调整，及时查漏补缺，最大的价值和意义在于填补有关漏洞、减少制度运行障碍、提升执行效果和效率。不少问题都需要进行制度的后评估，并针对制度适用情况进行动态修补和完善，提高立法质量，增强立法的及时性、针对性、有效性，以良法促进发展、保障善治。这既是立法本身的需求，也是立法特色亮点的体现。

三是从基层服务管理入手。从立法技术角度来看，突发公共卫生事件应急地方立法可以考虑从依法厘清基层政府、村居两委的应急职责边界、明确事务分工入手；也可以考虑从推动重心下移、资源下沉，强化社区网格化管理、物业服务力量配置入手；更可以考虑从引导群团组织、社会组织等多方力量参与应急，全面激发基层社会活力入手。构建基层社会治理新格局是国家"十四五"规划的重要内容之一，强化对该领域有关制度的建设和探索，将是地方立法创新发展的一片"蓝海"。针对突发公共卫生事件应急地方立法而言，相关内容的引入将作为管理体制、预防与应急准备、社会动员等章节的重要素材和资源，为地方立法提升成色、打造特色提供有效的助力。

论中外合作办学学位教育的现状及其法律监管体系研究

吕　万　郜文风[*]

摘要： 中外合作办学学位教育是教育资源跨境流动的主要模式，其一方面促进了优质教育资源的均衡分布，另一方面也满足了学生对于教育多样性的需要。但是在中外合作办学的过程中出现了较多问题，其中以学位教育为核心的覆盖整个中外合作办学全过程的监管体系建构始终是其发展的薄弱环节，主要表现在法律监管体系不够完善、办学质量评估和认证体系缺位、办学主体自律性不强、纠纷解决机制不健全等方面。《学位法》的出台为加强中外合作办学学位教育制度建设提供了契机，本文

---

[*] 吕万，中山大学法学院《地方立法研究》编辑，法学博士；郜文风，中山大学法学院硕士研究生。

将分析中外合作办学学位教育中的问题并提出相应对策,以促进中外合作办学学位教育的规范化和高质量发展。

关键词: 学位法　中外合作办学　学位教育　监管体系

第十四届全国人民代表大会常务委员会第九次会议表决通过《学位法》,并自 2025 年 1 月 1 日起施行,《学位法》第 44 条明确规定了涉外学位教育条款。其第 3 款规定:"境外教育机构在境内授予学位的,应当遵守中国有关法律法规的规定。"这是我国首次在法律层面对中外合作办学学位教育进行规定。《学位法》的出台将对中外合作办学学位教育政策及其法律监管体系产生重大影响。在《学位法》出台的背景之下,《学位法》构建了中外合作办学学位教育治理的制度框架,使涉外学位教育规范性显著增强,为下一步推进涉外学位教育提供了必要的法律依据。中外合作办学学位教育的制度现状如何、存在什么问题以及如何在法律层面进行调整和优化仍需要进一步思考。

一、中外合作办学学位教育的制度现状

中外合作办学是指外国教育机构同中国教育机构在中国境内合作举办以中国公民为主要招生对象的教育机构的活动。中外合作办学是我国教育事业的重要组成部分。中外合作办学主要涉及的是学位教育。学位是由国家授权的或根据某种公认办法认可的高等学校、科研机构或其他学术机构授予个人的一种终身称号,表明称号获得者曾经受过教育的水平,或已经达到的学力水平。[1]学位教育是获得相关学位证书所需要学习和考核的过程、标准、要求。我国目前的学位教育由本科学士学位教育、硕士研究生学位教育和博士研究生学位教育三个层次构成,包含学术学位和专业学位两种类型,由国务院授权的高等学校和科研机构授予学位。中外合作办学学位教育,除由国务院授权的高校和科研机构授予学位外,还涉及境外教

---

[1] 参见教育大辞典编纂委员会编:《教育大辞典》,上海教育出版社 1991 年版,第 74 页。

育机构颁发的学位证书在国内的承认、认证等问题。

目前，涉及中外合作办学学位教育的法律法规规章，主要包括《教育法》《高等教育法》《学位法》《中外合作办学条例》及其实施办法等。首先，《教育法》《高等教育法》在中外合作办学学位教育方面提供了辅助性规定，《教育法》第23条、《高等教育法》第22条对学位制度进行了简要规定，《教育法》第67条和第70条对中外合作办学及境外学位承认进行了简要规定。[2]其次，《学位法》是学位管理方面最为直接的法律依据，直接指导和调整包括中外合作办学学位教育等与学位相关的教育行为和管理活动。[3]此前的《学位条例》没有对中外合作办学学位教育事项进行明确规定，此次《学位法》对境外教育机构颁发学位的行为进行了规定，为中外合作办学学位教育中经常出现的境外教育机构提供学位教育进而颁发学位的行为提供了法律依据。但此次相关法律对境外教育机构提供学位教育进而颁发学位事宜规定模糊，使用了"应当遵守中国有关法律法规的规定"等表述，并未明确"中国有关法律法规的规定"具体为哪些法律法规以及具体规定的内容。[4]当然，这种模糊表述也为进一步加强中外合作办学学位教育的制度建设提供了空间。最后，《中外合作办学条例》及其实施办法对中外合作办学学位教育的规定也较为简略。《中外合作办学条例》由国务院制定，其第34条主要简单复述了《教育法》相关规定的内容，[5]唯一具有创制性的规定为"中外合作办学机构颁发的外国教育机

---

[2]《教育法》第23条规定："国家实行学位制度。学位授予单位依法对达到一定学术水平或者专业技术水平的人员授予相应的学位，颁发学位证书。"《高等教育法》第22条规定："国家实行学位制度。学位分为学士、硕士和博士。公民通过接受高等教育或者自学，其学业水平达到国家规定的学位标准，可以向学位授予单位申请授予相应的学位。"

[3] 参见湛中乐：《〈中华人民共和国学位法〉制定中的若干重要法律问题》，载《河北师范大学学报（教育科学版）》2024年第4期。

[4]《教育法》第70条规定："中国对境外教育机构颁发的学位证书、学历证书及其他学业证书的承认，依照中华人民共和国缔结或者加入的国际条约办理，或者按照国家有关规定办理。"

[5]《中外合作办学条例》第34条第2款和第3款规定："中外合作办学机构实施高等学历教育的，可以按照国家有关规定颁发中国相应的学位证书。中外合作办学机构颁发的外国教育机构的学历、学位证书，应当与该教育机构在其所属国颁发的学历、学位证书相同，并在该国获得承认。"

构的学历、学位证书,应当与该教育机构在其所属国颁发的学历、学位证书相同,并在该国获得承认"。[6]《中外合作办学条例实施办法》由教育部制定,教育部在实施办法中也进一步细化了相关要求,即"课程设置、教学内容应当不低于该外国教育机构在其所属国的标准和要求"。但是,上述相关条款的执行、监管以及中外合作办学学位教育纠纷解决需要一整套的规范体系,现有制度在该方面仍然存在空白。

二、中外合作办学的办学形式和学位类型

按照《中外合作办学条例》及其实施办法的规定,中外合作办学可分为中外合作办学机构、中外合作办学项目两种办学形式。针对不同的办学形式,笔者梳理了现有办学形式的具体学位类型,以期能够绘制我国中外合作办学学位类型的全貌。

（一）中外合作办学机构

国务院颁布的《中外合作办学条例》第11条第1款规定:"中外合作办学机构应当具备《中华人民共和国教育法》、《中华人民共和国职业教育法》、《中华人民共和国高等教育法》等法律和有关行政法规规定的基本条件,并具有法人资格。但是,外国教育机构同中国实施学历教育的高等学校设立的实施高等教育的中外合作办学机构,可以不具有法人资格。"根据该规定,目前,我国中外合作办学机构有两种类型,即具有独立法人资格的中外合作大学和不具有独立法人资格的中外合作办学机构。

1. 中外合作大学

截至2023年年底,我国已有12所具有独立法人资格的中外合作独立大学（含港澳台合作办学）,[7]包括宁波诺丁汉大学、西交利物浦大学、上海纽约大学、温州肯恩大学、昆山杜克大学、长江商学院、香港中文大

---

[6] 教育部制定的《中外合作办学条例实施办法》第48条第2款规定:"中外合作办学机构和项目颁发外国教育机构的学历、学位证书的,其课程设置、教学内容应当不低于该外国教育机构在其所属国的标准和要求。"

[7] 本数据来源于教育部中外合作办学监管工作信息平台,https://www.crs.jsj.edu.cn,最后访问时间:2024年1月15日。

学（深圳）、北京师范大学—香港浸会大学联合国际学院、广东以色列理工学院、深圳北理莫斯科大学、香港科技大学（广州）、香港城市大学（东莞）具有独立法人资格的中外合作办学机构。根据《中外合作办学条例》的规定，具有独立法人资格的中外合作大学从筹办到运营都有着不同的程序和条件，也拥有更为独立的办学权利。在这12所中外合作大学中，学位类型主要有以下三种类型：

（1）双证：中外合作大学学位证书+外方合作办学者学位证书。在中外合作大学学位教育中，双证主要集中于本科教育阶段，授予学士学位。宁波诺丁汉大学、西交利物浦大学、上海纽约大学、温州肯恩大学、昆山杜克大学、香港中文大学（深圳）、北京师范大学—香港浸会大学联合国际学院、深圳北理莫斯科大学、广东以色列理工学院、香港科技大学（广州）、香港城市大学（东莞）11所经教育部批准设置中外合作办学本科专业的中外合作大学，通过国家普通高等教育招生计划招生，向毕业生颁发中外合作大学学士学位证书及外方合作办学者学士学位证书。

（2）单证：外方合作办学者学位证书。在中外合作大学学位教育中，主要集中于硕士、博士研究生阶段，颁发外方合作办学者硕士学位、博士学位证书。目前，除长江商学院外，国务院学位委员会尚未批准其他11所中外合作大学成为硕士、博士学位授予单位。因此，宁波诺丁汉大学、西交利物浦大学、上海纽约大学、温州肯恩大学、昆山杜克大学、香港中文大学（深圳）、北京师范大学—香港浸会大学联合国际学院、深圳北理莫斯科大学、广东以色列理工学院、香港科技大学（广州）、香港城市大学（东莞）11所中外合作大学，在硕士、博士研究生阶段，采取自主招生方式（招生标准不低于外方合作办学者在本国的标准），仅向毕业生颁发外方合作办学者学位证书。

（3）单证：中外合作大学学位证书。在中外合作大学学位教育中，授予中外合作大学学位证书的教育机构，目前只有长江商学院1家。长江商学院由汕头大学（内地高校）与境外基金会（李嘉诚基金会）合作办学，经国务院学位委员会批准成为学位授予单位后，通过在职人员攻读硕士学位全国联考招生，向毕业生颁发中外合作大学（长江商学院）硕士学位证书。

2. 中外合作办学机构（二级学院）

截至2023年年底，我国已成立中山大学中法核工程与技术学院等125家内设于中方合作办学者的中外合作办学机构（二级学院）。在这些中外合作办学二级学院中，学位教育主要有以下四种类型：

（1）双证：中方合作办学者学位证书+外方合作办学者学位证书。在中外合作办学机构（二级学院）学位授予中，如上海交通大学交大密西根联合学院、浙江大学爱丁堡大学联合学院等148个中外合作办学机构（二级学院），通过国家统招计划招生，向毕业生颁发中方合作办学者学位证书和外方合作办学者学位证书，包括学士学位证书、硕士学位证书和博士学位证书。

（2）单证：中方合作办学者学位证书。在中外合作办学机构（二级机构）学位授予中，如中山大学中法核工程与技术学院等50个中外合作办学机构（二级学院），仅向学位申请者颁发中方合作办学者学位证书。中山大学中法核工程与技术学院、北京航空航天大学中法工程师学院等办学机构，除向毕业生颁发中方合作办学者学位证书外，还向毕业生颁发外方合作办学者所在国家认可的职业资格证书。

（3）单证：外方合作办学者学位证书。在中外合作办学机构（二级机构）学位授予中，目前有吉林大学莱姆顿学院、江南大学北美学院2家仅向毕业生颁发外方合作办学者学位证书。通过自主招生方式招生，学生毕业后，向毕业生颁发外方合作办学者学位证书。

（4）单证：中外合作办学机构学位证书。在中外合作办学机构（二级机构）学位授予中，目前仅有上海交通大学中欧国际工商学院1家向毕业生颁发中外合作办学机构学位证书。中欧国际工商学院由中方（上海交通大学）与外方（比利时欧洲管理发展基金会）合作办学，中欧国际工商学院虽不具有独立法人资格，但获得了国务院学位委员会对中欧国际工商学院工商管理硕士学位的认可。学生毕业后，并非授予上海交通大学学位证书，而是授予中欧国际工商学院工商管理硕士学位。

（二）中外合作办学项目

中外合作办学项目是指中国教育机构与外国教育机构以不设立教育机构的方式，在学科、专业、课程等方面，合作开展的以中国公民为主要招生对象的教育教学活动。截至2023年年底，经审批或复核的中外合作办学项目（含港澳台地区）有1304个，其中，本科项目1131个，硕士项目155个，博士项目18个。[8] 在中外合作办学项目中，学位教育主要分为以下三种类型：

（1）双证：中方合作办学者学位证书＋外方合作办学者学位证书。在中外合作办学项目学位授予中，如北京化工大学与美国纽约州立大学环境科学与林业学院合作举办生物工程专业本科教育项目、北京大学与新加坡国立大学合作举办西方经济学专业硕士研究生教育项目、温州医科大学与美国新英格兰视光学院合作举办眼视光学博士研究生教育项目等416个项目，向毕业生颁发中方合作办学者学位证书和外方合作办学者学位证书，包括学士学位、硕士学位、博士学位。对于国家统招学生，毕业后，可获得中方合作办学者学位证书和外方合作办学者学位证书。对于取得外方合作办学者学位的，有些高校规定需赴外方学校学习一定时间，如温州医科大学与瑞典隆德大学合作举办临床医学专业（转化医学）博士研究生教育项目规定，赴国外学习1.5年可获得外方合作办学者学位；有些高校未作此规定，如北京大学与新加坡国立大学合作举办西方经济学专业硕士研究生教育项目。

（2）单证：外方合作办学者学位证书。在中外合作办学项目学位授予中，目前有190个中外合作办学项目仅颁发外方合作办学者学位证书，主要针对自主招生，自主招生标准应当不低于外方合作办学者在其所属国的标准，授予学位包括学士学位、硕士学位、博士学位。对于自主招生，

---

[8] 本数据来源于教育部中外合作办学监管工作信息平台，https://www.crs.jsj.edu.cn，最后访问时间：2024年1月15日。

毕业后，毕业生仅取得外方合作办学者学位证书。对于取得外方学位证书的，有些项目规定需赴外方学校学习一定时间，如清华大学与美国苏富比艺术学院合作举办艺术管理硕士研究生教育项目、清华大学与美国约翰霍普金斯大学合作举办公共卫生博士学位教育项目等；有些项目并未作此规定，如中山大学与美国明尼苏达大学合作举办高级管理人员工商管理硕士学位教育项目等。另外，如清华大学与香港中文大学合作举办工商管理硕士（金融与财务方向）学位教育项目等，除颁发外方合作办学者学位证书外，还颁发中方合作办学者写实性证书，但该写实性证书不具有学位证书的效力。[9]

（3）单证：中方合作办学者学位证书。在中外合作办学项目学位授予中，目前有480个项目仅向毕业生颁发中方合作办学者学位证书，包括学士学位、硕士学位、博士学位。对于国家统招学生，毕业后，仅颁发中方合作办学者学位证书，不授予外方合作办学者学位证书，如中国传媒大学与美国密苏里哥伦比亚大学合作举办传播学专业本科教育项目等。

三、中外合作办学学位教育监管的现状及存在的问题

在中国加入WTO的背景下，根据WTO教育服务规则，我国相继制定了《中外合作办学条例》及其实施办法等，以进一步放开和发展中外合作办学。自《中外合作办学条例》及其实施办法实施以来，教育部、国务院学位委员会先后发布了一系列规范性文件，对中外合作办学学位授予监管工作发挥了重要作用。目前，在中外合作办学学位教育监管体系方面，主要通过建设"两个平台"和"两个机制"（即"教育部中外合作办学监管工作信息平台""中外合作办学颁发证书认证工作平台"两个平台，"中外合作办学质量评估机制""中外合作办学执法和处罚机制"两个机

---

[9] 写实性学业证书是由国家教育部门或国家工商部门批准设立的办学单位（学校或其他教育机构）对完成一定培训和进修课程学习，且考核合格的学员发放的一种学业证书，该证书如实记载学员在该单位学习的时间、课程及成绩考核情况，参见顾基平主编：《高等教育法规概论》，湖南师范大学出版社2021年版，第56页。

制），进一步规范中外合作办学秩序，加强中外合作办学监管。但随着中外合作办学的进一步发展，中外合作办学学位教育的类型和方式更加多样化，带给各级监管部门的挑战也越来越大。

（一）中外合作办学学位教育监管体系不够完善

1. 中外合作办学的法律法规制度体系制定滞后

当前，我国在中外合作办学方面的立法和政策制定中，存在管理性立法多、服务性立法少的情况，并且主要集中于国务院颁布的行政法规和教育部颁布的部门规章以及相关的政策意见。[10] 例如，《中外合作办学条例》虽明确规定"中外合作办学属于公益性事业"，但不少中方及外方高校的办学目的仍是获取经济利益，这与中外合作办学的办学宗旨和办学目标相背离，而且又缺乏有效的监管措施。[11] 这些法规规章和政策意见的统一协同性不够，在主体性质、审查批准、税收、质量监管、外方产权、外汇管理等方面规定模糊不清，缺乏可操作性，条文表述上也存在回避和不明确等问题，甚至与我国其他法律法规产生矛盾。[12] 同时，新的教学形式和学业考核办法不断出现，现有沿用的法律规范已经无法很好地起到应有的指导、保障和底线作用。例如，根据国家有关政策，通过跨境远程方式获得的国（境）外学历学位证书和高等教育文凭一直无法进行认证。上述问题与学位教育的质量有着重要关系，因此，从整体上推进中外合作办学法律法规的修订和完善已是刻不容缓。[13]

2. 中外合作办学学位教育的监管权限不够明确

为了保证学位授予质量，学位授予单位授予学位申请者学位后，相关部门会对学位授予单位的学位授予资格和学位申请者获得的学位进行监督

---

[10] 参见何志平：《海南建设国际教育创新岛进程中中外合作办学的规制供给》，载《新东方》2019 年第 5 期。

[11] 薛卫洋：《对中外合作办学质量建设的思考》，载《高校教育管理》2017 年第 6 期。

[12] 参见周国平：《粤港澳大湾区内地与港澳合作办学的法治进路》，载《高教探索》2022 年第 2 期。

[13] 王剑波、于超群：《新格局下中外合作办学的历史使命与实现路径》，载《现代大学教育》2022 年第 5 期。

检查，这就是学位管理部门与学位授予单位和学位获得者之间的监督检查管理法律关系。对中外合作办学学位教育的监管，主要通过教育部与国务院学位委员会，省级教育行政部门与省级学位委员会，高校、学位授予单位三级管理结构，但目前中外合作办学学位教育的监管权限并不明确。同时，出于对本地经济社会发展的激励目的，有些地方政府在中外合作办学项目过程中态度积极，不免出现急于推动中外合作办学项目的情况。但现有规定并没有明确规定国家、地方及高校之间在中外合作办学过程中监管职责和监管权限，容易出现监管缺失。

3. 中外合作办学执法和法律责任缺乏可操作性

教育部已建设了教育部教育涉外监管信息网和教育部中外合作办学监管工作信息平台，通过办学监管信息公示，实施对中外合作办学的动态监管。根据《中外合作办学条例》及其实施办法的有关规定，教育部采取定期评估、年度报告、专项核查等多种措施加强中外合作办学事中事后监管，规范办学秩序，提升办学水平。2018年、2019年教育部共依法批准286个中外合作办学机构和项目终止办学，并向公众发布了有关信息。[14] 批准终止的机构和项目中，大部分为经中外合作高校自愿协商并主动提出终止办学申请，还有部分存在优质教育资源引进不足、教学质量不高等问题，在教育部开展的中外合作办学评估工作中不达标而终止办学，不断完善中外合作办学退出机制。

与此同时，我国虽然对于中外合作办学执法和处罚机制有所规定，但不够详细和具体，制度层面的执法和处罚机制缺乏可操作性和持久性。在合作办学审批中，缺乏具体的办学质量标准，行政审批也缺乏足够的依据和要求。同时，法律责任不够具体，对学生权益的保障不足。例如，出现办学主体未经审批招生或超额招生的情形，对办学主体来说最严重处罚也只是吊销办学许可。但对在校学生而言，他们面临的不仅是损失已付学费

---

[14] 《"教育部批准终止286个中外合作办学机构和项目"非最新发布》，载教育部官网，http://www.moe.gov.cn/jyb_xxgk/s5743/s5746/202108/t20210823_553575.html，最后访问时间：2025年3月25日。

的问题，还意味着花费了数年的在读时间，以及如何面对毕业和就业等问题，而办学主体放弃这个合作办学项目之后，还可以再申办其他的合作办学项目。[15]

（二）中外合作办学质量评估和认证体系缺位

1. 中外合作办学质量标准缺失

由于我国中外合作办学发展迅速，办学质量标准滞后于办学发展需求，出现了"重形式"和"轻内容"的现象，即注重外方合作院校的品牌而忽视制定合作办学的质量标准。[16]《中外合作办学条例实施办法》明确提到中外办学合作机构的课程设置、教学内容不应低于该机构在本国的实施标准和要求。[17]但显然这一要求过于模糊，不能有效指导建立质量衡量标准。在实践层面，我国对于中外合作办学未建立起包括师资、教材、教学设备等方面在内的办学质量标准体系，以至于专业标准、内部质量保障标准、外部质量评估标准、合格评定标准等质量衡量标准缺失，阻碍了对于中外合作办学质量的有效评价。[18]

2. 政府对"优质教育资源"的引导不足

教育部出台的《中外合作办学条例实施办法》虽然提出加强学科专业的规划和政策引导，研究制定中外合作办学的学科专业指导目录等，但因为没有明确责任主体，至今仍没有发布具体的学科专业目录。在实践中，有些学校在合作办学中不考虑本校的办学目标和运行能力，也不仔细核查外方的资质和办学能力，未在我国亟需的专业领域引进优质教育资源，不

---

[15] 参见陈大立：《略论中外合作办学监管体系的建立》，载《政法论坛》2013年第2期。
[16] 彭婵娟：《我国跨境办学的成就、问题与展望——〈国家中长期教育改革和发展规划纲要（2010—2020年）〉述评》，载《河北师范大学学报（教育科学版）》2021年第4期。
[17] 参见《中外合作办学条例实施办法》第48条第2款规定："中外合作办学机构和项目颁发外国教育机构的学历、学位证书的，其课程设置、教学内容应当不低于该外国教育机构在其所属国的标准和要求。"
[18] 参见彭婵娟：《我国跨境办学的成就、问题与展望——〈国家中长期教育改革和发展规划纲要（2010—2020年）〉述评》，载《河北师范大学学报（教育科学版）》2021年第4期。

能实现双方资源有效匹配、优势互补。[19]

3. 中外合作办学质量评估机制有待完善

教育部组织或者委托社会中介组织对中外合作办学机构的办学水平和教育质量进行评估，并将评估结果向社会公布。自2010年开展试点评估工作以来，特别是2013年，对23个省市314个临近办学期的中外合作办学机构和项目进行了历时1年的质量评估，评估结果基本达到了预期目的。通过对评估中发现的一些问题进行妥善处理，探索建立中外合作办学处罚引退机制。此外，上海市教育评估协会已经与中国教育交流协会联合成立了认证中心，并着手在全国范围内研究和推广中外合作办学认证。[20]

依据教育部发布的《中外合作办学评估方案（试行）》（以下简称《评估方案》），目前的评估方式是"采用单位自评与实地考察评估相结合"。[21] 从《评估方案》的整体内容而言，其评估方式过于单一，仍以政府主导为主，缺少第三方评估、国际评估等评估方式。另外，到目前为止，我国有资质对中外合作办学进行评估的社会中介机构还为数不多，无法达到评价主体多元化的要求。在评估指标上，《评估方案》设置了培养目标与培养方案、项目管理等8个一级指标和教学质量监管、政策环境等22个二级指标用来评估所有的中外办学机构。从规定上来看，其问题在于相当一部分指标无法量化，对于不同特色的办学单位用同样的评估指标进行评估难以深入掌握办学的全貌。[22] 从实施的情况来看，现有的各级教育质量保障机构大多还没有把中外合作办学的质量评估纳入高校质量评价体系。

4. 中外合作办学学位认证平台有待完善

自2008年以来，教育部对本科以上层次中外合作办学学生获得的境

---

[19] 林金辉、刘志平：《高等教育中外合作办学研究》，广东高等教育出版社2010年版，第12页。

[20] 王璐、陈昌贵：《涉外办学监管机制构建》，载《清华大学教育研究》2014年第4期。

[21] 参见《中外合作办学评估方案（试行）》，载教育部官网，http://www.moe.gov.cn/srcsite/A20/moe_862/200907/t20090715_77977.html，最后访问时间：2024年6月5日。

[22] 林金辉主编：《中外合作办学法律问题研究》，厦门大学出版社2014年版，第140页。

外学历学位证书认证实行了严格的注册制度,搭建了中外合作办学颁发证书认证工作平台。截至2015年年初,该系统已完成30家机构和456个项目,共计10万余名学生的学位证书认证信息注册工作,接受各类信息查询15万余次,并与教育部留学服务中心国外学历认证系统对接,这大大提高了认证效率。对于未经过中外合作办学授予证书认证工作平台审核的证书,不予认证。

但同时也存在一些问题,实际上,在高校中存在大量2+2项目未经过教育部批准或"留学预科"的情况,所颁国外高校学位证书不能得到教育部的认证。此外,各国对于学位授予的标准不一,缺失统一的资格认可标准,挑战国家间文凭证书的认证体制。以上两类问题最终会造成一部分受教育者因为所获学位证书不能得到国内一些用人单位的认可而被拒之门外的局面。学位认证体系不统一的后果由受教育者来承担显然有失公平。

(三)办学主体经验不足或自律性不强

实践中,有关中外合作办学主体由于经验不足或者自律性不强,并未建立完整全面的校内涉外办学管理及校规体系。[23]同时,中外合作办学主体在办学过程中享有不同于公立高校、民办高校的办学自主权,在监管过程中,需要特别注意办学主体在开展办学行为过程中规范与师生的法律关系。[24]在实践中,部分中外合作办学主体以营利为目的,举办各类名目繁多的中外合作办学项目,在招生宣传上夸大其词,在录取环节上违规操作,在收费项目上不明不白,在教学安排上偷工减料,内部治理体系缺失,并未建立起国际化的办学质量保障体系。[25]

(四)中外合作办学纠纷解决机制缺失

由于中外法律规定的差异以及合作办学协议谈判时主客观情势的局

---

[23] 参见刘尔思、车伟民、黄镇海:《我国跨境教育的现状与监管体系构建的路径选择》,载《教育研究》2010年第9期。

[24] 参见李威:《中外合作办学机构的办学自主权及其法律规制》,载《法学教育研究》2021年第3期。

[25] 参见李威:《中外合作办学机构的办学自主权及其法律规制》,载《法学教育研究》2021年第3期。

限，合作办学协议的条款设置通常存在不足，对于合作协议的约定过于模糊，为后续合同履行中我方权利的保障埋下了隐患。同时，由于中外双方在教育理念、意识形态等方面难免差异，办学双方不可避免地存在诸多分歧，常常导致办学合作方之间、办学主体与学生之间、办学主体与教师之间发生纠纷，出现过且预期还可能继续出现不少棘手的纷争。[26]

（五）学位互认机制有待进一步完善

从与我国签署双边互认学历学位协议的国家分布情况来看，虽然覆盖了各大洲54个国家和地区，但主要国家还是集中于欧洲地区，如英国、法国、德国、意大利、荷兰、西班牙、葡萄牙、俄罗斯等。这表明，我国高等教育质量初步得到欧洲教育发达国家和亚太地区的认可。但是，由于双边互认学历学位协议往往较为原则性，在具体认证的过程中，还需要制定相关法律法规进行具体操作。

四、加强中外合作办学学位教育监管体系建设的举措

加强中外合作办学学位教育的规范化和制度化，厘清中外合作办学学位教育的监管体系非常重要。随着《学位法》将学位质量保障体系从政策层面上升为法律规范，构建以学位教育质量为中心的全过程质量管理制度体系是加强中外合作办学学位教育工作的必由之路。具体而言，在加强中外合作办学学位教育的监管过程中，要注意做好以下五个方面工作。

（一）进一步完善中外合作办学学位教育监管体系

1. 加强中外合作办学的法律法规制度建设

首先，在理念上，要注意中外合作教育对于塑造公民的身份认同、文化认同、价值观认同的相关影响，警惕我国教育事业受到外部的不当干预。外方必须尊重中方的国家教育主权和安全需要；中方也有义务维护国

---

[26] 参见李沐子：《中外合作办学协议争端解决机制的合理化构建——以仲裁为中心展开》，载《西南政法大学学报》2020年第6期。

家教育主权和安全。[27]其次，在制度建设上，要梳理中外合作办学法律法规和政策体系，准确定义中外合作办学的含义，明确中外合作办学的形式、范围、构成和运行规则。完善中外合作办学的制度体系，实现政策法规的一致性。借鉴国外经验，制定内外结合、上下协调的全方位监管的激励政策，加强教育、市场监管、税务、金融、公安、司法等部门多方面的协同效应，明确各部门之间的监管责任，公开监管程序，建立维权的政策法律保障体系。

2. 进一步明确中外合作办学质量监管权限

进一步明确中央主导、加大省级统筹、调动高校积极性的三级管理体制。根据教育部《关于深入推进教育管办评分离促进政府职能转变的若干意见》的精神，要进一步转变政府职能，明确教育部、国务院学位委员会，省级教育行政部门、省级学位委员会，高校、高校学位评定委员会三级之间在中外合作办学学位授予中的定位和职责，扩大地方参与中外合作办学的政策权限，构建地方政府、社会机构和办学主体的质量监控机制，发挥各地方参与中外合作办学的积极性。[28]同时，进一步加强第三方评估保障的作用，构建"行政监督、社会评估、培养单位自我评估相结合"的管理结构，形成"管办评"相分离的运行框架。

3. 建设以学位教育质量为导向的监管体系

做好以学位教育质量为导向的监管体系建设，需要从以下三个方面来进行把握。一是加强指导，指导办学主体明确办学目标和办学宗旨，指导参与各方对质量的自我监管，提高质量监管水平，增强责任意识，提高自我监控能力。二是调整结构、平衡布局，加快教育改革步伐，不断满足社会需求和对外开放需求，定期公布国内稀缺专业、学科需求名录，公布国外学校的学科专业目录和排名，通过专业、学科和办学实力来划分国外

---

[27] 参见李威：《中外合作办学机构的办学自主权及其法律规制》，载《法学教育研究》2021年第3期。

[28] 参见《教育部关于深入推进教育管办评分离促进政府职能转变的若干意见》，载教育部官网，http://www.moe.gov.cn/srcsite/A02/s7049/201505/t20150506_189460.html，最后访问时间：2024年9月5日。

优质教育资源，引导项目合作。通过政策导向调整、平衡专业学科结构布局，围绕经济发展的需求以及高校建设一流大学(高水平大学)、一流学科(高水平学科)这一核心，加快理、工、农、医、财经等国家紧缺学科与他国的合作，引入科研合作、高层次人才培养的项目和机构，对西部地区特别是教育落后地区给予政策倾斜和支持；通过政策导向，对跨境教育进行专业学科分类，对紧缺特殊专业给予相应的资源配置，对一般、重复和低层次项目通过收费许可或减少财政资助加以调控。三是创新以学位教育质量为导向的监管体系，由国家行政部门、地方政府主管部门、社会机构和跨境教育主体组建学位教育质量监控体系，加强国家监管部门依法行政，扩大地方部门监管的权限，调动社会和学校参与学位教育质量监控的积极性。

4. 加强服务，多渠道构建信息服务平台

建立健全政策服务体系，构建教育部中外合作办学监管工作信息平台和中外合作办学颁发证书认证工作平台，及时更新教育部教育涉外监管信息网相关信息。建立风险预警、预报平台，通过网络、新闻媒体、移动通讯等现代信息工具，帮助中外合作办学参与各方及时有效地规避和控制风险。建立投诉与参与者保护机制，确保中外合作办学参与各方成为质量监管的参与者和受益者。建立违规通报制度，对违规的中外合作办学机构和项目进行不定期通报。

（二）进一步完善中外合作办学质量评估和认证体系

1. 制定中外合作办学质量标准

发挥政府宏观调控与引导作用，制定中外合作办学准入条件和专业学科发展与优质资源配置策略，在教育资源引进的入口环节为高校提供资质认证服务，进行质量把关。

2. 加强中外合作办学质量评估和认证机制

进一步加强和完善中外合作办学的"两个平台"和"两个机制"，积极探索第三方评估、国际评估等方式，鼓励社会机构参与对中外合作办学质量评价体系和各项评价指标的建设，扩大社会对中外合作办学质量指标、评价成果的认可，形成强大的社会监督网络。

3. 加强中外合作办学学位教育的质量监督和退出机制

在总结中外合作办学评估的基础上，加强社会监管力量的参与，通过相关办学行业社团组织、专业中介机构等发挥社会监督与管理的第三方保障作用。加强对中外合作办学学位授予的审核，对经评估及审核不符合中外合作办学质量标准的办学单位，终止其学位授予权并且适用退出机制，实现投入—退出—再投入的高效循环。[29]

4. 加强中外合作办学执法处罚和多元化监管机制

加强对中外合作办学执法和处罚机制，同时，在管理过程中注重解决问题，探索多元化的监管方式，而不是事后一罚了之。因此，除了上述监管方式，还应该根据具体情况，引入标准、行业禁入、一定期限不受理申请、保证金、强制披露信息、违法事实公布、预警、民事责任、内部自我规制等多元化的监管方式。[30]

（三）强化办学主体的办学自主性

要强化办学者作为办学质量保障的第一责任人，明确中国教育机构的质量评估责任，在制度层面赋予这类主体建立全面的内部质量保障体系、积极开展定期的自我评估的义务。

首先，明确办学主体自我监管的职能和责任，在被动接受外部监管的同时，主动构建内部监管机制，强化主动监管的社会责任和义务；在办学主体内部建立中外合作办学教育质量控制和风险管理的指标体系，由教务或教学督导部门行使监控职能，更加关注考核指标，加强日常监控、动态监控和科学监控；严格把好合同协议关，自觉维护和遵守合同协议，加强对教学条件、教育资源配置、课程、师资、教材资料、生源、设施设备投入、教学方式、成绩考核与成果评价等的监控，自觉接受政府和社会机构

---

[29] 林梦泉等：《新时代中外合作办学质量治理体系构建理论与实践探究》，载《中国高教研究》2020年第10期。

[30] 参见[英]罗伯特·鲍德温等编：《牛津规制手册》，宋华琳等译，上海三联书店2018年版，第93—188页。

的监督。

其次,将中外合作办学的质量管理纳入学校或办学主体整体质量管理的范畴,与国外大学和机构的定期监管相结合,建立定期的内部质量保障机制,建立社会中介和行业协会不定期进行单项或专题质量测评机制;构建办学主体内部网络监控体系,理顺内部办学体制,加强对非法办学、违规办学等行为的监控;加强办学主体的社会责任意识教育,自觉承担中外合作办学的社会责任和义务,增强维护国家教育主权的责任感和使命感。

(四)进一步建立健全中外合作办学纠纷解决机制

为建立健全中外合作办学纠纷解决机制,应在总结实践经验的基础上,结合现代教育法治理念,设置专门的教育纠纷解决机制。第一,加强涉外办学领域的非诉讼救济,包括学校的内部救济,即学生申诉制度、教师申诉制度等,以及教育行政部门的外部救济,即教育行政部门受理学生、教师的申诉、投诉、复议等。第二,熟悉涉外办学仲裁、调解、诉讼规则,培养培训具有涉外办学纠纷解决经验的法律人才,构建合作办学纠纷的解决机制。[31]

(五)进一步加强学位互认机制建设

积极参与《全球高等教育学历学位互认公约》等国际公约,加强与其他国家和国际组织建立共同接受和认可的质量标准与质量理念。构建区域内学历学位互认体系和跨境教育质量控制标准体系,通过区域化运作延伸或扩展到全球其他地区,形成积极参与、协调统一、以我为主、保持特色、互为兼顾的跨境教育质量体系。

完善学位互认的国内法程序设置,程序设置应体现公平、公正、公开等精神,在对国(境)外学历学位认证的过程中,必须考虑双方内在的价值属性以及符合我国教育体制和社会背景,加强对国外高校办学资质和水准的动态监测与预警,维护我国国内教育和国际教育的政策公平。建立相

---

[31] 参见李沐子:《中外合作办学协议争端解决机制的合理化构建——以仲裁为中心展开》,载《西南政法大学学报》2020年第6期。

应的高等教育认证制度，加强国际商学院协会（AACSB）认证、工程教育认证、医学教育认证、护理教育认证等方面的国际认证。[32]

结论

《中国教育现代化 2035》明确提出要"开创教育对外开放新格局"，"提升中外合作办学质量"，积极参与全球教育治理，而这些都离不开完善的中外合作办学制度。因此，认真总结我国中外合作办学的经验，梳理中外合作办学的现状，对于我国的教育现代化战略具有重要的意义，同时，通过完善中外合作办学学位教育制度能够更好地促进我国与各国之间的学术发展与知识创新，对于丰富我国乃至全球知识创新体系具有重要意义。[33]

---

[32] 参见覃丽君：《高等工程教育专业认证的国际图景如何绘就？——基于对发展进程、运作机制及趋势的考察》，载《世界教育信息》2021 年第 7 期。

[33] 周详、杨斯喻：《学位的功能、结构与学位授予权的本质——兼论〈中华人民共和国学位条例〉修订的基本问题》，载《复旦教育论坛》2019 年第 1 期。

《民法典》视域下让与担保的立法路径研究

钟沁怡 *

摘要：让与担保因其在交易成本、实现方式等方面的独特优势被广泛运用，且肩负着优化营商环境的公共政策需求。《民法典》通过规定其他具有担保功能的合同将让与担保纳入了非典型担保物权的范畴，相关规则在最高人民法院关于民法典担保制度的司法解释中明确，进而部分承认了在实践中相对成熟的让与担保的形式。让与担保并未在《民法典》中正面规定，原因一方面在于部分让与担保形式仍存在流押流质与损害债权人债务人利益衡平关系等风险，另一方面在于让与担保的部分规则能

---

* 钟沁怡，中山大学法学院2020级立法学专业硕士研究生。

够通过类型评价方法在已有的法律框架中予以适用。让与担保迂回的立法路径体现了法典化过程中对让与担保这一极具争议性制度的立法保守倾向。法典化并不意味着让与担保制度的定型,在后法典化时代,其成熟的制度体系有待在司法实践中进一步试验性地归纳探索,在立法与司法的互动中达到规范体系化和中国法律实践的统一。

关键词: 民法典　让与担保　司法解释　公共政策　立法路径

引言

作为判例和学说中发展成熟的非典型担保,让与担保在当代社会的担保实践中扮演着重要的角色。2021年1月1日起正式施行的《民法典》第388条第1款扩大了担保合同的范围,旨在深化担保功能主义的意义,顺应经济交易的基本规律,优化国内营商环境。其中,"其他具有担保功能的合同"通说理解包括让与担保,从而在《民法典》中间接承认了让与担保这一非典型担保形式,并进一步在配套实施的《最高人民法院关于适用〈中华人民共和国民法典〉有关担保制度的解释》(以下简称《民法典担保制度司法解释》)[1]中,对让与担保的相关规则进行了具体规定,解决了长期司法实践中让与担保制度争议的核心问题。但一方面,其他同为非典型担保形式的所有权保留、融资租赁、保理的具体规则,都已经在《民法典》中明确规定,[2]甚至保理制度首次进军《民法典》就已用专章规定。另一方面,既然让与担保制度系基于实践需求衍生并得到司法界的充分实践和打磨,学界也已经充分论证并初步达成共识,在体系化的民法典时代,基于《民法典》"编纂"的定位,为何让与担保的相关规则并未明确在《民法典》中规定,而以司法解释形式予以规定?现有文献大多探究让与担保的构成要件、效力认定、制度构建,鲜有文献关注这一立法路径

---

[1]　《最高人民法院关于适用〈中华人民共和国民法典〉有关担保制度的解释》(法释〔2020〕28号)。

[2]　所有权保留制度相关规定可参见《民法典》合同编第641条至第641条;融资租赁相关规定可参见《民法典》合同编融资租赁合同章第735条至第759条;保理相关规定可参见《民法典》合同编保理合同章第761条至第769条。

的特殊性及其背后的原因和立法逻辑所在。本文从理论进路、实践进路和规范进路分析这一问题，并进一步探究让与担保制度在法典化过程中的立法考量，展望让与担保制度在后法典化时代的发展完善。

一、理论进路：让与担保制度风险的理论争议

（一）基于实践需求衍生发展的让与担保

法律具有滞后性的特征在商事交易领域中体现得尤为明显。作为一种非典型担保，让与担保本质上属于商事交易中的一种融资担保交易方式。尽管我国法律在《民法典》出台以前缺乏让与担保的相关规定，但让与担保一直在担保实践中扮演着重要角色，甚至已被作为"习惯法上的物权"。让与担保之所以会频繁出现，不仅因为其具有融资灵活、担保标的范围广泛、交易成本低、实现方式简便快捷、第三人阻碍债权实现的可能性小等制度价值与优势，[3] 还源于市场经济发展的实践需求，主要可体现于以下几个方面。

1. 让与担保扩大了融资担保交易的方式

融资担保制度是市场经济发展的重要基础。社会中的商品生产、市场交易、经济投资等经济活动都需要资金，担保制度为市场经济发展提供了资金融通的动力。企业或个人为了周转资金，以其所有的不动产、动产或者其他财产权利来设定担保，实现融资的目的。商业机会稍纵即逝，如果严格按照法律所规定的担保方式进行商事交易，有可能会由于使用典型担保物的交易成本过高而错失机会。另外，随着科技的进步和经济的发展，越来越多的新兴事物不断涌现，而现在的担保方式因适用范围的局限性和受物权法一般规定的制约，导致市场主体的很多财产无法设定担保，阻碍实现其担保融资的功能。面对融资需求的飙升和市场经济自身遇到的各式各样的危机，让与担保作为市场自下而上发展出来的融资担保制度，扩大

---

[3] 李志刚等：《〈全国法院民商事审判工作会议纪要〉专题解读与实务指引》，法律出版社2020年版，第388—406页。

了融资担保交易的方式。让与担保标的物的广泛性使得许多无法设定典型担保的财产权利得以实现担保化，对市场经济中的商业主体，尤其是为中小企业的担保融资提供了更多的可能性，激发其创造社会财富的积极性，进而促进经济的发展。

2.让与担保本质上是市场主体意思自治的产物

市场主体作为经济理性人，总是会根据现实需要自行考量交易安全与交易效率、交易成本（风险）与交易收益之间的关系。在很多情形下，让与担保能够实现这些因素之间的平衡。例如，在房地产领域的民间借贷中，房地产开发商往往会先向银行借贷再建造房屋，房屋建成后开发商可能会因为房屋抵押给银行而无法再次抵押，开发商此时可以选择通过转让房屋所有权以实现担保目的向民间借贷。对于债权人而言，让与担保的风险较低，其一般也愿意接受这种担保方式。根据私法自治的民法原理，让与担保制度本质上是市场主体在考量成本与收益之后，基于意思自治而采取的融资担保交易方式。

3.让与担保符合优化营商环境的公共政策需求

在王利明教授看来，《民法典担保制度司法解释》承认了让与担保，是为了进一步完善担保物权制度，为优化营商环境提供法治保障。调整的主要原因在于我国动产担保交易法的架构与国际趋势还有相当差距。在世界银行发布的《全球营商环境报告》中，我国"获得信贷"指标排名一直不甚理想。"是否存在调整让与担保的法律法规"正是其中的一项考评内容。基于让与担保在债权实现、融资等方面能推动信贷市场发展的制度性激励，完善让与担保相关立法，对拓宽公司的融资途径、优化我国营商环境具有重要意义。[4]这也是推动让与担保得以在《民法典》中得到承认的重要因素之一。

---

[4] 王利明：《担保制度的现代化：对〈民法典〉第388条第1款的评析》，载《法学家》2021年第1期。

（二）让与担保的理论争议与发展

尽管让与担保具有重要的实践意义，但实践的重大需求、制度体系的设计优化能否破除让与担保固有的制度风险，引起了学界长久以来的激烈讨论。有学者概括其本质为"效率与安全之争"。[5]学界目前关于让与担保制度的定义已进行充分的讨论且达成了一定的共识，即让与担保是指债务人或者第三人为担保债务的履行，将担保标的物的财产权（常为所有权但不限于所有权）转移于债权人，而使债权人在不超过担保目的范围内取得标的物的财产权，待债务清偿后，标的物返还于担保人，在债务不履行时，债权人就该标的物受偿的一种非典型担保。[6]此观点与梁慧星教授在《中国民法典物权编建议稿》中的定义一致。[7]此外，王利明、刘保玉、崔建远、王闯等诸多学者皆持类似观点。[8]

关于让与担保效力的认定则众说纷纭。早期的理论观点偏于保守与批判，倾向于直接否定让与担保制度的存在价值及立法必要性。究其原因，让与担保仅是经判例、学说形成发展，并未明确规定在成文法中，因此较多学者认为让与担保违背了物权法定主义。[9]而且，以让与为名、以担保为实，有虚伪意思表示的嫌疑，实际上规避了流押流质禁止条款而对债务人形成压迫。[10]此外，从体系性的角度考虑，由于让与担保具有"体

---

[5] 胡绪雨：《让与担保制度的存在与发展——兼译我国物权法是否应当确认让与担保制度》，载《法学杂志》2006年第4期。

[6] 李志刚等：《〈全国法院民商事审判工作会议纪要〉专题解读与实务指引》，法律出版社2020年版，第388—406页。

[7] 梁慧星认为：让与担保是指债务人或第三人为担保债务人的债务，将担保标的物的权利移转于债权人，于债务清偿后，标的物应返还于债务人或第三人，在债务不履行时，担保权人可就该标的物优先受偿的权利，参见梁慧星：《中国民法典草案建议稿》，法律出版社2003年版，第461页。

[8] 参见王利明：《物权法研究》（第四版），中国人民大学出版社2016年版，第1267页；高圣平：《动产让与担保的立法论》，载《中外法学》2017年第5期；王泽鉴：《动产担保交易法三十年》，载《王泽鉴法学全集》（第八卷），中国政法大学出版社2003年版；谢在全：《民法物权论》，中国政法大学出版社2011年版。

[9] 参见王闯：《让与担保法律制度研究》，法律出版社2000年版，第2页。

[10] 张长青、席智国：《让与担保之妥适性研究——我国物权法是否应当确立让与担保制度》，载《政法论坛》2005年第2期。

系异质性",有学者认为其难以与我国本土的法律体系特别是物权法律体系相衔接。[11]就必要性而言,有观点认为在现实的社会信用状况以及商业实践中,物权立法不存在建立让与担保制度的必要。[12]从可行性角度出发,因在民法的一般规则中缺乏让与担保意思的公示平台,让与担保的交易机制也难以建立。[13]因此,早期大多学者并不认可让与担保的效力。

随着物权法定缓和理论的提出和发展,以及民间融资需求的日益旺盛,让与担保制度在现实生活中得到越发广泛的实际应用。越来越多学者倾向于承认让与担保的效力,并从各个方面论证让与担保的合法性和正当性。[14]讨论焦点转向让与担保是否应该立法、如何立法。少数观点认为,让与担保应以习惯法的形式继续存在,以充分发挥其简化担保物权实现程序、降低交易费用等优势。[15]多数观点认为应该立法规制,但是立法进路也有所差异,一种观点认为应以特别法规定,[16]而另一种观点则认为应当将其引入现有的法律体系中。

近年来,现实中的让与担保呈现出更加复杂的情形,对于让与担保的研究也越发精细化。从所有权转移的时点来看,有学者提出,当事人关于债务人逾期不能清偿债务时,将标的物转移给债权人的约定同样属于一种非典型担保物权,称为"后让与担保",[17]从而将"先让与担保"和"后让与担保"相区别(见表1),但二者都属于广义上的让与担保的范

---

[11] 高圣平、张尧:《中国担保物权制度的发展与非典型担保的命运》,载《中国人民大学学报》2010年第5期。

[12] 王卫国、王坤:《让与担保在我国物权法中的地位》,载《现代法学》2004年第5期。

[13] 张翔:《物权法典规定让与担保的可行性质疑——从让与担保的交易机制出发》,载《法商研究》2006年第2期。

[14] 具体可参见王闯:《关于让与担保的司法态度及实务问题之解决》,载《人民司法》2014年第16期。

[15] 姚辉、刘生亮:《让与担保规制模式的立法论阐释》,载《法学家》2006年第6期。

[16] 马俊驹、陈本寒:《物权法》,复旦大学出版社2003年版,第10—20页。

[17] 关于"后让与担保"的定义,参见杨立新:《后让与担保:一个正在形成的习惯法担保物权》,载《中国法学》2013年第3期。但有学者认为,"后让与担保"并非严谨的法律概念,故很多文章也将这种形式称为"买卖型担保",参见庄加园:《"买卖型担保"与流押条款的效力——〈民间借贷规定〉第24条的解读形式》,载《清华法学》2016年第3期。

围。"先让与担保"区别于"后让与担保"的关键点在于，在债务履行期届满之前，标的物所有权已发生转移。鉴于"后让与担保"并未以登记或交付的方式完成财产权利变动公示，其因欠缺公示而不具有物权效力，因此不属于传统的让与担保。"后让与担保"这一新兴让与担保概念的提出，结合现实生活中"以房抵债"等事例，引起了学术讨论的热度。[18]但由于"后让与担保"并未完成所有权的转移，本质上难以消除给债权人和善意第三人带来的风险。[19]关于其性质、效力、通过预告登记等形式能否具有优先受偿效力等问题，在学术讨论中仍备受争议。[20]

表1 让与担保：按所有权转移时点分类

类型	定义描述
"先让与担保"	在债务履行期届满之前，标的物所有权已发生转移。
"后让与担保"	当事人之间虽约定将买卖标的物作为担保标的物，但权利转让并不实际履行，当债务人不清偿债务时，才将担保标的物所有权转让给债权人。

从实现形式上看，有学者认为让与担保是一种附（解除）条件的担保权。即债务人将担保物的财产性权利附条件地转让给债权人以担保债务，债权人获偿后将标的物归还给担保人，若届期未偿还债务，则债权人可就标的物进行处分并且优先受偿。[21]一种观点在肯定通过清算方式优先受偿的同时，认为债权人可直接处分担保物；而另一种观点则认为当担保的

---

[18] 董学立：《也论"后让与担保"——与杨立新教授商榷》，载《中国法学》2014年第3期；陆青：《以房抵债协议的法理分析——〈最高人民法院公报〉载"朱俊芳案"评释》，载《法学研究》2015年第3期；梁曙明、刘牧晗：《借贷关系中签订房屋买卖合同并备案登记属于让与担保》，载《人民司法》2014年第16期。

[19] 陆青：《以房抵债协议的法理分析——〈最高人民法院公报〉载"朱俊芳案"评释》，载《法学研究》2015年第3期。

[20] 比如对于通过预告登记等形式能否具有优先受偿效力问题，学界存在两种不同的观点：赞成观点参见徐晓慧：《后〈民法典〉时代买卖型担保的规制路径——以裁判立场的考察为基础》，载《重庆社会科学》2020年第10期；不赞成观点参见董新辉：《让与担保的重新解读——以〈民间借贷司法解释〉第二十四条为中心》，载《学术交流》2016年第7期。

[21] 马俊驹、陈本寒：《物权法》，复旦大学出版社2007年版，第460—461页。

债权不能实现时，债权人不能当然获得标的物的所有权，而必须经由清算程序，就标的物折价、拍卖、变卖所得价款优先受偿。从而区分为"事前归属型"让与担保与"清算型"让与担保（见表2）。

表2 让与担保：按行权方式分类

类型	定义描述
"事前归属型"让与担保	如果债权不能实现，债权人直接取得标的物所有权。
"清算型"让与担保	当担保的债权不能实现时，债权人不能当然获得标的物的所有权，而必须经由清算程序，就标的物折价、拍卖、变卖所得价款优先受偿。 可进一步分为归属清算（以担保财产折价）和处分清算（拍卖变卖担保财产取得价款）。

随着《民法典》编纂的浪潮来临，学者们开始探究如何在法典化的过程中建构让与担保制度体系，并提出了让与担保进入法典的多种立法路径。一是在改革动产让与担保登记制度的前提下，全面引入让与担保制度。二是可以通过特别法或者交易习惯，有条件地承认让与担保制度。此外也可以完全不引入让与担保，将既有的让与担保交易通过意思表示原理，转换为其他有效交易。[22]对于让与担保应当规定在哪一部分，也有不同的观点，有学者认为应该在《民法典》物权编中增加让与担保。[23]也有观点认为让与担保的成立建立在借款合同和买卖合同的基础上，所以应当纳入合同编。[24]

以上关于让与担保理论争议发展历程的梳理表明，让与担保的本质及效力在学界已得到初步阐明，实质上是债务人将其标的物的所有权，在形式上转让给债权人，用以担保基础债权，使其具备事实上的担保功能。但是对于让与担保的主流观点，在效力上仅限于承认担保标的物财产权在债

---

[22] 龙俊：《民法典物权编中让与担保制度的进路》，载《法学》2019年第1期。
[23] 参见高圣平：《民法典担保物权法编纂：问题与展望》，载《清华法学》2018年第2期；王闯：《让与担保法律制度研究》，法律出版社2000年版，第25—26页。
[24] 姚辉、刘生亮：《让与担保规制模式的立法论阐释》，载《法学家》2006年第6期。

务到期前转移的"让与担保",在实现方式上仅限于承认债权人可以通过清算方式优先受偿的"清算型"让与担保。然而在实践中逐渐衍生的"后让与担保"等新型让与担保形式仍存在一定的争议。相对于学者们提出的全盘构建让与担保制度的路径,《民法典》采取的是相对中立、渐进的让与担保立法路径,肯定了部分风险较小且已取得共识最大公约数的让与担保类型的效力,在一定程度上回应了实践需求。

二、实践进路:让与担保在司法实践中的争议

让与担保作为兼具理论意义与实践意义的热点议题,学术讨论经历了从不接受到逐步厘清本质、倾向接受的过程,在司法实践中也有类似的发展。在2005年我国《物权法》的立法过程中,就已经将"让与担保"专设一章纳入担保物权法体系的草案设想,[25]但在最终出台的《物权法》中,既无让与担保的相关规定,亦无允许"其他具有担保功能的合同"对于非典型担保的兜底条款。这一定程度上导致了早期司法实践中对让与担保的态度偏向保守。但基于让与担保在实践中独特的价值优势,《民法典》出台之前,其在立法上虽然始终未予正名,但在司法实践中已频繁登场于各种商事交易场景中,体现出强大的生命力。一方面,让与担保制度纠纷频发,以"让与担保"为关键词,检索中国裁判文书网中公开的生效裁判文书并进行梳理,可搜索到过万件相关的民事案件。从案件数量上看,与让与担保相关的案件数量呈现逐年大幅上升的趋势,让与担保相关问题已然成为商事审判中的焦点。另一方面,面对立法的缺失,司法实务中对让与担保的性质、效力、实现方式、权利冲突等问题存在较大争议,司法裁判中意见纷呈、尺度不一。为回应让与担保案件的审理需要,最高人民法院先后发布了一系列的指导案例和司法解释,使让与担保的适用在司法实践的土壤中不断发展与成熟。早期的司法解释包括2015年发布的《最高人民法院关于审理民间借贷案件适用法律若干问题的规定》(以下

---

[25] 参见梁慧星:《中国物权法草案建议稿附理由》,社会科学文献出版社2007年版,第674—683页。

简称《民间借贷司法解释》),[26]在2019年最高人民法院印发的《全国法院民商事审判工作会议纪要》(以下简称《九民纪要》)中得到了较为系统的规定,并定型体现于2021年《民法典担保制度司法解释》的相关规定中。

(一)关于让与担保效力认定的争议

1.《九民纪要》前的司法实践

司法裁判关于让与担保的合同和物权效力争议经历了较长的阶段,具有极强的司法裁判性。就合同效力而言,在《九民纪要》颁布之前,关于让与担保的合同效力认定较为混乱,出现同案不同判的情况。支持观点认为除流质、流押条款无效外,让与担保合同有效。反对观点则认为担保合同违反物权法定、流质流押条款及虚伪意思表示而绝对无效。就物权效力而言,尽管债权人形式上享有所有权或者股权,但鉴于其实质上享有的仅是担保物权,大部分法院认为让与担保具有优先受偿的效力,但也有的法院认为根据物权法定主义,让与担保作为一种非典型担保,不具备物权效力。

总而言之,早期司法实践中将让与担保的效力区分为以下三种情况:(1)认定关于让与担保的约定无效,同时否定物权效力(见表3);(2)认定关于让与担保的约定有效,否定物权效力或者不涉及物权效力(见表4);(3)认定关于让与担保的约定有效,同时肯定优先受偿权(见表5)。

---

[26] 《最高人民法院关于审理民间借贷案件适用法律若干问题的规定》(法释〔2015〕18号)第24条,最新版本为《最高人民法院关于审理民间借贷案件适用法律若干问题的规定》(法释〔2020〕17号)第23条。但因该条文2020年版除修改"当事人根据法庭审理情况变更诉讼请求的,人民法院应当准许"外,其他实质性内容没有变化,且近年的司法实践和学术界通常仍使用2015年版规定,故本文仍援引2015年版中的规定。

表3 让与担保无效案例[27]

案件名称	案号	裁判结果
杨某诉杭州某橡胶有限公司担保合同纠纷案	（2009）杭西商初字第2416号	因该种非典型担保形式在债权人未支付对价的情况下约定了所有权的取得，这种物权的取得方式在《担保法》及《物权法》中都未作规定，违反了民法物权法定的原则，应认定无效。
某房地产开发有限公司诉宣某某等房屋买卖合同纠纷案	（2013）杭建民初字第1072号	该行为符合流质契约的要件，应当确认无效。由于我国并未确立让与担保的法律制度，因此，即使本案所涉11份商品房买卖合同符合让与担保要件，根据物权法定原则，两被告基于让与担保而取得的商品房所有权也不符合法律规定，亦应当确认无效。
闵某某诉被告刘某某房屋买卖合同纠纷案	（2014）江宁开民初字第926号	房屋买卖协议不是真实意思表示，只是履行债务担保。双方未将涉案房产办理抵押登记，而是在债务未到期前将房屋过户至刘某某名下，符合让与担保特征，违反物权法定原则，不产生物权转移效力。因无物权转移，双方签订的房屋出租合同书也无法律效力。
谭某某、深圳市某担保投资有限公司二审民事判决书	（2018）粤01民终16763号	买卖双方之间不存在真实的房屋买卖合同关系，故应认定某公司与谭某某签订的《商品房买卖合同》为无效合同。

---

[27] 选取引用的案例为关于让与担保的指导性案例、公报案例、典型案例或者被刊登在《人民司法·案例》等刊物上的经典案例，以及部分具有典型观点的案例（来源于中国裁判文书网），下同。

表 4 让与担保有合同效力、无物权效力案例

案件名称	案号	裁判结果
浙江某置业有限公司与陈某某民间借贷纠纷上诉案	（2014）浙金商终字第 1016 号	双方没有办理他项权证，而采取办理预售登记的方式作为抵押方式，本案借款抵押双方没有办理抵押登记，不能产生排他的法律效力，也不能产生对抵押物优先受偿的权利。
中国农业银行股份有限公司新加坡分行、某银行有限公司清算责任纠纷、保证合同纠纷二审民事判决书	（2018）最高法民终 1353 号	股权质押与让与担保合同在为主债权提供担保的目的上具有一致性，但其二者在担保的设立方式上则存在显著差异。股权质押合同系就股权出质作出意思表示，其并不涉及股权转让即权利转移之约定，故在合同法范畴下认定其效力即可。
湖南省某投资有限公司诉郴州市某房地产开发有限公司、林某某股东资格确认纠纷案	（2019）湘 1002 民初 1299 号	让与担保确实因违反了物权法定原则，没有物权效力。但是根据内外区分原则，让与担保合同的效力不受物权效力的影响。
广西某投资有限公司民间借贷纠纷案	（2021）最高法民再 45 号	因为 2015 年《民间借贷司法解释》第 24 条的规定没有赋予让与担保合同标的物具有物权上的优先性，优先性是排斥和对抗第三人的权利，法无明文规定，让与担保并不能具备物权效力。

表 5 让与担保具有合同效力及物权效力案例

案件名称	案号	裁判结果
丁某某等与福建某投资有限公司等民间借贷纠纷上诉案	（2014）闽民终字第 360 号	让与担保权人取得担保物的财产权，有排除第三人的优先效力，让与担保权人在债务人不履行债务时，可以担保物获得优先受偿。当事人之间的这种股权转让及回购的安排并没有违反法律、行政法规效力性强制性规定、禁止性规定，不侵害他人的合法利益，是有效的，双方当事人均应按协议约定履行义务享受权利。
修水县某投资控股有限公司诉福建省稀有稀土（集团）有限公司等合同纠纷案	（2018）最高法民终 119 号	债务人为担保其债务将担保物的权利转移给债权人，使债权人在不超过担保目的的范围内取得担保物的权利，是出于真正的效果意思而作出的意思表示，不构成虚伪意思表示；而回避流质契约条款可能发生的不当后果，亦可为让与担保实现时清算条款的约定或强制清算义务的设定所避免。债务人未能依约清偿债务的，债权人不得径行取得股权。可以采取案涉让与担保的归属清算型的实现方式。
黑龙江某投资集团有限公司与某钢铁集团有限公司、第三人刘某某民间借贷纠纷案	（2019）最高法民终 133 号	有关让与担保的约定内容真实、自愿、合法，不具有合同无效情形，应为有效合同。对于前述股权让与担保是否具有物权效力，应以是否已按照物权公示原则进行公示，作为核心判断标准。担保权人形式上已经作为担保标的物的股份的持有者，其就作为担保的股权享有优先受偿的权利，更应受到保护，原则上具有对抗第三人的物权效力。
上海某太阳能科技有限公司诉姚某某抵押合同纠纷案	（2019）沪 0115 民初 35978 号	系争协议属于让与担保，合同有效。当事人在债务履行期届满前达成以物抵债协议，若抵债物已经交付债权人，则此种以物抵债转化为让与担保，债权人对抵债物的折价款享有优先受偿权。

2015年《民间借贷司法解释》第24条以"当事人以签订买卖合同作为民间借贷合同的担保"为适用前提，阐明在借款人未清偿到期债务的情况下，出借人不能请求相对方履行买卖合同，也不能请求法院确认其享有买卖合同标的物的所有权。同时为保护当事人间的利益平衡，赋予债权人清算义务，即在债务人未履行裁判文书确定的金钱义务时，债权人可以申请法院拍卖标的物，并以所得的价款清偿债务。该解释回避了对让与担保的合同效力，以及是否可以优先受偿的直接认定，但已经注意到了在这一种交易形式中，清算义务的合理价值和积极作用，也可谓是一个"在路上"的阶段性成果。〔28〕

2.《九民纪要》后的司法实践

《民间借贷司法解释》实施后，由于其对让与担保效力的界定仍模糊不定，实践中不同法院对此仍存在不同的理解与适用。近年来，最高人民法院通过发布指导性案例、公报案例、典型案例等方式，逐步确认了关于让与担保的部分裁判规则。为统一裁判思路，2019年《九民纪要》回应了让与担保在理论界和实务界素有争议和分歧的几个疑难问题，相当于以官方的立场梳理并定型了在司法裁判中部分成熟的裁判观点。一是明确了让与担保合同的效力。指出让与担保的流质流押条款部分无效，但不影响合同其他部分的效力。"形式上转让"强调所有权转让是以手段、担保为目的，通过探究当事人的真实意思表示，以"所有权之名"享有"担保之实"。二是明确让与担保采取登记对抗主义，"未经登记不得对抗善意第三人"。三是明确在完成财产权利变动的情况下，《九民纪要》规定让与担保债权人对财产享有优先受偿权，让与担保债权人不能请求确认财产归其所有，但可以请求对该财产拍卖、变卖、折价偿还债务。《民法典担保制度司法解释》基本延续了《九民纪要》关于让与担保的相关规定。

《九民纪要》的出台，既梳理总结了司法实践中部分案例的说理方

---

〔28〕 辛正郁：《比较法解释的司法运用尝试》，载王利明主编：《判解研究》（2015年第1辑），人民法院出版社2015年版，第13—23页。

式，也为今后认定让与担保效力的三个关键要素提供了方向。第一，"流押流质无效条款"。"事前归属型"让与担保构成流质流押条款，我国《物权法》明确禁止流质流押，以避免债权人趁债务人之危滥用其优势地位，通过压低担保物的价值来获取暴利，破坏公平、等价有偿原则。但是《九民纪要》第71条规定，如果当事人之间未安排清算规则就约定流押流质条款的，仅该部分规定无效，但不影响其他部分的效力，《民法典》第401条延续了该规定精神，即仅认可"清算型"让与担保，不认可"事前归属型"让与担保。

第二，物权法定原则被认定为让与担保无效的根源所在。实际上让与担保合同不违反物权法定原则，因其既未创设新的物权类型，也未新设物权内容，因此与物权法定原则并不冲突。最高人民法院也多次指出，在非典型担保的合同效力认定方面，法院应依合同自由原则认定非典型担保的合同效力，在不违反强行法规及公序良俗的前提下，应当承认让与担保等新类型担保合同的效力。《民法典》第10条规定了习惯法的渊源地位，被视为物权法定缓和的主要标志之一，这也为习惯法意义上的让与担保形式提供了前提基础。《民法典》虽未明确规定让与担保，但第388条将担保合同的范围扩大到具有担保功能的合同，被间接视为让与担保的立法渊源。

第三，关于通谋虚伪表示，以通谋虚伪表示为由认定让与担保无效，欠缺法律依据。在让与担保中，尽管当事人转移所有权的意思旨在实现担保的目的，但确是当事人之间的真实意思表示，如无其他影响其效力的事由，无法将让与担保认定为通谋虚伪表示而判其无效。在诸多司法案例中，法官通过各种方式探究当事人的真实意思表示。如果确有用以担保的目的，法院一般不会认定让与担保是一种虚假的意思表示。

对于让与担保是否具备物权效力，在《九民纪要》后，司法实践中的主流观点以是否完成物权变动为基准，判定让与担保的物权效力。最高人民法院和国家发展和改革委员会《关于为新时代加快完善社会主义市场经济体制提供司法服务和保障的意见》中也明确提出"依据物权变动规则依法认定担保物权的物权效力"。因此，若让与担保已经完成物权变动，则具备作为担保物权的效力。具体来说即动产已经交付债权人，不动产或者股权已经变更登记在债权人名下，债权人就可以参照关于担保物权的法律规定具有优先受偿效力。

3. "后让与担保"优先受偿的效力之争

因"后让与担保"尚未完成物权权利变动公示，在物权层面上本不应享有担保的效力。但是因为《民法典》及相关的司法解释对此并没有明确规定，法院对于"后让与担保"的物权效力和具体适用尚未形成统一的意见。矛盾一是后让与担保合同是否有效、是否可以直接取得标的物的所有权；[29]二是能否依据"后让与担保"优先受偿；三是采用预告登记、占有改定等方式是否构成物权变动等问题。关于后让与担保合同是否有效，主流观点根据2015年《民间借贷司法解释》第24条第1款认定让与合同有效，当事人之间的法律关系是受担保的债权关系，法院应向债权人释明变更诉讼请求。但对于是否具有优先受偿权，有法院认为因为当事人作出将标的物转移给债权人的约定时，标的物并未以交付或者登记的方式进行公示，所以债权人对价金不享有优先受偿权。但也有法院依据2015年《民间借贷司法解释》第24条第2款明确支持优先受偿权（见表6、表7）。

---

[29] 罗某与上海某房地产开发有限公司商品房预售合同纠纷案，上海市第一中级人民法院（2015）沪一中民二（民）终字第1283号民事判决书；福建某房地产有限公司、宁波某商业广场开发有限公司等合同纠纷案，浙江省宁波市中级人民法院（2013）浙甬商终字第447号民事判决书等裁判观点都认为：后让与担保合同一般认定为有效，后让与担保实现时需要对担保物进行清算，不能直接以物抵债。

表6 未支持后让与担保优先受偿的案例

案件名称	案号	裁判结果
胡某某、嘉兴某有限公司民间借贷纠纷二审民事判决书[30]	（2018）浙01民终6943号	预告登记是房屋买卖过程中的物权公示，不属于对担保物权的公示。根据物权法定原则和物权公示原则，该非典型担保方式不具有担保物权的效力，不能对抗第三人，不具有优先受偿的权利。2015年《民间借贷司法解释》第24条并未赋予出借人在该清算程序中享有对抗第三人而对买卖合同标的物拍卖价款优先受偿的权利。
杨某某与赣州市某房地产开发有限公司等借款合同纠纷上诉案	（2017）赣民终585号	网签备案实际上是商品房买卖的公示而非抵押担保的公示，并不具有物权预告登记的公示效力，按照物权法定和物权公示原则，不具有物权效力，不享有优先受偿权。
魏某某与湖州某置业有限公司破产债权确认纠纷	（2017）浙05民终1599号	商品房预售合同登记备案不能产生设定物权的效力。原告无权就其签订《商品房买卖合同》项下的房屋享有优先受偿权。

表7 支持后让与担保优先受偿的案例

案件名称	案号	裁判结果
林某与浙江某置业有限公司、苏某某民间借贷纠纷	（2015）温瓯商初字第1499号	根据2015年《民间借贷司法解释》第24条规定，在债务人未履行裁判文书确定的金钱义务时，债权人可以申请法院拍卖标的物，并以所得的价款优先清偿债务。

[30] 类似因采取预告登记、预售登记等形式不具备优先受偿性的案例还有：浙江某置业有限公司与陈某某民间借贷纠纷上诉案，浙江省金华市中级人民法院（2016）浙民终237号民事判决书；吴某某、湖州某置业有限公司破产债权确认纠纷二审民事判决书，浙江省湖州市中级人民法院（2017）浙05民终1600号民事判决书。因文章篇幅原因不一一列举。

续表

案件名称	案号	裁判结果
林某与嘉兴某有限公司、某印染有限公司民间借贷纠纷	（2016）浙0304民初1037号	根据2015年《民间借贷司法解释》第24条规定，当事人以签订买卖合同作为民间借贷的担保，在借款人未清偿到期债务的情况下，出借人可以申请法院拍卖标的物，并以所得的价款优先清偿债务。

（二）关于让与担保实现方式的争议

司法实践中的主流观点认为让与担保必须经过清算，且清算方式主要分为两种：一种是归属清算型，即协议以担保财产折价，规定于《民法典》第410条。另一种是处分清算型，指的是《民法典》第436条第2款中规定的由拍卖变卖担保财产取得价款。适用归属清算型还是处分清算型，原则上应遵从当事人约定。但《民法典》中并未进一步规定在当事人无约定时该以何种方式实现让与担保权利。让与担保的制度本意是为了避免烦琐的清算程序，减少法院交易程序的纷繁复杂，尽快实现物的交换价值。由此来看，在这两种方式中以归属清算型为原则更能达到目的，甚至有待于在完善登记制度的前提下放开"事前归属型"让与担保，〔31〕但在当前的制度框架内，完全放开仍存在相当大的制度隐患，故仍待在司法实践和制度完善中观察。

此外，正如相关专家在全国法院民商事审判工作会议上指出的，《物权法》流押流质的规定在否定"事前归属型"让与担保的同时，也为"清算型"让与担保指明了方向。〔32〕《九民纪要》第71条规定，合同如果约定债务人到期没有清偿债务，财产归债权人所有的，人民法院应当认定该部分约定无效，但不影响合同其他部分的效力。《民法典》第401条和第428条进一步规定，即使当事人之间约定了流押流质，担保权人也仅能

---

〔31〕 已有学者提出，应放开流质流押规定，参见孟强：《〈民法典物权编〉应允许流质流抵》，载《当代法学》2018年第4期。

〔32〕 参见刘贵祥：《关于人民法院民商事审判若干问题的思考》，载《中国应用法学》2019年第5期。

就担保财产优先受偿,部分调整了原本《物权法》"禁止流押流质"的规则。这明确认可了"清算型"让与担保的合法性,在完成公示的前提下,承认债权人的优先受偿权,并参照适用与之最相似的担保物权规则,处理让与担保的权利实现问题。从立法目的来看,法律禁止流质流押条款的目的在于避免债权人利用该条款实现暴利,导致债权人和债务人利益失衡,而清算程序的作用正体现在,通过清算可以认定担保标的物的真实价值,通过"多退少补"寻求当事人之间的利益平衡。因此,让与担保有效实现的关键在于让与担保权人是否负有清算义务。司法实践中也以当事人之间是否存在清算规则作为重要标准,判断合同和物权设立的效力。

综上所述,让与担保有着诸多面向(如"让与担保"与"非让与担保","事前归属型"让与担保与"清算型"让与担保),各类面向均存在一定的弊端和风险。传统的弊端与风险论体现为让与担保对物权法定主义的破坏和对虚假意思表示的纵容,但是这两类观点已经得到理论和实践的澄清,并在《九民纪要》中先予明确。在《民法典》及其司法解释中,传统的"先让与担保"及"清算型"让与担保的效力已经得到明确承认。但是真正的弊端和风险仍然存在,主要体现为因"事前归属型"担保可能存在流押流质条款,而致使债权人实现暴利,"后让与担保"中未能及时公示担保标的物的归属导致善意第三人的利益损害等,司法实践中对"后让与担保"优先受偿效力的认定也不一致。这些存在的弊端和风险,或许系让与担保整个制度体系进入《民法典》的重要阻力之一,仍待在司法实践中进一步摸索梳理出成熟规则。

三、规范进路:让与担保立法路径的类型与评价方法

如果说因为"后让与担保"等形式在理论和实践中尚存在争议,而采用了部分承认的路径,那么对于"先让与担保""清算型"让与担保这些已经比较成熟的规则而言,为什么不在《民法典》中直接引入确定,而是在《民法典担保制度司法解释》中予以规定?从让与担保在《民法典》及其司法解释中的规定来看,《民法典》第388条第1款规定:"设立担

保物权，应当依照本法和其他法律的规定订立担保合同。担保合同包括抵押合同、质押合同和其他具有担保功能的合同……"虽未明文规定让与担保，但是通过拓展担保合同的范围，通说认为为让与担保留下了制度空间。最高人民法院民法典贯彻实施工作领导小组编写的《中华人民共和国民法典物权编理解与适用（下）》中指出，此处"其他具有担保功能的合同"包括让与担保合同等。[33]与《民法典》配套推出的《民法典担保制度司法解释》第68条，沿用了《九民纪要》的相关规定，明确了让与担保的具体适用规则，实质上以司法解释的层级形式解决了长期困扰司法实践的难题，为各级法院审理案件提供了统一的裁判尺度。值得注意的是，相较于《民法典担保制度司法解释》有关其他非典型担保的规定，都明确指出了适用的非典型担保类型的名称，[34]第68条仅仅阐明让与担保所适用的一般情形与规则，甚至没有明确将这一情形称为"让与担保"。对于"后让与担保"是否也属于一种非典型担保物权，是否具有物权效力，《民法典》及其司法解释并无实质性的规定。

从法教义学的角度分析，拉伦茨在《法学方法论》中指出，法律概念的界定和适用并不限于"三段论"式的形式逻辑的思考操作，在更多情形下使用的是类推适用，这是一种评价性的思考过程。这意味着法律概念或者法律条文并非"全有全无式"的规定。结合立法的目的、价值和原则，可以分析对法定评价具有重要意义的法定构成要件。尤其是在传统概念无法直接涵摄的边缘情形（事实）下，可以通过类型方法判断特定事实是否属于法条所设定的类型范围。在让与担保的制度场景下，类型与评价方法则是指代：通过分析解构传统担保法律适用下，已通过法价值综合评判的类型要素，探究让与担保在当前的法律框架中是否具有适用的可

---

[33] 最高人民法院民法典贯彻实施工作领导小组主编：《中华人民共和国民法典物权编理解与适用（下）》，人民法院出版社2020年版，第995页。

[34] 《最高人民法院关于适用〈中华人民共和国民法典〉有关担保制度的解释》（法释〔2020〕28号）第64—68条。第64条指出：在所有权保留买卖中；第65条指出：在融资租赁合同中；第66条指出：同时存在保理、应收账款质押和债权转让；第67条指出：在所有权保留买卖、融资租赁等合同中。

能性。[35]

以传统的抵押权为例，我国的抵押担保法律关系可以解构为以下几个要素：（1）具有真实有效的债权债务关系；（2）抵押权担保并从属于该特定债权债务关系；（3）抵押合同与债权债务合同是事前约定的；（4）公示公信原则（登记生效主义或登记对抗主义）；（5）主体为抵押权人和抵押人；（6）债务到期债务人不履行时抵押权人可以通过拍卖、折价、变卖所得价款优先受偿；（7）禁止流质流押。可以看出传统的不动产抵押权是在"意思自治""交易效率""交易安全""交易秩序公平"中作相应的衡量与平衡，法律既要通过"意思自治"激励市场主体自由交易，提高"交易效率"以实现"帕累托效率最优"，同时又要保证不能损害市场交易中的第三人，例如其他债权人以及抵押人的利益。

当前《民法典担保制度司法解释》和《九民纪要》所规定的规则确定的让与担保的要素可体现为：（1）让与担保的流押条款无效，但不影响合同其他部分的效力。（2）让与担保采取登记对抗主义，"未经登记不得对抗善意第三人"。（3）在完成财产权利变动的情况下，《九民纪要》明确规定让与担保债权人对财产享有优先受偿权，让与担保债权人不能请求确认财产归其所有，但可以请求对该财产拍卖、变卖、折价偿还债务。这些规则实际上就是传统抵押权的类推适用，通过解构让与担保中的合理要素，设定合理的规则，而不是采取"全有全无式"的涵摄方法。因此，通过法学方法论中的类型与评价方法，让与担保制度部分规则本身就隐藏于已有的法律体系的框架中，可以通过传统法律规则进行类推适用。这意味着，即使立法没有进行明确规定，法官也可以通过适用现有的规范体系评价让与担保。因此，《民法典担保制度司法解释》等司法解释或者司法解释规范性文件在此起到的是填补法律漏洞的作用。

但是，对于"后让与担保"而言，由于"后让与担保"并未设立登记，在司法实践中其更多是采取预告登记（预售登记）的方式设立，相对

---

[35]　[德]卡尔·拉伦茨：《法学方法论》，陈爱娥译，商务印书馆2004版，第258—261页。

于已经实现所有权转移的让与担保而言,"后让与担保"采取预售登记或者预告登记的确定性和对外公示效力较弱,因为预售登记甚至预告登记在传统意义上不具有物权效力,只具有对外的对抗效力,而且这种登记并不排除担保人继续基于同一物对外担保。当然,通过合同约定债务人无法偿还债务时,债权人获得让与物的所有权属于流质条款而被排除。因此,《民法典》没有对"后让与担保"进行相关的规定,因为"后让与担保"与传统的抵押权具有不同的构成要素,而这种构成要素可能会影响交易的秩序与安全。这可以视为立法上"有意的沉默",并不能通过类推方式来填补法律漏洞,也不得借助司法裁判来创设这种法律制度到现行法秩序中,而只能通过新的法律规则的引入填补。

综上所述,让与担保在《民法典》及其司法解释中的确立路径是层层递进的,将《民法典》第388条中"其他担保功能的合同"按照法条的规范意思解释,理解为设立担保物权的合同。[36] 让与担保合同是"其他担保功能的合同"中的一种类型,即承认了让与担保合同作为设立担保物权的合同效力,进而可以认定让与担保是一种非典型担保。并进一步在《民法典担保制度司法解释》中规定,让与担保作为一种非典型担保可以"参照适用"明确规定的抵押合同以及质押合同的效力规定,因而债权人可以获得相较于一般债权人的优先受偿权。[37] 这实际上意味着,对于让与担保的规制思路,其实是在一整个担保物权乃至整个物权法的体系框架下评价的,其规则系类推适用已有的相关规定。正如有学者指出:"非典型担保系相对于典型担保而言,实际上是类型。"最高人民法院出台司法解释,针对概括描述下的非典型担保设置规则,或是细化、明确《民法典》中已有的规定,或是填补法律漏洞,具有积极意义。[38]

---

[36] 崔志远:《中国民法典释评〈物权编下册〉》,中国人民大学出版社2020年版,第321页。

[37] 《最高人民法院关于适用〈中华人民共和国民法典〉有关担保制度的解释》(法释〔2020〕28号)第68条。

[38] 崔建远:《对非典型担保司法解释的解读》,载《法治研究》2021年第4期。

四、法典化过程中让与担保立法路径的反思与展望

在《民法典》出台之前,多年来有关让与担保的规则是通过司法解释、司法规范性文件规定的。然而,由于实践中存在大量的需求,在某种程度上,使得有关让与担保的司法解释、司法规范性文件在事实上成为法律渊源实为无奈之举。基于《民法典》"编纂"的定位,我们期待关于让与担保的司法解释在法典化的过程中与《民法典》相衔接,并作为一项完整、系统的制度在《民法典》中规定,从而能够定分止争。但《民法典》并未在立法上正面规定让与担保制度,而是通过迂回的路径确定了让与担保的适用规则。在以上部分的分析后,如何进一步分析和解释法典化的过程中让与担保这一立法路径背后的理论逻辑与价值判断?正如萨维尼在面对19世纪初制定德国民法典时提出"在没有法典处,吾人所当何为",[39] 这一疑问同样存在于法典化时代的当代中国。

(一)法典化过程中让与担保立法的保守倾向

让与担保制度这一极具争议性又富有特色的立法实践,实质上体现了法典趋于保守的价值观念。在法典化的过程中,当让与担保这一类颇有争议的命题面对有期限的民法典编纂任务时,尤其是当编纂民法典分则时,已经直面"到2020年完成整个民法典编纂工作"的时间表倒排压力,[40] 往往会选择侧重传统、承认已有秩序的价值倾向。[41] 早期让与担保的入物权"法"失败的历程,使得让与担保无"法"可依,实质上反映了立法者对有可能破坏物权法定主义原则和法律体系性的新制度兴起的谨慎态度。时至2019年,在12月16日公布的《民法典》的草案稿中,对让与担保等非典型担保仍然未作任何规定,实质上依然是选择了搁置争议。促进让与担保得到间接承认的关键因素,或许是优化营商环境的要求,以及促进融资、消除隐形担保风险的实际需求。当现实要求满足以上公共政策需

---

[39] [德]萨维尼:《论立法与法学的当代使命》,中国法制出版社2001年版,第82页。
[40] 董学立:《民法典分则编纂建议——意定"动产担保物权法"部分》,载《法学论坛》2017年第6期。
[41] 魏磊杰:《论民法典的保守性》,载《甘肃政法学院学报》2011年第3期。

求，但此时让与担保并不具备作为一整个制度体系进入《民法典》的充分条件时，立法者对于让与担保选择的是一条中立、渐进的立法道路，中立意味着并没有采取全盘构建或者全盘否定的模式，渐进则是从立法与改革的角度来看，让与担保制度尚不能完全建构，许多实际问题仍待在适用中解释填补，如让与担保配套的统一公示制度、外部法律关系的效力、担保权人与设定人对标的物的处分权限等问题，都与《民法典》中其他规则的设置息息相关，又如现有的公示制度、对流押流质条款的设定等。在现有其他规则难以整体变革时，让与担保尚不具备整体进入《民法典》的客观条件。

具体而言，在立法模式上，是追求立法上的创新与突破，如像"超级抵押权"一样直接入典，还是沿用成熟一条制定一条的"摸着石头过河"的方式？有学者在编纂民法典分则之际提出，对于现有动产担保物权法制的编纂有两条路径，一是"动小手术"，通过立法修补和司法解释，来弥补现有法律的不足；二是"动大手术"，立足中国实际，引入一元化动产担保物权结构体系。[42]面临让与担保这一极具争议性的命题时，一旦全盘引入，不仅是对担保物权种类的重新定义，而且意味着对物权公示、登记程序等基本制度体系的同步重构。还意味着需要评价是否可以将"先让与担保"和"后让与担保"作为一个完整的让与担保制度体系确定，实现方式是选择"归属型"还是"清算型"？因为担保物权是一种限定物权，而"归属型"让与担保则意味着其是一种"完全所有权"，[43]与既有的物权法体系不相匹配，"后让与担保"也不符合物权公示性的基本原则。在已有秩序的价值考量下，能否一步到位，立法者持非常谨慎的态度。在"非增加不可的才可以增加，非删除不可的才可以删除，非修改不可的才

---

[42] 董学立：《民法典分则编纂建议——意定"动产担保物权法"部分》，载《法学论坛》2017年第6期。

[43] 胡绪雨：《让与担保制度的存在与发展——兼译我国物权法是否应当确认让与担保制度》，载《法学杂志》2006年第4期。

可以修改"的编纂原则的指导下，[44]没有选择轻易构建一个新的制度体系，而是选择在司法解释中限定了在实践和理论中已渐趋成熟、争议较小的让与担保规则，减少法典适用的风险。这也在一定程度上反映了维护既有物权法体系的保守倾向，以及对平衡债权人与债务人的利益、保护善意第三人利益等既有原则观念的坚守。

进一步来说，"法典化立法的最大特点是成体系、系统性强"。[45]在立法技术上，《民法典》正是以一种体系化的思维建构让与担保的相关规则。在法典编纂过程中，为了构建《民法典》严谨科学、协调一致的体系结构，通过将让与担保纳入"非典型担保"大类中，以填补漏洞、完善司法解释的方式，类推适用担保物权的规则，达到相同的制度效果，即得以优先受偿。有学者指出，因为让与担保本质上需以担保目的来控制交易风险，并部分阻却民法一般规则的适用，但是现有公示制度的存在，使这一操作平台难以建立。所以让与担保的存在和实现是在民法的一般规则下进行的，不以物权法典的特殊规定为条件。[46]

（二）后法典化时代让与担保的范式转换

"在已有法典处，吾人所当何为。"[47]一方面，随着我国全面深化改革向纵深推进，经济社会加速变化，结合新的经济社会发展状况及新时代的改革发展需求，现实中让与担保的形式层出不穷，法律难以穷尽所有让与担保的情形。比如，频繁出现的股权让与担保，商品房买卖合同、金融借款合同、融资租赁合同纠纷中的让与担保等各种情形。加之让与担保往往有很多权利外观包裹，案由多样，涉及的法律关系复杂。不断变化新

---

[44] 梁慧星教授在2016年7月16日召开的民法典分则编纂研讨会主题发言中提出，我国的民法典分则编纂是在现有立法的基础上，按照体系化、逻辑化的要求进行编纂，而不是毫无基础的全新操作或重新操作，转引自董学立：《担保物权法编纂建议》，载《山东大学学报（哲学社会科学版）》2017年第6期。

[45] 黄薇：《民法典的主要制度与创新》，载《中国人大》2020年第13期。

[46] 张翔：《物权法典规定让与担保的可行性质疑——从让与担保的交易机制出发》，载《法商研究》2006年第2期。

[47] ［德］萨维尼：《论立法与法学的当代使命》，中国法制出版社2001年版，第100页。

生、纷繁复杂的纠纷情形，对当事人真实意思表示的探究，加剧了让与担保在适用成文规则时的困难。面对不断变化的外部环境，让与担保难以追求在法典文本中规定所有情形的裁判，客观上使得对其的解释与判定更依赖于法官自由裁量的权力，从让与担保一直以来的司法实践案例也可以看出，由法官更有创造性地解释法律，有利于在实质上创制新规和实现让与担保的制度目标。

另一方面，让与担保制度起源于市场交易实践，并在司法实践和学理研究的发展中，一步步走进了法律渊源，存在独立价值却又备受争议。在未来的市场经济发展中，深化改革开放要求探索并发展有助于经济发展的担保形式，让与担保作为融资的重要手段，碍于法律的滞后性，通过司法解释进行探索更具效率性。司法解释面向现实的社会纠纷与司法裁判，在立改废程序上也更具有灵活性，试错成本比直接立法低。借助司法解释探索行之有效的让与担保规则，再将其上升到法律中，对于中国的市场经济制度完善与发展可能更具意义。在这个意义上，民法典时代的让与担保，只是刚刚站在起点上，《民法典》中规定的概括性法律为法律的解释和适用留下了空间，需要在司法实践中不断成熟发展，而立法机关在某种程度上，是对司法中已经成熟的好的做法的总结者，总结让与担保在司法实践中存在的问题及行之有效的运行规律。让与担保的法典化并不意味着让与担保制度的定型，后民法典时代，让与担保成熟的制度体系有待进一步在司法实践中试验性地归纳探索，在推动上游立法与下游司法之间的互动中[48]实现让与担保的范式转换，从而兼具"面向过去的守成能力和面向未来的拓新能力"。[49]

---

〔48〕 魏磊杰：《历史与国际比较视野下的中国民法典编纂》，载《文化纵横》2016年第5期。
〔49〕 瞿灵敏：《从解法典化到再法典化：范式转换及其中国启示》，载《社会科学动态》2017年第12期。

清代未成年人犯罪刑事责任追究模式探究

白 阳[*]

摘要：《大清律例》"老小废疾收赎"条中对未成年人的相关规定并不等同于刑事责任年龄，而仅仅是基于优恤的考量在量刑上予以减免的措施。清廷并不否认未成年人的刑事责任能力，将未成年犯罪者纳入定罪的范围之中，但在量刑时则呈现一定程度的"恤幼"精神。随着例文的修订，这种恤幼范围受到限制，适用条件也逐渐严苛，故而清代对于未成年人犯罪的刑责追究方式表现为"客观追责＋相对恤幼"模式。

关键词：未成年人　刑事责任追究　恤幼　理曲逞凶

---

[*] 白阳，法学博士，上海政法学院法律学院讲师。

基于"恤刑"理念的影响，中国传统法律对于涉及"未成年人"犯罪的情形曾设立专门的规定，从而减免其刑罚。如唐律中规定："诸年七十以上、十五以下及废疾，犯流罪以下，收赎。犯加役流、反逆缘坐流、会赦犹流者，不用此律；至配所，免居作。八十以上、十岁以下及笃疾，犯反、逆、杀人应死者，上请；盗及伤人者，亦收赎。有官爵者，各从官当、除、免法；余皆勿论。九十以上，七岁以下，虽有死罪，不加刑；缘坐应配没者不用此律。"[1] 由此可知，唐代法典中已明确区分了15岁至11岁、10岁至8岁、7岁及以下三个年龄段，对于不同情形作出免罪、上请、收赎等相应的减免规定。

此种规定容易使人联想到"刑事责任年龄"的问题，已有研究也大多聚焦于分析其与近代西方概念中"刑事责任年龄"的含义或同或异。不过，如果不纠结于"是/否"或"有/无"的问题，而是从其发挥的功能出发，重新审视中国传统社会中对于未成年人犯罪的处罚理念与运行模式，或许能够带来更多有益的思考。

以清代为例。清代以16岁作为成丁年龄，15岁及以下未成丁者，则被认定为"年未及岁"，即类似于今天所称的未成年人。清代法典基本沿袭了唐律中的规定，而对于8岁至15岁的未成年人犯罪的规定则又有所变化。那么，在清代，未成年人在何种情形下需要被追究刑事责任？在追究刑责的同时，清廷又通过何种方式、在何种程度上达到"恤幼"之目的？换言之，清代未成年人犯罪的刑事责任追究模式到底呈现为何种样态？其对我们今天的刑责模式又有何种参考？

一、清代未成年人犯罪的"客观追责+恤幼"模式

各国对于未成年人犯罪的刑责追究模式并不相同。例如，大陆法系国家大多采取"个案认定"模式，即首先设定最低刑事责任年龄，排除该年龄之下未成年人的刑事责任，继而不否定该年龄之上未成年人的刑事责任

---

[1] 刘俊文：《唐律疏议笺解》，中华书局1996年版，第298—310页。

能力，赋予法官自由裁量权，由法官对具体个案中未成年人的辨认和控制能力予以认定，从而确定是否追究其刑事责任。与此不同，英美法系国家则采用"恶意补足年龄"模式。其先否定未成年人的刑事责任能力，即默认未成年人一般不具备相应的认知能力，但如果能够证明该未成年人在犯罪时存在"恶意"，具备和成年人同样的辨认能力和控制能力，则可推翻默认的假定前提，剥夺其未成年人的身份，而将其当作成年人来追究刑事责任。[2]

不论是大陆法系的"个案认定"模式还是英美法系的"恶意补足年龄"模式，其均注重考察未成年人的自由意志，即通过判断未成年人犯罪时是否能够运用理性辨别是非善恶、理解法律含义、明知行为后果，从而确定是否对其追究刑事责任。因此，一旦认定未成年人犯罪时不具备相应的认识能力，则其行为不构成犯罪，也就无须受到刑法追责。

然而，清代追究未成年人犯罪刑事责任的模式却呈现出不同的特征。相关规定主要见诸《大清律例》"老小废疾收赎"条："凡年七十以上，十五以下，及废疾，犯流罪以下，收赎。八十以上，十岁以下，及笃疾，犯杀人应死者，议拟奏闻，取自上裁；盗及伤人者，亦收赎；余皆勿论。九十以上，七岁以下，虽有死罪不加刑；其有人教令，坐其教令者；若有赃应偿，受赃者偿之。"[3] 从该条内容可知，其基本继承了唐律中的相关规定，但其体现出的追责模式并非以未成年人具有自由意志作为追究刑事责任的标准。

根据上述规定，未成年人是和老人、残疾人放在同一情境下予以考量的，亦即清廷基于优恤的精神，在量刑时对这三类人予以相应减免。这也就意味着，清廷并未对未成年人作出否定其刑事责任能力的专门规定，相反地，其更像是肯定了未成年人的刑事责任能力，即所有违反清律之人都被视为犯罪，只是在量刑时需要考虑其未成年人这一因素而适当减免。在

---

[2] 参见姚建龙：《不教而刑：下调刑事责任年龄的立法反思》，载《中外法学》2023年第5期。

[3] 《大清律例》，田涛、郑秦点校，法律出版社1999年版，第106页。

量刑时，清廷是区分不同年龄段、考量罪行轻重予以优恤的。具体而言，对于 7 岁以下的儿童犯罪，在案件审理完毕后，可以依照法律规定免除其刑罚。例如，有一起 6 岁儿童戳死 9 岁少年的案件，最终该案判决为依律免罪，并向皇帝声请；[4] 而对于 8 岁至 10 岁的未成年人，如果触犯了杀人罪应当被判处死刑的，要向皇帝奏报，由皇帝作出优恤的裁决；如果触犯了盗罪或伤人的，则在定罪量刑后，适用收赎来抵免其刑罚。至于其余罪行，律条同样给予免于刑罚的优待。之所以对杀人、盗、伤人这三类犯罪不予免刑，律注对其的解释为："谓既侵损于人，故不许全免，亦令其收赎。"[5] 由此可以看出，8 岁至 10 岁的未成年人做出违反清律的行为并非不是犯罪，而是在量刑时根据罪行轻重给予不同的减免政策：一般犯罪可以免除刑罚，杀人、盗、伤人由于对他人造成了实质损害，故而不能完全免除刑罚，而是在确定刑罚后通过收赎予以优恤。因此可得到印证：清廷是明确肯定了未成年人的刑事责任能力的，只是在量刑方面予以优恤而已。至于 11 岁至 15 岁的未成年人的优恤则主要针对应当处以流刑及流刑以下的案件，可以适用收赎，而死罪案件则和成年人一样定罪量刑。

鉴于清廷是在肯定未成年人刑事责任能力的基础上对其适用优恤手段予以减免刑罚，笔者将这一刑事追责模式称为"客观追责＋恤幼"模式。

二、因案生例：对于未成年人犯罪优恤的调整

"老小废疾收赎"条确定了清代对于未成年人犯罪的基本刑责模式，且"客观追责"的原则始终未曾动摇。不过，有关"恤幼"的范围则通过例文的设置而发生了变化。

例如，《大清律例》"强盗"条后有如下例文："凡情有可原之伙盗内，如果年止十五岁以下，审明实系被人诱胁随行上盗者，无论分赃与不

---

[4] （清）祝庆祺：《刑案汇览》（第四卷），"六岁戳毙九岁题请免罪"，载《刑案汇览全编》，法律出版社 2007 年版，第 298—299 页。

[5] 《大清律例》，田涛、郑秦点校，法律出版社 1999 年版，第 106 页。

分赃，俱问拟满流，不准收赎。"[6] 显然，该条例文打破了"老小废疾收赎"条律文所规定的内容。原本不论是 8 岁至 10 岁的儿童，还是 11 岁至 15 岁的少年，若因伙盗被判处流刑的，都可以适用收赎予以优恤。但按照这条乾隆四年（1739 年）的定例规定，则在此类案件中，对未成年人不再适用收赎，而直接处以杖一百、流三千里的刑罚。之所以作出此种修改，是为了加重对盗罪的打击："以此等年幼为盗之人，仍得安居故土，无所惩警，于法未免太轻，改定此例。"[7]

然而，对于未成年人犯罪恤幼范围更为重要的调整则体现在有关未成年人致毙人命案件的例文中。对此，已有研究已经进行了相应的分析。[8] 为了进一步体现例文内容对恤幼范围的变化过程，本文仍然引用相关材料予以详述。

在未成年人致毙人命的案件中，"丁乞三仔"案、"刘縻子"案等案件的最终判决在皇帝的授意下先后被作为可以援引比附的先例，进而被修订为"老小废疾收赎"条后的例文。

雍正十年（1732 年）五月，一起未成年人致毙人命的案件引起了雍正帝的注意。该案凶手为年仅 14 岁的丁乞三仔，因挑土时丁狗仔故意欺负他，不仅让他挑运重筐，还用土块向其掷打，他因而拾起土块还击，结果打中了丁狗仔的小腹致其殒命。原本该案依律应当判处丁乞三仔绞监候，而由于其年已十四，故而不能适用优恤政策予以减免刑罚。但雍正帝却下旨减轻了其刑罚："丁乞三仔情有可原，着从宽免死，照例减等发落，仍追埋葬银两给付死者之家。"[9]

由于雍正帝认为该案案犯丁乞三仔"情有可原"，故而直接将其从死

---

[6]　《大清律例》，田涛、郑秦点校，法律出版社 1999 年版，第 384 页。
[7]　胡星桥、邓又天主编：《读例存疑点注》，中国人民公安大学出版社 1994 年版，第 425 页。
[8]　参见景风华：《"矜弱"的逻辑：清代儿童致毙人命案的法律谱系》，载《法学家》2017 年第 6 期。
[9]　（清）吴坛编纂，马建石、杨育棠主编校注：《大清律例通考校注》，中国政法大学出版社 1992 年版，第 267 页。

刑减为流刑，从而使其可以依据"老小废疾收赎"条的规定适用赎刑。然而，这并不意味着"恤幼"的范围能直接扩大到15岁以下犯死刑的未成年人，因为其适用的关键并非年龄，而在于其被人欺负、被迫还击，属于"情有可原"。乾隆十年（1745年）九月，15岁的熊宗正殴伤熊健侯致死一案引发了朝堂的争论。最终，经过九卿议复，明确了未成年人杀人案件适用"丁乞三仔"案减等处置的前提："嗣后凡遇十五岁以下杀人之犯，该督抚查明，实与丁乞三仔情罪相符者，援照声请，听候上裁。"[10]

然而，怎样才算情罪相符？该条例并未给出明确的标准。直到乾隆四十四年（1779年）"刘縻子"案才引发了例文的进一步修改。该案中，年仅9岁的刘縻子向与其同岁的李子相讨要葫豆，李子相不肯给，刘縻子便殴打李子相，致使其摔跌身死。根据律文的规定，该案奏报皇帝后，由皇帝决定优恤的裁决，即所谓"议拟奏闻，取自上裁"。但乾隆帝接到刑部的奏报后却感到异常愤怒，他指出："今刘縻子所殴之李子相，同系九岁；且刘縻子因索讨葫豆不给，致将李子相殴跌，其理亦曲。若第因其年幼辄行免死，岂为情法之平？况九龄幼童即能殴毙人命，其赋性凶悍可知，尤不宜遽为矜宥。"因此，乾隆帝非但没有对刘縻子予以优恤，反而对8岁至10岁"犯杀人应死者"的含义予以"限缩解释"："所指十岁以下犯杀人应死者，或系被杀之人较伊年长，强弱不同。如丁乞三仔之案，自可量从末减。"换言之，按照乾隆帝的理解，8岁至10岁犯杀人罪而应当处以死刑的儿童，并非全部可以得到优恤，而是需要考量年龄差距、是否理曲等因素来进行判断。进而，乾隆帝命令刑部制定专门的规定设定对未成年人适用优恤的条件。刑部根据乾隆帝的意思制定了新例："十岁以下斗殴毙命之案，如死者长于凶犯四岁以上，准其依律声请。若所长止三岁以下，一例拟绞监候，不得概行声请。至十五岁以下，被长欺侮殴毙人命之案，确查死者年岁，亦系长于凶犯四岁以上，而又理曲逼凶，或无心

---

[10] （清）吴坛编纂，马建石、杨育棠主编校注：《大清律例通考校注》，中国政法大学出版社1992年版，第267页。

戏杀者，方准援照丁乞三仔之例声请，恭候钦定。"[11]

根据这一条例，原本8岁至10岁犯杀人罪应当被判处死刑的儿童，并非立即适用律文中"议拟奏闻，取自上裁"的规定，而是要依照杀人者与被害者之间的年龄差距来区分不同情形。具体而言，如果死者比凶手年长在4岁或4岁以上的，可以依照律文予以声请优恤；但如果死者比凶手仅仅年长不到4岁，甚至比凶手小的，则不再适用律文的规定予以优恤，而是依照成年人的规定处以绞监候。

与此同时，该条例也明确了适用"丁乞三仔"案予以减等优恤的条件，亦即11岁至15岁的未成年人致毙人命案件要想参照"丁乞三仔"案获得减等优恤，则需具备以下两个方面的条件才构成"情有可原"：其一，该未成年凶手在年龄上需比死者小4岁或4岁以上；其二，凶手或是遭到死者恃强凌弱、理曲逞凶而被迫反击，或是其并无杀人故意而是戏杀毙命。

此外，上述例文中"十岁以下斗殴毙命之案"原本是指8岁至10岁未成年人致毙人命的案件，并不包括7岁以下的儿童。但有的官员在适用该条例时误会了例文的含义，试图将其也适用于7岁以下儿童致毙人命的案件。因此，嘉庆十一年（1806年），清廷进一步明确了例文的适用范围，从而形成了如下条例：

"七岁以下致毙人命之案，准其依律声请免罪。至十岁以下斗殴毙命之案，如死者长于凶犯四岁以上，准其依律声请，若所长止三岁以下，一例拟绞监候，不得概行双请。至十五岁以下被长欺侮，殴毙人命之案，确查死者年岁亦系长于凶犯四岁以上，而又理曲逞凶，或无心戏杀者，方准援照丁乞三仔之例声请恭候钦定。"[12]

---

[11]（清）吴坛编纂，马建石、杨育棠主编校注：《大清律例通考校注》，中国政法大学出版社1992年版，第267页；（清）吴坤修等编纂，郭成伟主编点校：《大清律例根原》，上海辞书出版社2012年版，第142—143页。

[12]（清）吴坤修等编撰，郭成伟主编点校：《大清律例根原》，上海辞书出版社2012年版，第144页。

三、"客观追责"模式下的"相对恤幼"

从上述条例的规定可以看出,清代对于未成年人犯罪的基本法律框架并未发生本质改变,仍然遵循"客观追责"模式。但是,通过条例的修订,有关"恤幼"的适用情形却发生了明显的变化,呈现出范围缩小、条件严苛的特征。笔者将此种对未成年人犯罪的刑责追究方式称为"客观追责+相对恤幼"模式。

诚如前文所述,根据条例的规定,强盗犯罪中因伙盗被判处流刑的未成年人不得依据"老小废疾收赎"条适用收赎;而对于未成年人致毙人命案件,8岁至10岁犯杀人罪应当被判处死刑的儿童,如果年龄小于死者4岁以内,甚或比死者年龄大的,则也不能适用律文的规定予以优恤,而是直接处以绞监候。因此,条例的规定使得优恤的范围明显缩小,从而反映出清廷限制优恤适用的目的。

另外,尽管11岁至15岁的未成年人致毙人命案件可以参照"丁乞三仔"案获得减等优恤的机会,但并不意味着优恤范围的普遍扩大。由于条例设置了严苛的适用条件,故而只有完全符合要求的个别案件才能真正得到优恤的待遇。具体而言,在比照"丁乞三仔"案予以减等优恤时,条例要求作为杀人凶犯的未成年人处于"绝对"弱势的状态,亦即既在自身年龄上处于弱幼——凶手小于15岁,又在相对年龄上处于弱势——凶手比死者起码小4岁,还在情势上居于下风——死者明明"理曲",却对凶手有恃强凌弱的情节。[13]

的确,在一些未成年人致毙人命案件中,凶手被认为完全符合条例要求后得到了优恤。例如,嘉庆年间的一起案件中,杨继敞与杨学全两人碰拳戏耍,杨继敞在指缝内藏了竹片,导致杨学全与其碰拳嬉闹时划伤右手中指。杨学全十分气愤,对杨继敞破口大骂,并将其殴伤。杨继敞哭喊,杨学全便用手将其嘴捂住。情急之下,杨继敞拿起裁纸小刀向后戳去,想

---

[13] 参见景风华:《"矜弱"的逻辑:清代儿童致毙人命案的法律谱系》,载《法学家》2017年第6期。

要吓唬杨学全，以便挣脱。但此举恰好戳中杨学全，使其殒命。该案中，杨继敞只有12岁，而杨学全已经16岁了，杨继敞比死者小4岁；同时，对于杨学全殴打捂嘴的行为，刑部认定为"恃长欺劫"。因此，可以依照条例的规定，比照"丁乞三仔"案予以减等优恤，亦即可将杨继敞减为杖一百流三千里，并适用收赎。[14] 与之类似，另一起案件中，年仅14岁的邹寅娃向32岁的李荣仁索讨工钱，却被李荣仁谩骂殴打。邹寅娃在情急之下同样取出随身携带的小刀"吓戳"脱身，结果导致李荣仁受伤身死。刑部在认定该案时指出："查邹寅娃年甫十四，李荣仁年已三十二岁，其强弱已自不同。李荣仁因嗔邹寅娃逼讨工价，即向嫚骂，并赶拢扭住发辫；实属理曲逼凶。邹寅娃恐被殴打，情急拔刀吓戳，适伤致毙，核与被长欺侮应行声请之例相符。"[15] 因此该案中的邹寅娃也可依照条例予以减等优恤。

然而，仍有大量未成年人致毙人命的案件因为不完全符合条例所规定的情形而被拒绝比照"丁乞三仔"案予以优恤。其中，对于死者"理曲逼凶"的认定显得尤为严格。

在凶手小于15岁且比死者至少小4岁，即自身年龄与相对年龄都符合条例规定的前提下，若想要比照"丁乞三仔"案予以减等优恤，首先要考察死者是否理曲。如果死者并非理曲，自然不能适用条例判决。例如，在嘉庆年间的一起案件中，唐细牙因被王时颖抓住，挣脱时致使王时颖跌伤身死，而死者之所以抓住唐细牙，是因为唐细牙擅自摘取死者所拥有的山中的茶子。因此，此案认定死者并非理曲，也就与丁乞三仔之案情节不同了。[16] 与此同时，如果是由于细微之事而发生了纠纷，即便死者所做之事确实不占理，也不被认定为理曲。比如，同治年间的一起案件，马息

---

[14]（清）祝庆祺：《刑案汇览》（第四卷），"哄起戏耍恃长欺幼准其声请"，载《刑案汇览全编》，法律出版社2007年版，第297页。

[15]（清）祝庆祺：《刑案汇览》（第四卷），"哄起索欠被扭吓戳适毙准减"，载《刑案汇览全编》，法律出版社2007年版，第298页。

[16]（清）祝庆祺：《刑案汇览》（第四卷），"理直向扭并未殴打不为逼凶"，载《刑案汇览全编》，法律出版社2007年版，第295页。

九未经王盛仔同意而吃了他的稀饭,导致双方发生争执,王盛仔在打斗中将马息九殴毙。刑部在复核该案时指出该案起因"系属寻常口角,事起细微,不得以理曲论"。[17]

其次,即便死者确实理曲,但若没有逞凶欺凌的行为也不能适用该条例,而判断死者逞凶欺凌则需要证明其有殴打的行为,且殴打造成对方受伤,因而受到回击致毙。相关案件能够印证这一结论。

第一,死者需要有殴打行为。理曲的死者与凶手发生冲突后,需要实施殴打行为才能认定为逞凶,如果仅仅只是发生口角,则无法构成。例如,熊照戳伤林奉身死一案中,林奉向熊照借钱买酒未遂,便斥责其小气,并在争执中将熊照推倒在地,还想要拿石头向其投掷。熊照担心被殴,用刀吓戳,结果将其戳伤致毙。该案发生的起因被认为是"寻常口角,并未另有欺陵情状",[18]因此未能认定为理曲逞凶,也就无法适用条例予以减等优恤。

第二,死者的殴打行为必须导致对方受伤。刑部在复核案件时明确指出,尽管理曲之人实施了殴打行为,但只要未将对方打伤,就不能认定为逞凶欺凌,被殴之未成年人将其打死也就不能适用优恤的条例。比如,咸丰年间,袁黑狗之父因为马犹泷欠其田价未给而与之产生纠纷,袁黑狗与其父前往田边阻止马犹泷收割稻谷。马犹泷气愤,抓住袁黑狗殴打,袁黑狗情急之下用刀将其戳伤毙命。刑部认为,该案中马犹泷虽然有殴打行为,但"并未成伤,只系寻常争斗,亦不得谓之理曲逞凶"。[19]与之类似,杨文仲殴伤张兆熊身死一案中,同样是由于理曲者虽有殴打行为但未成伤,故而不能认定为逞凶欺凌,与"丁乞三仔"案不可相提并论。[20]

---

[17] (清)祝庆祺:《刑案汇览续编》(第三卷),"幼孩杀人死者并非恃长欺侮",载《刑案汇览全编》,法律出版社2007年版,第117页。
[18] (清)祝庆祺:《刑案汇览》(第四卷),"寻常争斗既无急情又非欺陵",载《刑案汇览全编》,法律出版社2007年版,第294页。
[19] (清)祝庆祺:《刑案汇览续编》(第三卷),"幼孩杀人死者并非恃长欺侮",载《刑案汇览全编》,法律出版社2007年版,第116页。
[20] (清)祝庆祺:《刑案汇览》(第四卷),"死者轻薄其母并无欺陵情状",载《刑案汇览全编》,法律出版社2007年版,第293—294页。

第三，需要考察凶手是否是在情势急迫的情形下对逞凶欺凌的理曲者做出杀害行为。一旦认定为并非情急，则也不能比照"丁乞三仔"案减等收赎。前引熊照戳伤林奉身死一案中，刑部除了指出寻常口角并非理曲逞凶之外，还提出："该犯又无真正急情，伤系金刃，亦与丁乞三仔原案掷石适伤者有别。"[21] 由此可以看出，刑部似乎认为该案与"丁乞三仔"案中的关键不同还在于凶器为刀，以及戳伤并非情急。然而，前文介绍的邹寅娃戳伤李荣仁身死的案件中，邹寅娃也是用刀戳死对方的，却比照"丁乞三仔"案得到了优恤。[22] 因此，两案最大的不同便在于是否情势急迫，而这也成为适用该例文的重要标准。

再举一例。在卢西滩致毙彭陇明的案件中，29岁的彭陇明借当了卢西滩的衣服，卢西滩催彭陇明尽快赎回，双方因而发生口角。彭陇明拿刀戳殴卢西滩，卢西滩只得逃跑。彭陇明在追逐过程中自己失足跌倒，卢西滩顺势将刀夺过。彭陇明起身扑殴，被卢西滩用刀戳伤毙命。卢西滩当时只有15岁，广东巡抚认为该案符合死者长于凶犯4岁以上，实属恃长欺侮、理曲逞凶的条件，因而申请援照"丁乞三仔"案对该犯减等收赎。但是，刑部驳回了该要求，理由便是其戳毙的行为并非形势所迫。刑部虽然肯定了该案中死者持刀追赶的行为属于逞凶欺凌，但继而指出："惟已经失足跌地，该犯尽可走避，何以反转身夺刀。"[23] 因此，该案被认为与"丁乞三仔"案情节迥然不同，无法适用减等收赎的优恤。

综上，认定"理曲逞凶"实际上要经过三个环节的论证：理曲—逞凶欺凌—情急，缺一不可。然而这三个环节的判断标准本身具有不确定性，在认定过程中显示出对优恤适用的极端谨慎态度。例如，如果说寻常争斗不属于逞凶欺凌，那么丁乞三仔被丁狗仔用土块掷打的行为是否也可以认

---

[21] （清）祝庆祺：《刑案汇览》（第四卷），"寻常争斗既无急情又非欺陵"，载《刑案汇览全编》，法律出版社2007年版，第294页。

[22] （清）祝庆祺：《刑案汇览》（第四卷），"蚌起索欠被扭吓戳适毙准减"，载《刑案汇览全编》，法律出版社2007年版，第298页。

[23] （清）祝庆祺：《刑案汇览续编》（第三卷），"幼孩杀人死者并非恃长欺侮"，载《刑案汇览全编》，法律出版社2007年版，第115—116页。

为是普通争闹呢？如果凶手必须要成伤才认定死者的殴打属于逞凶行为的话，那么丁乞三仔是否满足条件呢？如果以情势急迫作为认定的标准，那么我们可否在"丁乞三仔"案中同样以"尽可走避"作为说辞呢？因此，这种认定显然大大限制了例文的适用范围。

鉴于例文修订导致律文规定的优恤范围明显缩小，同时能够参照"丁乞三仔"案获得减等优恤的案件需要符合极为严苛的条件，特别是清廷在司法实践中对死者是否构成"理曲逞凶"的认定呈现异常谨慎的态度，因此，清代对于未成年人犯罪的刑责追究方式实际上是在"客观追责"基础上的"相对恤幼"模式。

结语

清代的法律并不否定未成年人的刑事责任能力，而是将所有违反清律之人都纳入定罪的范围之内，只是在量刑时基于犯罪者未成年人的身份而予以适当减免。然而在适用条文予以优恤时，清廷逐渐限制了适用的范围，并设置了严苛的适用条件。因此，清代未成年人刑事追责模式呈现为"客观追责＋相对恤幼"模式。

清代对未成年人犯罪优恤相关例文的变化过程，体现了因案生例、以例代律的特征。诚如前文所述，"丁乞三仔"案作为律例变化的导火线，引发了连锁反应。首先，雍正帝的判决显然突破了"老小废疾收赎"条的规定，使得律文受到了冲击，造成了恤幼范围的变化。继而，乾隆帝在肯定雍正帝观点的基础上，为了防止恤幼规则被滥用，从而使得未成年罪犯逃避刑责，对此始终保持一种谨慎的态度。最终，根据"刘縻子"案中乾隆帝的判决意见，清廷形成了专门的例文。这一例文的设置在明确认定标准的同时，也改变了原有律条的规定。从中可以看出，在个案的影响下，清廷似乎在试图追求报应主义与保护主义之间的平衡，亦即其一方面想要通过年龄设定达到恤幼的目的，另一方面又想使个案中的未成年犯罪者受到惩戒。因而，清廷在处理未成年人犯罪的案件时总是纠结于量刑，从而出现"个别案件的单独考量——修正法律规定——例外之例外情形的出现——再次修正规范"的某种循环。

　　与之相类似,随着近几年未成年人恶性杀人案件的发生,社会舆论表现出报应主义的倾向。立法者也对此作出了反应,在2020年颁布的《刑法修正案(十一)》中,增加了下调刑事责任年龄的条款,将最低刑事责任年龄从14周岁降低为12周岁。然而,这种做法真的能够解决未成年人犯罪的问题吗？如果有更年幼的未成年人有恶性犯罪行为,是否继续降低刑事责任年龄呢？对于未成年人犯罪问题,究竟破题的关键在哪里呢？是否仅仅关注量刑轻重或年龄高低就足够了呢？上述种种疑问,值得学界进一步思考。

PART 3
制度反思
Institutional Reflection

《广东省重大行政决策程序规定》立法实践分析

刘 浩 黄涛涛[*]

摘要：《广东省重大行政决策程序规定》立法经历了立项—暂缓—重启的过程。在党中央明确要求"健全依法决策机制"和国务院出台《重大行政决策程序暂行条例》的背景下，广东省通过总结重大行政决策实践经验，把握立法时机，在行政法规的制度框架下，结合本省实际情况进行了调整和细化。本文在介绍此项地方立法背景的基础上，对立法的总体思路选择、具体制度设计以及部分创新和亮点进行梳理和归纳，并释明有关问题。

关键词：重大行政决策 程序 法治政府

---

[*] 刘浩，吉林大学理论法学院研究中心博士研究生；黄涛涛，民建广东省委会参政议政工作处工作人员。

一、《广东省重大行政决策程序规定》立法背景与过程

(一) 立法背景

党的十八届四中全会通过的《中共中央关于全面推进依法治国若干重大问题的决定》提出,要健全依法决策机制,把公众参与、专家论证、风险评估、合法性审查、集体讨论决定确定为重大行政决策法定程序,确保决策制度科学、程序正当、过程公开、责任明确,为重大行政决策程序作出了明确具体的方向指引。2015年12月,中共中央、国务院印发《法治政府建设实施纲要(2015—2020年)》,提出了推进行政决策科学化、民主化、法治化的具体目标,并对重大行政决策程序提出了具体的措施要求,是对党中央、国务院有关科学民主依法决策的要求和部署的具体细化。但这并不是中央和国务院层面的文件第一次提出要求建立或者健全依法决策机制,早在2004年国务院《全面推进依法行政实施纲要》中便明确要求"建立健全科学民主决策机制";此后2008年《国务院关于加强市县政府依法行政的决定》以及2010年《国务院关于加强法治政府建设的意见》,都提出相关要求,明确要完善行政决策机制,对出台重大行政决策听取意见、听证、合法性审查、集体决策、实施后评价、责任追究等制度作出规定。[1]

国务院早在2011年就将《重大行政决策程序条例》列入立法计划,作为"需要积极研究论证的项目";2012年调整为"需要抓紧工作、适时提出的项目";2013年作为"研究项目";2014年和2015年作为"预备项目",直至2016年正式作为国务院立法计划中的"全面深化改革急需的项目",并结转至2017年立法计划继续作为该类项目办理。2017年6月,原国务院法制办起草的《重大行政决策程序暂行条例(征求意见稿)》公

---

[1] 国务院早前公布的文件包括:一是2004年国务院《全面推进依法行政实施纲要》提出,健全行政决策机制。科学、合理界定各级政府、政府各部门的行政决策权,完善政府内部决策规则。建立健全公众参与、专家论证和政府决定相结合的行政决策机制。实行依法决策、科学决策、民主决策。二是2008年《国务院关于加强市县政府依法行政的决定》提出,完善市县政府行政决策机制:完善重大行政决策听取意见制度;推行重大行政决策听证制度;建立重大行政决策的合法性审查制度;坚持重大行政决策集体决定制度;建立重大行政决策实施情况后评价制度;建立行政决策责任追究制度。三是2010年《国务院关于加强法治政府建设的意见》提出,坚持依法科学民主决策:规范行政决策程序;完善行政决策风险评估机制;加强重大决策跟踪反馈和责任追究。

开征求意见,该立法项目于当年已完成起草和审查,并由原国务院法制办办务会议讨论通过。2018—2019 年,《重大行政决策程序暂行条例》再次列入国务院年度立法工作计划,《重大行政决策程序暂行条例(草案)》报经国务院同意后,于 2019 年 2 月 25 日经中央全面依法治国委员会第二次会议审议通过。

由于我国重大行政决策程序立法推进进路采用了党中央、国务院指导文件与地方立法先行先试相结合的推进方式,[2] 在地方层面,为落实党中央和国务院的工作部署,各级地方政府在制度建设方面开展了先行先试。从网络检索的资料来看,在 2019 年 4 月国务院《重大行政决策程序暂行条例》出台之前,我国已有 25 个省级政府以政府规章或者政府规范性文件形式出台了有关重大行政决策程序的规定;[3] 而在《重大行政决策程序暂行条例》出台之后至 2021 年 12 月,河北、甘肃、云南、西藏、吉林、江苏、贵州、重庆、上海、天津、山东、青海、宁夏、陕西、安徽、黑龙江 16 个省(自治区、直辖市)制定或者修订出台重大行政决策相关立法,河南、新疆 2 个省(自治区)正在立法过程中。

具体到广东省而言,自开展依法行政考评工作以来,广东省对重大行政决策事项考评提出了更高要求,全省 21 个地级市在之前制度建设的基础上,已逐步完善重大行政决策程序制度,如佛山市人民政府出台了一系列重大行政决策制度,包括总体的程序规定以及过错责任追究、专家库管理、决策目录管理等具体规范。[4]

---

[2] 参见王万华、宋烁:《地方重大行政决策程序立法之规范分析——兼论中央立法与地方立法的关系》,载《行政法学研究》2016 年第 5 期。

[3] 有关重大行政决策程序的规定,包括三种类型:一是综合性的行政程序规定中关于"行政决策程序"的章节,如《湖南省行政程序规定》;二是专门的重大行政决策程序规定,如《浙江省重大行政决策程序规定》;三是专门就重大行政决策法定程序中的某个环节而设定的具体规定,如《广东省重大行政决策听证规定》。本处统计的数据有 25 个省级政府出台相关制度,包括上述三种类型。

[4] 佛山市人民政府出台的一系列重大行政决策程序相关制度,包括《佛山市重大行政决策程序规定》《佛山市重大行政决策咨询论证专家库管理办法》《佛山市重大行政决策目录管理办法》等。

综上，国务院《重大行政决策程序暂行条例》的出台，标志着我国重大行政决策法治化迈上新台阶。在地方立法层面有了较好的制度基础及实践探索。这些制度建设和实践，对广东省重大行政决策程序制度建设意义重大：一方面，国家立法的出台为广东省的地方立法提供了方向上的指引；另一方面，地方先行先试立法积累的立法经验和实践经验为广东省的立法提供了制度参考和实践反思。

（二）立法过程

1. 立法进程和时机把握

广东省省级重大行政决策程序相关制度建设工作起步较早，2012年以规范性文件形式出台了《广东省重大行政决策专家咨询论证办法（试行）》，2013年出台了省政府规章《广东省重大行政决策听证规定》；[5]并于2013年至2015年将《广东省重大行政决策后评估办法》作为预备项目列入立法计划，进行前期研究。由于重大行政决策范围界定等内容尚不确定，决策后评估的范围也不能相应明确，制度设计存在障碍，因此该项目仅停留在研究起草阶段，并未出台。为了贯彻落实党中央关于"健全依法决策机制"的要求，中共广东省委将"研究制定贯彻执行国家重大行政决策程序暂行条例的配套措施"作为推进全面深化改革和全面依法治省的重要举措。广东省人民政府根据工作部署并参考国务院立法工作计划的安排，将《广东省重大行政决策程序规定》列入《广东省人民政府2016年制订规章计划》，并对两个立法项目进行整合，将重大行政决策后评估作为整体程序规定的一个部分予以规范。为此，原广东省人民政府法制办于2016年便完成了资料搜集及草稿起草工作，结合国家立法的进度，该项目也结转进入《广东省人民政府2017年制订规章计划》继续办理。2017年，原广东省人民政府法制办就《广东省重大行政决策程序规定（草案）》开展了征求意见和调研工作。由于当时国务院《重大行政决策程序

---

[5] 《广东省重大行政决策听证规定》已于2023年10月8日经第十四届广东省人民政府第17次常务会议修订通过，自2024年1月1日起施行。

暂行条例》尚未出台,原广东省人民政府法制办积极贯彻落实"党领导立法"工作的有关要求,于2017年9月将有关情况向省委改革办汇报,建议根据国务院立法进度,暂缓广东省规章立法。

广东省的重大行政决策程序立法之所以结转办理、延后出台,是考虑到省委明确要求制定关于国家上位法的配套措施,广东省重大行政决策程序立法采取了即时跟进国家立法的办法,即根据国家立法的动态即时对本省的草案进行修改与调整,待上位法出台后立即跟进。这样的出台时机选择,首先,为维护国家法制统一的需要,《立法法》明确提出了"维护社会主义法制的统一、尊严、权威",虽然早年地方出台不少相关制度,但在国家立法已经明确即将出台的时间节点上,地方立法在具体制度设计上更加不好把握,但凡有细微的不一致或者冲突,即需要在出台不久后立即修改,容易造成"朝令夕改"的局面;如不及时修改,是对法制统一的挑战,在适用方面也会造成困扰。其次,按照省委改革任务的要求,广东省人民政府需要制定国务院行政法规的配套措施,属于实施性的立法,地方实施性立法需要准确把握立法时机,否则将导致重点和特色不突出。尤其在上位法尚未出台的背景下谈实施性立法,其必然要求就是等待上位法的出台。

2. 立法形式和进路

由于上述背景原因,广东省重大行政决策程序制度在立法形式方面的选择反而简单和清晰。首先,在是否制定综合性的行政程序规定方面未作考虑,根据党中央和国务院要求直接指向"重大行政决策程序"立法,符合国家立法以"重大"带动"一般","以点带面"的推进思路。[6]其次,从重大行政决策程序某一环节的具体制度建设开始,发展到整体程序制度建设,在一定的制度基础和实践基础的条件下,再搭建整体框架,从部分到整体的立法形式具有一定的科学性。再次,在立法位阶的选择上,选择以政府规章形式立项,作为国务院行政法规的配套措施比较恰当。未

---

[6] 宋大涵主编:《建设法治政府总蓝图——深度解读〈法治政府建设实施纲要(2015—2020年)〉》,中国法制出版社2016年版,第91页。

选择地方性法规立法，一是因为作为政府自身建设的立法选题多数以政府规章立法出台；二是虽然地方人大及其常委会是权力机关和立法机关，但委托专家起草和代表多次审议的立法草案需要注重权衡处理应然和实然的关系，[7]而未选择以规范性文件形式出台，则是由于其效力层级较低，无法凸显重大行政决策程序的制度刚性。

如前文所述，重大行政决策制度法治化的一般进路是中央、国务院指导文件与地方立法先行先试相结合的推进方式。在现时的立法背景下，广东省的立法采用"先中央、后地方"的反向思路推进，以上位法为指引方向，以上位法规定和本省相关制度建设为基础，吸纳其他地方重大行政决策程序制度及理论研究的精华，确保重大行政决策制度科学、程序正当、过程公开、责任明确。国务院《重大行政决策程序暂行条例》出台后，广东省适时重启了《广东省重大行政决策程序规定》立法，将该项目列入《广东省人民政府2020年制定规章计划》作为"年度内完成项目"，由广东省司法厅组织起草。广东省司法厅按要求完成了公开征求意见、立法协商、立法调研和修改等工作，该规定于2021年9月10日正式公布出台，于2021年11月1日起施行。

二、出台《广东省重大行政决策程序规定》的重要意义

作为推进依法行政、加强政府自身建设的一部重要立法，《广东省重大行政决策程序规定》（以下简称《规定》）的出台具有重要意义。

---

[7] 国内早前在省级层面探索采用地方性法规立项的案例是《重庆市行政程序条例》，该项目立法相关工作开展时间较早，早前由西南政法大学于2002年年初以《重庆市行政程序立法研究》课题立项，进行前期研究工作，并于2002年12月完成《重庆市行政程序条例（试拟稿）》，参见江必新、郑传坤、王学辉：《先地方后中央：中国行政程序立法的一种思路——兼论〈重庆市行政程序条例〉（试拟稿）》的问题，载《现代法学》2003年第2期。该立法项目在往后13年内并未被提上立法日程，直至2015年2月，重庆市人大常委会正式委托西南政法大学起草《重庆市行政程序条例（草案）》，并将该项目列入当年立法计划作为当年9月初次审议的项目。然而，经检索，《重庆市行政程序条例》并未审议出台，并由重庆市人大常委会于2018年3月终止审议，理由是出台时机不成熟，建议先制定急需的单行程序法规。2020年7月，重庆市人民政府出台了政府规章《重庆市重大行政决策程序规定》。

（一）有利于推进国家治理体系和治理能力现代化

规范重大行政决策程序，是贯彻落实习近平法治思想的具体行动，是推进国家治理体系和治理能力现代化的重要举措。《规定》在严格执行《重大行政决策程序暂行条例》（以下简称《暂行条例》）的基础上，结合广东省实际，进一步细化了重大行政决策的事项范围，厘清了各相关部门之间的职责边界，保障了公众参与权利，是各级政府和政府部门科学、民主、依法决策的法律遵循。《规定》的出台也将有力地推动各级行政机关负责人牢固树立依法决策意识，严格遵循法定权限和程序作出决策，以决策供给侧现代化推动国家治理体系和治理能力现代化。

（二）有利于加快广东省法治政府建设进程

推进行政决策科学化、民主化、法治化是法治政府建设的主要任务之一。行政机关的决策水平体现了依法行政水平，关系到能否正确履行管理职责。《规定》以规范重大行政决策程序为重要抓手，发挥决策程序的"以点带面"的杠杆效应和牵引作用，引导各级行政机关运用法治思维法治方式实施决策行为，这对深入推进依法行政、加强政府自身建设具有重大意义。

（三）有利于提升广东省行政决策水平

广东省较早对重大行政决策规范化管理进行探索，一些地区出台了有关重大行政决策程序规定的制度建设，并且通过依法行政考评等手段，加大了履行重大行政决策程序的刚性约束，科学民主依法决策水平在一定程度上得到提升。但实践中，一些地方行政决策尊重客观规律不够，公众参与决策渠道不畅，违法决策、任性决策等时有发生，一定程度上损害了政府公信力，影响和制约着改革的深入推进和经济社会的高质量发展。《规定》的出台不仅是落实回应上位法的要求，同时也是根据广东省实际情况，细化决策程序具体内容的需要，以增加重大行政决策程序制度的可操作性，不断提升重大行政决策的质量，增强政策的科学性、连续性、稳定性。

（四）有利于强化行政权力制约和监督

行政决策是行政权力运行的起点，也是规范行政权力的重要环节。《规定》的出台，将以刚性的法治化程序建立一道拒绝违法决策的防火墙，起到以制度促规范、以参与促公开、以流程促优化、以监督堵漏洞、以责任强担当的作用，让约束决策权力的"制度笼子"扎得更加牢固。

三、《广东省重大行政决策程序规定》的立法思路与主要制度亮点

（一）立法总体思路

根据《法治政府建设实施纲要（2015—2020年）》的目标和指引以及《暂行条例》的规定，《规定》起草主要围绕决策主体、决策事项范围、决策法定程序三个重点问题完善程序制度，坚持科学民主依法决策贯穿行政决策活动始终、坚持行政首长负责制、坚持保证行政效率的原则。[8] 在立法的总体方向、立法思路选择以及制度设计方面宏观把握，主要遵循以下三个方面的思路：

首先，处理好中央立法与地方立法的关系。《暂行条例》规定："省、自治区、直辖市人民政府根据本条例制定本行政区域重大行政决策程序的具体制度。"为此，广东省的地方立法应当在国家立法的框架和基础上，根据实际情况探索并作出具体细化的规定，从而最大限度地保证决策程序制度的可操作性。根据广东省重大行政决策工作实际需要，《规定》明确了广东省重大行政决策程序的具体制度，对决策起草、听取意见、专家论证要求、风险评估程序、合法性审查要求以及决策后评估程序等内容进行细化，确保可操作性。

其次，在立法体例的设计方面，《规定》与国务院的立法工作思路相衔接，确定了广东省地方立法体例和框架。《暂行条例》根据党中央和国务院有关文件精神，确定了公众参与、专家论证、风险评估、合法性审查和集体讨论决定等法定程序的适用条件，对上述五个法定程序分章节进行了规定。《规定》按照《暂行条例》的整体结构，并结合广东省实际情

---

[8] 宋大涵主编：《建设法治政府总蓝图——深度解读〈法治政府建设实施纲要（2015—2020年）〉》，中国法制出版社2016年，第92—94页。

况，确定了相应的立法体例。

最后，在整体上把握了程序繁简的问题。在决策制度设计上，紧紧围绕服务和保障科学决策这个核心，准确掌握尺度，把握好程序繁简、标准宽严、制度刚柔的平衡点，确保决策制度科学、程序正当、过程公开、责任明确，决策法定程序能够执行。《暂行条例》将合法性审查、集体讨论决定作为必经程序，同时明确了适用公众参与、专家论证和风险评估程序的要求。[9]《规定》在此原则的指导下，综合考虑决策实际及行政机关能做到或者经努力能做到的总体情况，对五大法定程序的适用作了相应的区分。

（二）主要制度亮点

《规定》整体沿用了上位法的框架结构，并结合本省的实际情况进行了调整或者细化。其中，多数条文是对上位法的细化与具体化；部分条文是结合广东省实际情况所作的创新规定；为保持条文逻辑结构完整，有个别条文是对上位法条文的必要重复。以下仅对几个制度及亮点进行介绍，分析在制度设计时的思路及方向选择。

1. 关于决策事项范围

在重大行政决策的制度构建中，首要的问题就是决策事项范围的确定，这也是整个制度建设中关键和难点问题。《暂行条例》考虑到各地区的发展不平衡，省、市、县各级政府决策的影响面和侧重点各有不同，采用"列举＋兜底"方式对重大行政决策事项进行了原则的规定，同时采用"正面列举＋反面列举"的模式，明确了不适用重大行政决策的情形。《规定》参照上位法的规定，在文本中明确了本省重大行政决策事项范围，并结合地方的实际情况作了适当延伸，提出"执行上级既定决策部署、未加具贯彻意见转发上级所作出的决定不适用本规定"的例外情形，此种情况下，本级人民政府并未新设权利义务，应不属于本级政府的决策

---

[9] 熊选国主编：《重大行政决策程序暂行条例释义》，中国法制出版社2019年版，第14—15页。

事项。为此，从提高执行效率的角度作出上述规定，对下级政府和部门执行上级决策部署具有指导意义。

2. 关于决策目录管理机制

《规定》严格按照《暂行条例》的内容对决策目录的确定作了规范表述，对决策事项目录管理机制暂未提出更加具体的要求，相关内容拟在具体落实时通过其他制度文件予以落实。在立法过程中，有关单位曾经提出要进一步明确决策事项目录管理机制，结合广东省实际情况，对年度目录管理有关机制作更为细化的规定。对此问题，立法部门和决策机关办公机构经过论证认为，在本省规章实施的初期仍不宜对具体方式作出严格规定，各地各部门可以结合实际情况编制目录，拟待经过一段时间的运作探索之后总结归纳出适宜地方和部门的不同规范制度表述。同时，在实践中要结合《暂行条例》的要求进行理解并执行。《暂行条例》规定了"确定决策事项的目录、标准"，[10]其本意是想通过"以点带面"的方式，在条例出台的前几年，以目录的方式解决项目难以确定、启动重大行政决策程序难的问题，推动重大行政决策程序制度落到实处。原国务院法制办在调研了苏州、[11]长沙等地制度建设和目录管理实践的基础上，作出前述规定。但由于全国各地情况不一致、发展不平衡，由国家统一立法规定"年度目录管理"不能照顾到各地实际情况，各地根据自身条件确定如何落实"目录管理"更为恰当，落实的方式可以是"年度目录"，也可以是"具体事项目录"。广东省级层面的立法，刚好处于国家统一立法和地方具体落实的中间环节，在如何选择具体化方向方面仍然进行了慎重考虑。但在《规定》执行和实施过程中仍需根据国家有关文件精神，结合广东省各地级市及省直部门实施重大行政决策目录

---

[10] 参见《重大行政决策程序暂行条例》第3条第3款规定："决策机关可以根据本条第一款的规定，结合职责权限和本地实际，确定决策事项目录、标准，经同级党委同意后向社会公布，并根据实际情况调整。"

[11] 《苏州市重大行政决策程序规定》是规定年度目录管理制度的典型代表，其在管理实践中运用互联网技术平台，由决策部门自行报送年度重大行政决策目录，通过完善实施机制解决规范层面的问题。

管理的实际情况[12]予以推进：一是《法治政府建设实施纲要（2021—2025年）》明确"推行重大行政决策事项年度目录公开制度"。实践中，广东省自2015年开展"依法行政考评"以来，相关指标明确要求制定重大行政决策目录，如《广东省法治政府建设指标体系（试行）》，明确"行政决策"占分值的10%。为此，基于广东省近年来重大行政决策和依法行政考评的实践，工作实践中仍建议将制定重大行政决策目录并公开作为决策机关"应当"主动作为的事项，一方面防止决策机关在启动重大行政决策方面的随意性，另一方面也避免部分单位的懒政行为。从长远看，通过决策机关制定目录，有利于各决策机关在实践中逐渐凝聚共识，以点带面推进科学民主依法决策。二是关于"年度目录"和"细化目录"的适用。《〈重大行政决策程序暂行条例〉释义》提出，"这里的'目录'可以是年度目录，也可以是细化目录。[13]其中，年度目录是当年重大行政决策具体事项的目录，具体明确、一目了然，不少地方已经出台了年度目录；细化目录可以反复适用，但往往需要结合'重大'的标准来判断。具体采取哪一种，由决策机关结合本单位实际灵活掌握"。综合广东省近年来对省直单位和各地市政府进行依法行政考评的情况来看，各地级以上市人民政府结合本地实际制定年度目录、省直各部门结合职能确定本部门的重大行政决策事项范围目录（即细化目录），以符合行政管理的实际情况。

3. 关于重大行政决策工作组织协调的问题

关于重大行政决策工作由哪个单位统筹组织实施的问题，《暂行条例》未作明确规定，给了各省地方立法进一步明确的空间。在《规定》起草、调研过程中，一些地区建议明确重大行政决策事项综合推进、指导、

---

[12] 广东省自实施依法行政考评工作以来，一直致力于以后评价的方式推进行政决策科学化、民主化、法治化。各地级市和各省直部门在具体落实过程中，实施方式略有不同，如广州、深圳、佛山、中山等市以及广东省财政厅、国土资源厅、旅游局、税务局等单位通过制定年度目录的方式落实，且部分地级市还出台了专门的决策事项年度目录管理办法；而梅州市、广东省商务厅、农业农村厅、食品药品监管局、质监局等单位则通过公布具体事项目录范围的方式落实，该事项范围根据本单位职责确定，比较宏观，可反复适用。

[13] 熊选国主编：《重大行政决策程序暂行条例释义》，中国法制出版社2019年版，第43页。

协调、监督等事项的工作部门，厘清重大行政决策程序环节的责任，有利于推动重大行政决策制度落实。对此，《规定》总则部分规定，决策机关办公机构负责本行政区域重大行政决策工作的组织协调；司法行政部门负责本行政区域重大行政决策工作的指导和监督。其他相关部门按照职责权限负责重大行政决策草案起草、论证、评估和执行等工作。

"决策启动"章节中规定，决策机关办公机构负责编制并组织实施重大行政决策年度目录，主要基于以下考虑：一是重大行政决策涉及一级政府的多项工作，涉及面广，综合性强，且需要综合统筹推进，根据《广东省人民政府工作规则》以及近年来重大行政决策工作的实际情况，由决策机关办公机构（即政府办公厅或办公室）负责重大行政决策的组织协调工作，有助于加强重大行政决策的统筹管理，提升决策质量和效率。二是按照机构改革后广东省司法厅的"三定方案"，广东省司法厅法治督察处负责"指导、监督各级政府及其部门重大行政决策工作"。目前，青海、贵州、重庆、上海、吉林、宁夏等省（自治区、直辖市）规章明确由决策机关办公厅（室）负责组织实施本级重大行政决策及编制目录；黑龙江省规定决策机关所属司法行政部门负责组织实施；山东省在省级政府规章中明确由司法行政部门负责本行政区域重大行政决策工作的组织协调、指导和监督以及负责编制年度决策事项目录。

4. 关于决策法定程序

决策法定程序重在落实决策程序制度的刚性约束。《规定》根据此原则和精神，结合广东省重大行政决策制度和实践的情况，对法定程序作了细化规定。一是关于公众参与。决策事项的类型众多，具体情况复杂，公众参与的方式也形式多样，"公众参与"并非严格的必经程序，行政机关可以适度自由裁量，根据决策事项对公众利益影响的范围和程度选择具体的方式方法。《规定》按照上述原则并结合广东省实际情况作了制度设计，一方面，规定了听取社会公众意见的多种方式，并对公开征求意见、听证会和其他方式以及意见反馈提出了具体要求；另一方面，考虑到广东省已经制定了重大行政决策听证方面的规章，因此，对于公众参与中的

"听证"制度，作立法技术上的处理，设定指引条款。二是关于专家论证。《规定》明确要求，对专业性、技术性较强的决策事项，决策承办单位应当开展咨询论证。《暂行条例》明确各地级以上市可以根据需要建立专家库，对地级市建立专家库不作强制性要求。广东省重大行政决策专家咨询论证工作起步较早，积累了一定的实践经验，2012年广东省人民政府办公厅印发了《广东省重大行政决策专家咨询论证办法（试行）》，明确要求"省政府、各地级以上市政府应建立重大行政决策咨询论证专家库，设立或明确机构负责管理，健全完善工作规程和运作机制，为专家开展工作提供相应的便利和服务"。考虑到广东省经济发展水平以及相关工作实践的情况，为提高各地级以上市人民政府重大行政决策在专家选择时的有效性、针对性，有必要明确各地级以上市人民政府建立决策咨询专家库的要求。三是目前决策风险评估的制度建设和实践都比较薄弱，欠缺可操作性强的工作规程。因此，暂不宜把风险评估作为必经程序，《规定》在上位法的框架下对"风险评估"仅作了原则规定。四是合法性审查。《规定》在上位法的框架下，细化了合法性审查的要求、提交材料要求、审查方式、审查期限、审查内容以及审查意见的处理。此外，建立了由决策承办单位法制工作机构以及司法行政部门双重合法性审查工作机制。为加强合法性审查的深度，确保决策承办单位提请审查的重大决策事项在其起草阶段即在合法性方面得到严格把控，要求决策承办单位在起草阶段也要由其内部的法制工作机构进行合法性审查，并提出书面的合法性审查意见，这是考虑到决策承办单位对整个决策事项最为熟悉和了解，由其内部先进行合法性审查，问题的焦点更容易集中。五是集体讨论。集体讨论决定为决策必经程序，集体讨论决定是民主集中制的体现，既强调决策事项应当经决策机关常务会议或者全体会议等法定形式审议讨论，又坚持首长负责制，规定由行政首长在集体讨论的基础上作出决定。由于集体讨论决定的制度基础和实践基础都较好，《规定》对集体讨论的要求、提交材料、办理流程、会议讨论、列席单位和决策公布等具体细节作了规定。

5. 关于决策执行、实施后评估与责任追究

为了保证决策执行、及时发现决策偏差、提高决策纠错效果，明确对决策执行单位的要求，重大行政决策程序中应当明确规定决策执行监督和实施后评估制度。为了落实决策程序制度的刚性约束，严格决策责任追究，还应当规定决策机关应当建立重大行政决策终身责任追究制度及责任倒查机制。在决策实施后评估方面，《规定》对上位法作了细化，结合广东省开展重大行政决策后评估立法研究的情况，对决策实施后评估制度作了较为具体规定，明确了评估对象、评估主体、评估程序及内容、评估结果运用等内容。

6. 关于《规定》与相关制度的衔接问题

广东省于 2012 年出台了文件《广东省重大行政决策专家咨询论证办法（试行）》，于 2013 年出台了《广东省重大行政决策听证规定》。[14] 上述制度文件对广东省重大行政决策专家咨询论证以及听证的程序及相关要求作了明确规定，对各地各部门开展重大行政决策专家咨询论证和听证工作具有很强的指导作用。《规定》起草过程中，在"专家论证""公众参与"章节中，部分内容与上述文件和规章进行了衔接，且设置了指引条款，如第 26 条规定关于"专家库"的规定尊重了广东省的该项工作开展的实际情况；第 18 条设置了指引条款，规定"听证程序按照国家和省的有关规定执行"。同时，为做好《规定》的贯彻落实工作，并使广东省的文件和规章与国家上位法保持一致，上述文件和规定的修订也是提高立法协同性的必要要求。

四、做好《广东省重大行政决策程序规定》实施工作的工作建议

作为推进依法行政、加强政府自身建设的一部重要立法，广东省在国务院《暂行条例》出台后，出台省政府规章《规定》，将对重大行政决策工作起到引领和规范作用，对推进广东省行政决策科学化、民主化、法治化具有重要意义。但同时，作为一项省级政府规章立法，其在立法过程中基于客观原因，部分形式及内容方面仍有可以更加完善之处：一是在《规

---

〔14〕 《广东省重大行政决策听证规定》已于 2023 年 10 月 8 日经第十四届广东省人民政府第 17 次常务会议修订通过，自 2024 年 1 月 1 日起施行。

定》制度繁简的把握方面，部分制度仍有进一步细化的空间，《规定》作为省级政府规章，既需要贯彻落实国务院《暂行条例》，又需要为各地各部门的在具体实施中预留空间，如风险评估制度、档案归档制度等，有待在实施过程中总结经验并进一步提升和归纳。二是《规定》部分制度在执行方面仍需进一步明确细化，如重大行政决策目录的编制主体、报请合法性审查的时间节点等，在实践中仍需结合重大行政决策的实际情况明确具体细节内容才能更加提升决策程序制度的科学性、合理性。

根据对《规定》的立法背景和过程、立法必要性和意义、立法思路和主要制度进行综述，分析在立法过程中尚未达到的应然状态，由此提出《规定》出台后需要配套做好的相关工作建议：一是加快推进《规定》实施，建议配套出台相关制度文件，完善相关工作措施。制度的生命力在于执行。要强化制度执行力，加强制度执行的监督，切实把我国制度优势转化为治理效能。《规定》的内容要转化为实实在在的治理效能，提升各地各部门的决策质量，关键之处在于抓好落实。决策机关有必要根据国务院《暂行条例》和《规定》的要求，结合实际情况对其中的个别环节制度予以细化和具体化，如决策机关办公机构可以就决策年度目录的编制出台相应的管理办法，将"决策启动"环节予以规范，把好决策的入口关卡，同时又防止某些符合决策特征的事项"规避"程序，造成随意决策或者决策失误等情况。司法行政部门可以在决策合法性审查、法治政府督察（依法行政考评）等方面完善制度和措施，加强事中事后监管，推进决策质量的提升。二是在实践中要准确把握和理解，合理确定决策程序和相关要求，及时进行归纳总结，将实践中好的经验和做法进行固化提升。有关单位要积极开展重大行政决策相关程序的实践，如就风险评估、决策后评估等实践基础较差的环节，可以选择部分履职优秀的决策承办单位进行"示范创建"，树立一批推进重大行政决策工作的新标杆，形成典型效应和样板效应，从正面激发各地各部门严格规范重大行政决策的内生动力，让严格执行决策法定程序成为各地各部门履职尽责的"助推器"和担当作为的"安全网"。

广东省H市地方立法起草工作常见问题研究

李晓鸿[*]

内容摘要：本文是对广东省H市（以下统称H市）地方立法起草工作中发现的常见问题进行研究。通过对比国家与广东省对地方立法起草、审查的要求，对H市近年来地方性法规、规章起草工作缺乏深入调查研究和征求意见，提交审查的草案质量不佳，起草程序和立法技术不规范等常见问题及原因进行了总结梳理，在此基础上从制度建设的角度提出了推进地方立法人才队伍、信息化等功能性建设，制定地方立法程序法和立法技术规范等完善地方立法工作的建议。

---

[*] 李晓鸿，法学博士，广东省惠州市市委政法委副书记。

关键词： 地方立法　合法性审查　行政监督　机制建设

一、地方立法相关概念及趋势

（一）地方立法概述

地方立法是地方立法机关制定地方性法规抑或政府规章的统称。具体是指省、自治区、直辖市、所有设区的市的人民代表大会及其常务委员会，有立法权的地方政府根据本行政区域的具体情况和实际需要在不同宪法、法律、行政法规相抵触的前提下制定地方性法规和政府规章的活动。地方立法由"人大立法"和"政府立法"两个部分组成，两者相互尊重、相互协作、相辅相成，共同构建完整的、有效的、便于操作执行的地方立法体系。

截至2015年2月，除了省、自治区和直辖市以外，22个省会、5个自治区首府、4个经济特区以及18个经国务院批准的较大的市共49个较大的市拥有地方立法权。2015年3月15日，《立法法》修改，为了调动地方立法的积极性和主动性，赋予所有设区的市地方立法权，由地方立法机关承担国家尚未立法抑或不需要由国家立法的地方性事务的立法任务，让地方性法规、地方政府规章发挥对国家法律法规的补充作用。[1]自《立法法》2000年颁布并实施二十多年来，地方立法经历了从无到有并逐步完善、提高、成熟的发展历程。地方立法是省（自治区、直辖市）、设区的市和民族自治地方人大及其常委会的一项规制设定权力，地方性法规在地方治理中的话语权和作用如何，是衡量地方立法实效的客观尺度，其价值就在于满足社会治理和社会发展需求。现行《立法法》对地方立法的程序、立法项目的设立、立法技术的使用和立法机制的完善作出了较为全面、系统和详细的规定。[2]

---

[1] 2023年3月13日《立法法》再次修改，进一步扩大了地方立法权限，将地方立法涉及领域由城乡建设与管理、环境保护、历史文化保护，进一步扩大到生态文明建设、基层治理等方面的事项。

[2] 宋才发：《地方立法的项目、技术及其机制研究》，载《云梦学刊》2021年第1期。

地方立法的生命力在于质量和效果。如果制定出来的地方性法规、政府规章不能有效实施，不能真正"落地"，即使立的法再多、再全、再"高大上"，也只是空中楼阁、一纸空文，发挥不出地方立法在地方经济社会发展中的引领推动作用。当前，群众对立法的期盼，已经不是有没有，而是好不好、管用不管用、能不能解决实际问题。地方立法唯有从本地实际出发，听民意、凝民智，顺应群众期盼、聚焦社会关注，立而能用，立而管用，立而使用，才能真正发挥出"地方立法推动地方发展"的应有价值。[3]

（二）H市地方立法的现状

2015年修改的《立法法》赋予H市地方立法权以来，在立法项目的安排上，H市人大和政府贯彻"绿水青山就是金山银山"的理念，紧紧围绕市委重大决策部署、全市改革发展大局，注重突出本市特色、体现本市需求、服务本市发展，为保护本市江（河）、湖、海、山、城和自然环境做文章，先后制定了《H市××江水系水质保护条例》《H市历史文化名城保护条例》《H市××山风景名胜区条例》《H市××湖风景名胜区保护条例》《H市扬尘污染防治条例》，并量身定制出台了一批具有沿海城市特色的政府规章。

H市司法行政机关对地方立法草案审查时，严把质量关，确保起草单位报送的地方性法规和政府规章合法和切实可行；并在审查过程中，不断梳理地方立法起草工作的常见问题和错误，总结出一些可供参考的处理此类问题的经验和做法。本文拟在H市近年来地方立法实践的基础上，就H市地方立法起草工作中常见的问题及处理展开研究。

二、H市地方行政立法审查常见问题分析

笔者对H市司法行政机关近年来审查地方性法规和政府规章草案的情况进行了梳理，发现起草单位报送审查的地方性法规、政府规章草案主要

---

[3] 一日：《地方立法当立而管用》，载《舟山日报》2021年1月10日，第1版。

在制定的必要性和可行性、制定程序和立法技术规范以及内容合法性等方面存在明显不足。

（一）地方性法规、规章出台的必要性、可行性欠缺

H市司法行政机关在对部门报送审查的地方性法规、规章草案进行合法性审查时，发现部分起草单位要求制定地方性法规、规章的必要性不足，提交的立法草案可行性欠缺。突出表现是一些行政机关要求出台地方性法规、规章的目的主要是应对有关检查、考核、评比和彰显工作业绩，而非出于行政执法或行政管理需要，不符合法律规定的地方立法条件，属于被动立法，因此不具有立法的必要性。如2020年H市住房和城乡建设局报送审查的政府规章《H市城镇排水与生活污水处理管理办法》草案，其立法目的是完成全国节水型城市评选达标任务，因为国家住房和城乡建设部、国家发展和改革委员会印发的《国家节水型城市申报与考核办法》和《国家节水型城市考核标准》[4]明确提出申报国家节水型城市的市必须有本级人大或政府颁发的有关城市节水管理方面的法规、规范性文件的要求，且此项为"一票否决项"。2020年临时列入H市地方性法规制定计划的《H市文明行为促进条例》，其立法目的亦是H市评选全国文明城市需要，因为国家文明城市考评行政主管部门制定的《全国文明城市（地级以上）测评体系操作手册》明确要求申报城市必须提供本市推进文明立法的情况资料（包括已制定的地方促进文明行为条例或正在制定的条例草案）。由于起草单位制定此类立法的目的是达标、完成考核任务或领导指示，而非经济社会发展或行政管理实际需要，因为时间急，起草工作往往未作深入调研，无充分的立法基础，草案大多是照抄上位法或照搬其他市的做法，未针对本地实际提出解决问题的主要制度和措施，缺乏地方特色和操作性，其出台的必要性和可行性均不充分。

根据《广东省地方性法规立项工作规定（试行）》第2条的要求，立

---

[4]　《国家节水型城市申报与考核办法》和《国家节水型城市考核标准》已于2022年被《国家节水型城市申报与评选管理办法》废止。

法规划和年度立法计划应当根据立法需求的缓急、立法条件的成熟程度确定立法项目。《广东省人民政府规章立项工作规定》第4条规定政府规章立项应遵循合法性、必要性、可行性与成熟性相结合的原则。第5条将"立法目的明确，正当，确有必要制定政府规章"规定为制定政府年度规章计划的条件之一。第7条还明确规定"立法目的不明确，或者明显存在'部门利益'的"不予立项。依据上述规定精神，司法行政机关在对此类立法项目进行立项或合法性审查时，原则上应不同意其出台；确需出台的，应建议起草单位重新深入调研，找准、找全问题，提出切实可行的解决措施，完善草案后再报送审查。比如，2020年H市司法行政机关对起草单位报送审查的《H市文明行为促进条例》《H市城镇排水与生活污水处理管理办法》等地方性法规、规章草案，因认为其出台的必要性、可行性不足，均作出了退件，或要求其重新调研修改完善，出具了待立法时机成熟再予出台的法律审查意见。

（二）起草程序不规范

国务院《规章制定程序条例》规定了起草单位起草政府规章，原则上应履行调查研究、征求公众意见、听证、专家咨询论证、公平竞争审查、起草单位法制审核、风险评估等法定程序。但一些起草单位因怕麻烦或急于出台，往往忽略上述程序；或不认真履行法定起草程序，"蜻蜓点水"，虚于应对，从而导致起草的法规、规章草案未集思广益，质量不高，出台后实施效果不理想的情况。比较常见的问题有：

一是起草单位不主导立法起草工作，过度依赖律师事务所或高校等第三方机构代为起草。《广东省人民政府法规规章起草工作规定》虽然规定起草单位可以根据需要，委托教学科研单位或者社会组织等第三方机构代为起草地方性法规和规章，但由于H市等设区的地级市大专院校少且立法专业人才不足，受委托的第三方代为起草机构也存在自身立法力量不强、缺乏立法经验等问题，再加上对受委托起草的地方性法规、规章的立法背景及涉及的行政管理事务、行政机关的职权职责分工、运作流程不熟悉，对拟立法事项存在的问题了解和掌握得不够全面、深入，因而代为起草的草案提出的管理制度或措施不切实际，缺乏操作性和可执行性。

二是公开征求意见不到位。部分起草单位只是形式上将草案在政府或部门网站公示，而未在当地报刊、宣传栏等公众易接触的媒体或场所公布，一般公众难以知晓，无法及时提出意见、建议，从而导致起草单位公开征求意见收集的意见、建议较少，或收集的意见无关痛痒；相反，真正与立法事项利益相关的人群或团体的意见或建议难以及时上达起草单位；因而在地方性法规、规章实施后，社会反响强烈。如《H市停车场建设与管理办法》涉及广大公众切身利益，但在起草时，起草单位反映公开征求意见过程中公众没有多少反对或不同意见，并由此认定公众对公共停车场收费方案完全支持。但事实是，起草单位只在其单位网站公示了该规章草案，致使知晓公共停车场收费标准的公众极少，无从提出意见建议。

三是必经程序缺失。比较常见的问题有：涉及市场准入、市场竞争等市场主体经济活动领域的立法草案，起草单位未作公平竞争审查。《国务院关于在市场体系建设中建立公平竞争审查制度的意见》明确规定，行政机关和法律、法规授权的具有管理公共事务职能的组织制定市场准入、产业发展、招商引资、招标投标、政府采购、经营行为规范、资质标准等涉及市场主体经济活动的法规、规章、规范性文件和其他政策措施，应当进行公平竞争审查。起草单位的内设法制机构负责对法规、规章、行政规范性文件是否符合国家公平竞争要求和法律规定进行审查。但一些起草单位往往忽视上述规定，对一些涉及市场主体经济活动的地方性法规、规章草案提请司法行政部门合法性审查前，未由本部门法制机构进行公平竞争审查。

对上述存在的地方立法起草程序不规范问题的处理，国家和广东省及H市对相关法规和规章作了规定。国务院《规章制定程序条例》和《H市人民政府拟定地方性法规草案和制定政府规章程序规定》对立法起草程序作了严格规定，尤其是对公开征求意见程序规定得更为明确具体。一方面，要求起草单位要采取书面征求意见、座谈会、论证会等多种形式听取意见，并需将草案及其说明向社会公布、征求意见，且征求意见的期限一般不少于30日。另一方面，规定对于涉及社会公众普遍关注的热点难点问题和社会发展遇到的突出矛盾，减损公民、法人和其他组织权利或增加其义务，对社会公众有重大影响等重大利益调整事项，起草单位应当进行论证咨询，广泛听取有关方面的意见；起草的规章涉及重大利益调整或者存在重大意见分歧，对公民、法人或者其他组织的权利有较大影响，人民群众普遍关注的，起草单位应当举行听证会听取意见。《国务院办公厅关于在制定行政法规规章行政规范性文件过程中要充分听取企业和行业协会商会意见的通知》还明确规定，法规规章和行政规范性文件在制定过程中必须充分听取企业和行业协会商会意见。因此，依据"完善立法体制机制"的总体要求，地方立法必须进一步拓宽社会公众参与立法的渠道，畅通多种立法诉求表达和反映渠道，着力提高立法的精准性和有效性。对起草单位未履行上述法定程序起草的地方性法规、规章草案，司法行政机关在审查时，应将草案退回起草单位，并责令其完善相关起草程序。

（三）地方性法规、规章草案内容违法

《宪法》第100条和《立法法》第80条、第81条，都对地方立法与"国家法""上位法""不抵触"的原则进行了规定，即是说，地方立法与国家法和上位法"不抵触""不重复"的立法原则，既是地方立法的基本遵循，也是地方立法技术的根本要求。但在H市地方立法实践中，仍存在个别起草单位利用立法起草便利谋取部门利益、损害管理相对人合法权利等违法问题。

1. 草案擅自增加本部门职权或减少其法定职责

"职能部门利益法律化在立法起草中的主要表现，是各种利用法律扩大部门权力或获取各种形式部门利益现象的存在。"[5]H市地方立法起草同样面临部门利益法律化问题。如一些部门在起草地方性法规、规章时，往往从部门利益出发，趋利避害，"有利争着管，无利往外推"。常见问题是部门之间争行政许可、行政收费等经济管理权，而不愿意将面向公众

---

[5] 李一帆：《法律起草应避免部门化》，载《瞭望》2004年第7期。

的行政执法权规定为本单位的职责。一些起草单位利用起草便利,"近水楼台先得月",在规定部门职权、职责分工时,夹带私物,擅自增加本部门的行政管理权,或减少其法定职责,规避责任。如H市某局在起草《H市户外广告和招牌设置管理办法》时,规定市区户外广告和招牌设置统一归该局实施许可批准,但对违反该办法的违法行为的查处却规定由县(区)职能部门负责。该规定使执法主体之间权责明显不对等,且不利于该领域执法工作协调推进,属明显的"部门利益保护主义"。

面对上述问题,立法起草工作必须破除"部门利益保护主义",防范地方立法机关和立法人员滥用立法资源,扩大权力,规避法定责任和义务。《立法法》第91条第2款针对此类问题作了专门规定,没有法律或者国务院的行政法规、决定、命令的依据,部门规章不得增加本部门的权力或者减少本部门的法定职责。《广东省人民政府法规规章审查工作规定》亦明确要求,司法行政机关在审查法规规章送审稿时,应重点审查立法草案是否体现行政机关的职权与责任相统一的原则,是否符合精简、统一、效能的原则,是否符合职能转变的要求。因此,对上述存在的起草单位在立法草案中擅自增加本部门职权或减少其法定职责的问题,司法行政机关在审查时,应严格划分各行政机关的法定职权、职责,既不能出现越权越位,也不能缺位或出现执法空白。

2. 违法设定行政处罚、行政许可、行政强制等事项

常见问题如下:一是擅自设定行政处罚、行政许可、行政强制等事项。这类问题本质上亦属于立法中的"部门利益保护主义"。在制定涉及国有土地管理、集体土地征收补偿、村民住宅建设管理等类地方性法规、政府规章时,这类问题较常见。二是擅自扩大上位法设定的行政处罚、行政许可、行政强制的范围和条件。主要原因是起草单位对上位法条文的理解存在偏差或出于部门利益考虑。如H市某局起草的《H市户外广告和招牌设置管理办法》草案在无上位法依据的前提下,擅自规定城市管理行政主管部门对逾期未按要求拆除的违法设置的户外广告和招牌有权强制拆除。起草单位的理由是:如不规定城管部门强制拆除的强制执行权,则难

以对违法设置的户外广告和招牌管理到位。但上述规定明显违反《行政强制法》的规定，属于擅自扩大上位法设定的行政强制的范围和条件。

对于上述问题，《行政处罚法》《行政许可法》《行政强制法》等法律都作了明确规定，地方性法规和政府规章不得违反法律规定的设定权限，擅自设定行政许可、行政处罚、行政强制等事项，或扩大上位法规定的范围、条件。如地方立法草案存在此类问题，司法行政机关在审查时，应责令起草单位严格依据上位法规定精神进行修改，确保与上位法规定相一致。

3. 擅自增加公民、法人和其他组织法定义务或减损其权利

此类问题的突出表现有：一是擅自增加公民、法人和其他组织法定义务。常见于地方性法规或政府规章草案擅自规定收费项目或对企业、个人摊派费用。如H市某部门拟提请政府出台的《H市户外广告和招牌设置管理办法》草案规定电子广告经营商应无偿播放不少于三分之一的公益广告。二是擅自减损公民、法人和其他组织权利。如H市某部门提请审查的《H市农村集体土地征收补偿办法》草案，擅自降低省规定的最低补偿标准。

对上述问题的处理，《立法法》作了明确规定。2015年版《立法法》对2000年版《立法法》的最大修改之处在于，把原来第73条修改为第82条，并且在第82条增加了4款新的内容。其中第6款规定："没有法律、行政法规、地方性法规的依据，地方政府规章不得设定减损公民、法人和其他组织权利或者增加其义务的规范。"2015年《立法法》以第6款作为第82条的"兜底"条款，这确实是一项前所未有的"禁止性规定"。2023年3月13日第二次修正的《立法法》对该款未做修改，只是将第82条调整为第93条。因此，各级地方立法机关所立的地方性法规尤其是政府规章，今后在设定人民群众负担性规范的时候，哪怕是"临时性"立法行为，也绝对不行。涉及人民群众切身利益的地方立法必须"于法有据"。故对地方立法起草工作中出现的此类问题，司法行政机关在审查时应严格把关，绝对不允许此类侵害人民群众利益的"恶法"滋生。

（四）地方立法起草技术规范方面的问题

立法技术规范是制定、修改和废止法律规范必须依据的技术方法。地方立法技术必须追求立法的科学化，如在地方立法草案的起草中，法规、规章概念的统一，文本结构的协调，逻辑结构的完善，法规用语的规范等，都是地方立法技术应当且必须追求的目标，必须以此作为考量地方立法技术优劣的基本评价标准。

当前，在H市地方立法实践中，部分地方性法规、规章起草单位由于法律专业素质不高，业务不精，缺乏起草经验；或起草态度不端正，草率应付，因而提交审查的地方性法规、政府规章草案存在明显的技术规范问题。具体表现为：一是地方性法规、规章名称不适当。如标题过大，或内容与标题明显不匹配。如H市某局提请审查的政府规章草案《H市××河道管理办法》，从标题看，其内容应包括××江水文水质、河道生态环境、通航、防洪防汛等诸多方面的管理事务，但其实际内容仅是从城市市容市貌的角度如何加强对河道两岸秩序的管理整治，明显文不对题。又如，2019年H市某局申请立项的地方性法规项目名称为《H市公园条例》，该地方性法规名称明显过大，因为公园事务管理涉及规划建设、园林绿化、休闲游玩、日常事务管理等诸多方面，管理范围很广，原则上不适合地方立法；且起草单位立法的本意仅是想加强对公园园林绿化的管理工作，故其名称明显不恰当。二是文体不适当，体系结构、逻辑结构不清晰、不合理。如有的起草单位提交的草案结构不合理，不必要地划分章、节；有的草案条文不紧凑、不严密，将同一内容或事项分几条作出规定，或分几处作出规定，或重复规定，从而使地方性法规、规章草案结构散乱。三是用语不规范，表述不精准、简洁。又如有的草案套用总结、计划、工作方案等文体用语表达方式，不符合语法规范和要求；有的草案条文拖泥带水，不精简，或语句意思表达不清晰，或生造名词、短语、简称、缩写；有的草案条款涉及非法律专业术语或技术专业术语而不作解释或不指明出处，让人难以理解；有的草案罗列过多无实际意义的条款，从而使内容冗长繁杂。四是照搬上位法规定。有的地方性法规、规章草案大量援引上位法的原则、法律责任条款。如H市某局起草的《H市城镇排水与生活污水处理管理办法》，该规章草案规定的十二条法律责任全部引用上位法，属典型的"重复立法"。有的草案在援引时还随意拆解和拼凑上位法规定。如《H市户外广告和招牌设置管理办法》草案硬将起草单位自行认定的数种行为罗列为上位法规定的违法行为，并依据上位法条款予以处罚。

上述问题凸显出当前地方立法的能力和水平还有很大的提升空间，对立法技术规范掌握和了解不够。进入中国特色社会主义新时代的地方立法，要求法规条文表述严谨、框架结构严密、用语规范。法规一般采用章、节、条、款、项、目的基本结构单位，法规的内容通常由总则、分则和附则组成，正文的内容按照一定的逻辑关系依次进行排列。[6]凡属上位法已经有明确规定的，新的法规不得再重复设立相应的条款；确属必须引用上位法内容的表述必须做到完整准确，不得随意拆解和拼凑。法规最基本、最主要的结构单位是"条"（法条），法条要相对独立完整，一个条文只能规定一个具体的法规内容，技术规范要求对法规条款内容的表述准确无误、避免同义反复。[7]在地方性法规文本起草的技术层面上，2015年《立法法》修改时，于第6条增加了一款，即"法律规范应当明确、具体，具有针对性和可执行性"，2023年修改《立法法》时，依然保留了这一规定。《立法法》第82条对重复立法还作了禁止性规定："制定地方性法规，对上位法已经明确规定的内容，一般不作重复性规定。"《广东省人民政府法规规章审查工作规定》第7条第5项对立法技术规范性也作了一些要求，如要求法规规章的结构体例科学、完整，内在逻辑严密，条文表述严谨、规范，语言简洁、准确，符合其他立法技术规范。因此，司法行政机关对地方性法规、规章草案进行审查时，应同时对立法技术规范进

---

[6] 王能萍：《论地方立法技术——基于广东省设区的市地方性法规的分析》，载《法律方法》2018年第3期，中国法制出版社2019年版，第484—505页。

[7] 田林：《关于确立根本性立法技术规范的建议》，载《中国法律评论》2018年第1期。

行审查，对问题明显的，应要求起草单位认真修改，也可直接予以修改。

三、完善地方立法起草和审查机制的建议

（一）完善《立法法》，强化地方行政立法工作的功能性建设

1. 建立专业化、职业化的地方立法起草和审查队伍，健全地方立法人才队伍机制

一要加强地方立法起草和审查人员正规化、专业化、职业化建设。由于地方立法起草和审查工作需要较高法律素养、能力和较丰富的从业经验，因此，建议《立法法》规定，从事地方立法人员应具备国家法律职业资格，且需从事一定年限的相关法律工作；同时应相应提高地方立法从业人员的地位和待遇，以调动工作积极性，留住高素质的立法人才。

二要强化地方立法立项和审查工作的权威性。第一，建议《立法法》明确规定地方立法的原则，强调地方立法必须目的明确，防止地方利益和部门利益法律化，以杜绝国家相关部门在制定相关考核、评比标准时"拍脑袋"决策，强行要求地方制定无立法必要的地方性法规、规章项目，减少任务式立法。第二，由于国务院《规章制定程序条例》《广东省地方立法条例》未规定司法行政机关对地方性法规、规章草案的审查意见的效力，现实中存在一些起草单位拒不按照司法行政机关审查意见对地方性法规、规章草案进行修改完善，或政府领导随意否定司法行政机关审查意见的情形，影响地方性法规、规章合法性审查工作的权威。因此，建议《立法法》明确司法行政机关对地方性法规、规章的审查效力，即实行地方性法规、规章合法性审查"一票否决制"，只要司法行政机关对地方性法规、规章草案有不同意见的，就不得出台。

2. 加快地方立法工作的信息化建设

建议《立法法》明确地方政府要加强地方立法工作的信息化建设。具体推进以下几项工作：一是推进地方立法审查备案系统建设。运用大数据、云计算、移动互联网、物联网等信息技术，将全国所有地方性法规、规章在一个统一的平台系统发布，并按制定主体、制发年份、是否有效等

进行分类，方便公众查阅，实现对地方立法和"红头文件"的动态管理。二是推进地方立法管理系统建设，拓展系统功能，将地方立法从立项、前期调研、起草、公开征求意见、起草单位法制审核和集体讨论、司法行政机关合法性审查、登记、编号、发布、备案等全流程纳入系统管理，通过信息化手段促进地方立法起草、审查、登记和发布工作规范化、程序化、制度化，既便于地方立法合法性审查机关和上级备案机关的监管和方便公众参与地方立法的起草制定工作，又可避免地方立法起草制定的随意性。

（二）推进地方立法程序制度化建设

1. 推进地方立法程序制度化建设的必要性、可行性

立法程序是地方立法必须遵循的步骤。从概念和定义上说，"地方立法程序是指省、自治区、直辖市、较大的市和设区的市的人大及人民政府在制定、认可、修改、补充、解释、废止地方政府规章以及规范性文件的过程中必须遵循的步骤与方法"。[8]要制定一部高质量的地方性法规或规章，就需要建立立法程序规范保障机制，促使这些立法程序得到国家立法和地方性法规的权威确认。在这方面可供选择的路径就是制定专门的《地方立法程序法》，使其对地方的立法实践活动产生法律约束。随着地方立法越来越多，越来越深入，迫切需要立法程序同步规范进行。进入中国特色社会主义新时代之后，党的十九大报告明确提出要"推进科学立法、民主立法、依法立法，以良法促进发展、保障善治"。[9]全面建成小康社会、全面深化改革开放、全面推进依法治国、建设社会主义法治国家治国理政大方针的确立，进一步为国家立法和地方立法的程序化构建铺平了道路，为国家创设《地方立法程序法》提供了稳健的现实基础。总之，笔者认为我国已具备了制定《地方立法程序法》的必要性和可行性，制定一部《地方立法程序法》的主客观条件已经成熟。

---

[8] 刘钢柱：《加强地方政府立法程序建设问题研究》，载《国家行政学院学报》2016年第5期。

[9] 习近平：《决胜全面建成小康社会 夺取新时代中国特色社会主义伟大胜利》，载《人民日报》2017年10月28日，第1版。

2. 制定《地方立法程序法》的几点建议

结合当前地方立法存在问题及需求,《地方立法程序法》应重点完善地方性法规、规章公开征求意见程序：一是完善地方立法公开征求和听取意见程序。当前,人民群众反映较多的是地方立法未充分听取民情民意,"闭门造车"现象严重。《广东省地方立法条例》《广东省人民代表大会常务委员会立法公开工作规定》等虽然明确规定了地方性法规、规章起草、审查阶段应当公开征求意见,但实践中公开征求意见一般局限于起草单位网站,公众难以知晓和参与,或参与难度较大,从而导致地方立法脱离实际,出台后实施效果不理想。为强化公开征求意见的效果,提高公众参与度,建议《地方立法程序法》明确规定地方立法草案除通过政府或部门网站公示外,还必须通过当地公开发行的报刊、官方微信公众号等公众易接触的多种媒介公开征求意见；并强制规定地方性法规、规章必须听证和明确对听证收集意见的处理方式,避免使听证流于形式。二是建立地方立法咨询专家和信息联络员制度。为更好地提升地方立法质量,使地方立法更多反映公众意见,建议《地方立法程序法》规定地方立法机关要建立规范性文件咨询专家和信息联络员制度,即聘请一批有代表性的理论界和实务界的资深法律人士担任立法咨询专家；地方立法从起草到审查过程应充分听取专家意见。同时在企业、行业协会、街道社区、村（居）委会聘请一批了解基层情况、掌握一手资料的人员担任信息联络员,定期收集各行各业和不同利益群体对地方立法从立、改、废各环节的意见、建议；并可委托信息联络员就具体立法草案征求相关行业、部门、社区和利益群体的意见,从而达到使地方立法起草、审查部门全面掌握民情民意的目的,实现良法善治。

（三）建议广东省率先制定《地方立法技术规范》

1. 制定《地方立法技术规范》的目的、意义

立法技术是一个专门法律用语,通常指在立法体制机制确立、立法规划、立法预测、立法技术运行、立法程序形成和进行的过程中,所必备的立法表达技能等。立法技术是对立法实践的经验总结和理论提炼,是人

们在立法实践中所积累的立法经验、立法知识和所获得的操作技巧,既是保证地方立法实现立法科学化的核心要素,也是体现和提升地方立法科学化水平的重要标志。立法技术贯穿于地方立法过程的始终,是地方立法机构和立法人员所必须遵循的基本操作规程。地方立法作为规制人们行为的活动规则和制度规定,是一项技术性极强的实践操作,其最大特点和特色是体现立法的地方性和差异性,精准反映本地的经济、政治、文化、风俗和民情等实际情况。具体到地方立法技术而言,它的最大特点不只是追求"地方特色",还必须致力于发挥立法引领和保障经济社会发展的作用,尽量与上位法所使用的立法技术相协调,以维护国家法制统一。所以应当重视立法技术的研究,通过提高立法技术水平达到提升地方立法水平的目的。立法技术的终极目的和现实意义在于,通过人们对立法技术的普遍运用,促使国家和地方法律规范的表述形式更趋完善,法规文件内容和形式的表达、立法语言的运用更趋合理化和科学化。[10]

2. 制定《地方立法技术规范》的思路

对地方立法技术规范可通过《立法法》作出规定,即将根本性立法技术规范写入《立法法》的"总则"或者第二章第五节的"其他规定",使其对中央和地方的立法实践活动产生法律约束[11]。但目前通过修改《立法法》规定地方立法技术规范的条件尚不成熟。为使广东省地方立法有统一规范的技术标准可循,提升地方立法质量,笔者建议,在国家未将地方立法技术规范写入《立法法》前,广东省人大或省政府可以制定技术标准的形式,制定《地方立法工作规范手册》,将根本性立法技术写入《地方立法工作规范手册》的总则部分,并在内部工作纪律方面突出强调哪些是具有刚性约束效力的根本性立法技术规范[12]。《地方立法工作规范手册》其余部分则应包括立法预测、立法调查、立法规划、立法决策、立法

---

[10] 魏治勋、汪潇:《论地方立法技术的内涵、功能及科学路径:基于当前地方立法现状分析》,载《云南大学学报(社会科学版)》2019年第1期。

[11] 田林:《关于确立根本性立法技术规范的建议》,载《中国法律评论》2018年第1期。

[12] 宋才发:《地方立法的项目、技术及其机制研究》,载《云梦学刊》2021年第1期。

协调、立法表达和立法监督等方面的技术，并需对如何规范地方立法的名称，如何建构和规范地方立法文本的内部结构和外部形式，如何规范使用立法概念、语言表达、问题选择，如何规范地方立法文本的框架和分类，如何规范地方立法文件的系统化等要素作出具体明确的指引，以实现地方立法技术层面有规可循、规范操作的目的，从而走出当前地方立法因无标准参照而出现的各自为政、五花八门的窘境。

浅谈农村宅基地管理立法中"户"的认定问题

张　婷[*]

摘要：目前，农村宅基地管理中存在诸多问题，其中如何认定"一户一宅"是焦点，而"一户一宅"认定中，核心关键又是"户"的认定条件。在农村宅基地管理地方立法过程中，在坚守"农村村民一户只能拥有一处宅基地"基本原则的基础上，还需要结合本地实际情况，对"户"的认定条件作出相应规定，及时补充上位法空白，规范农村建房行为。

关键词：农村　宅基地　一户一宅　"户"的认定

---

[*] 张婷，现任共青团茂名市委员会书记，曾任茂名市司法局立法科科长、副局长。

一、引言

党的十九大报告提出实施乡村振兴战略。改善农民人居环境，提升村容村貌，是乡村振兴的重要工作之一。2018年，中央一号文《中共中央、国务院关于实施乡村振兴战略的意见》明确，探索宅基地所有权、资格权、使用权"三权分置"，落实宅基地集体所有权，保障宅基地农户资格权和农民房屋财产权。2019年中央一号文《中共中央、国务院关于坚持农业农村优先发展做好"三农"工作的若干意见》强调，加快推进宅基地使用权确权登记颁证工作，力争2020年基本完成。党的二十大报告提出，深化农村土地制度改革，赋予农民更加充分的财产权益。由此可见，近年来国家为了解决和发展好农村农房建设问题，出台了一系列新的政策，进行了一些新的探索，这些政策和探索，都是针对新的历史条件下农村宅基地出现的新情况新问题而展开的，对于与时俱进实现农房规划建设有序管控和提升乡村风貌具有重大意义。

目前在新农村建设中，随着农民对住房需求和要求的不断提高，农房建设活动空前活跃，但是，由于我国尚未出台专门的农村宅基地使用法或者宅基地管理条例，导致现实中如"一户一宅"如何认定、"一户多宅"如何清退、乡村规划如何落实、建房活动如何规范、乡村公共配套设施如何推进等问题没有很明确的刚性规范。在设区的市取得立法权以后，针对农村宅基地管理中亟须解决的问题，各地充分发挥立法主动性，加强了关于农村村民建房、村庄规划建设方面的立法。在这领域的立法中，对"一户一宅"的理解和对"户"的认定条件的明确是重点和难点问题，也是争议的焦点。下面笔者结合业务思考，作简单探讨。

二、法律法规政策的相关规定

（一）《民法典》的规定

《民法典》第363条规定："宅基地使用权的取得、行使和转让，适用土地管理的法律和国家有关规定。"《民法典》物权编第13章规定了这种使用权，即作为用益物权的宅基地使用权。《民法典》第363条授权

《土地管理法》等法律和国家规定进一步完善。[1]这一表述沿用了原《物权法》的表述，没有作出细化的规定。

（二）《土地管理法》的规定

2019年新修正的《土地管理法》第62条第1款规定："农村村民一户只能拥有一处宅基地，其宅基地的面积不得超过省、自治区、直辖市规定的标准。"回顾《土地管理法》的几次变动历程，"农村村民一户只能拥有一处宅基地"这一规定是在1998年修订时出现的，2004年、2019年的两次修正并未涉及这一条款，至今仍维持这一表述。然而对于"宅基地的面积不得超过省、自治区、直辖市规定的标准"这一要求，则从1986年《土地管理法》颁布以来一以贯之。1998年的这个新规定，反映了当时国家对宅基地的管理从单纯对宅基地使用面积的管控延伸至从"户"的角度对宅基地进行管理。对于"户"的具体概念，《土地管理法》至今没有明确。

（三）《广东省土地管理条例》的规定

《广东省土地管理条例》第42条第2款规定"农村村民一户只能拥有一处宅基地，新批准宅基地的面积按照以下标准执行：平原地区和城市郊区每户不得超过八十平方米，丘陵地区每户不得超过一百二十平方米，山区每户不得超过一百五十平方米"，遵循了《土地管理法》的"农村村民一户只能拥有一处宅基地"表述，另外，按照国家的授权，明确了不同的地形区域下，宅基地使用面积的标准。这个面积标准，事实上吸收沿用了1987年1月1日《广东省土地管理实施办法》（现已失效）实施以来就已经确立的标准，截至目前没有进行过调整。经过多年的规范，这个面积标准已为农民群众普遍接受，而对于何为"户"亦没有界定。

（四）国家、省确权登记中的相关规定

近年来，国家加快了对农村宅基地使用权确权登记颁证工作，出台了一系列推进政策，在这些政策中，有涉及"一户一宅"的规定。

《国土资源部关于进一步加快宅基地和集体建设用地确权登记发证

---

[1] 于宵：《"一户一宅"的规范异化》，载《中国农村观察》2020年第4期。

有关问题的通知》（国土资发〔2016〕191号）规定："……五、结合实际依法处理'一户多宅'问题。宅基地使用权应按照'一户一宅'要求，原则上确权登记到'户'。符合当地分户建房条件未分户，但未经批准另行建房分开居住的，其新建房屋占用的宅基地符合相关规划，经本农民集体同意并公告无异议的，可按规定补办有关用地手续后，依法予以确权登记；未分开居住的，其实际使用的宅基地没有超过分户后建房用地合计面积标准的，依法按照实际使用面积予以确权登记。"该通知没有采取直接方式界定"户"是什么，但是间接明确要"符合当地分户建房条件"，把权限和空间留给了地方；另外，自然资源部在对确权登记工作问答释疑中，对"户"的认定，给出了一些指引。其提到，原则上应以公安部门户籍登记信息为基础，同时应当符合当地申请宅基地建房的条件。根据户籍登记信息无法认定的，可参考当地农村集体土地家庭承包中承包集体土地的农户情况，结合村民自治方式予以认定。

《广东省自然资源厅关于印发广东省加快推进"房地一体"农村不动产登记发证工作方案的通知》（粤自然资规〔2019〕11号，2022年12月25日有效期届满失效）第4点第（6）点规定：宅基地使用权应按照"一户一宅"要求确权登记到户。其中，每名已成年子女可单独视为宅基地确权登记条件中的一"户"。对比上述国家层面的规定，省的规定明显更具体，且具有更大的突破性，一定程度上将"一户一宅"的含义拓展到"一成年子女一宅"。

上述国家和省的政策主要是针对农村已使用的宅基地或者已建成的房屋在确权登记中的认定方法，能否直接延伸适用或被参照用于新申请宅基地的"户"的认定条件中，值得商榷。但这些规定的现实实践，一定程度上为我们在地方立法中设定"户"条件时提供了有益思考。

三、因"户"的认定条件不明而存在的现实问题

本文探讨的范围框定在申请使用宅基地时"户"的条件，换言之，即宅基地申请的主体资格和条件问题，现实中主要包括两种情形，一是无

宅基地者新申请宅基地，二是有宅基地者在原宅基地上拆建。不涉及目前宅基地使用中已存在的"一户多宅"的腾退，宅基地超面积的处理或者非农民集体经济组织成员的宅基地的处理等问题，暂不列为讨论重点。也就是说，本文关注的是宅基地申请使用"前"的问题，而非宅基地现存的历史遗留"后"解决问题。纵观目前的立法例，其立法思路大抵如此，一方面严防出现"一户多宅"，另一方面希望在农房更新过程中消除"一户多宅"，但"一户多宅"问题的解决，往往需要更长的时间周期。

（一）建房分户与分户建房互为前提矛盾突出

在立法调研中，笔者发现，群众对建房分户和分户建房互为前提这一问题意见最集中。大多反馈的情形为：他们在申请宅基地建房时，审批部门要求他们提交独立的户口本。他们还没有分户，于是就到辖区派出所办理分户，但派出所往往不予分户，主要理由是先分户得先有自家的住房。由于宅基地审批部门与户籍管理部门依据的法律法规不一，两部门各持立场，无法协调，群众无法建房。

（二）村民委员会、村民小组对建房资格初核标准不一

由于没有明确的标准，村民委员会、村民小组、农村集体经济组织在宅基地建房初核时标准不一。有的按性别区分对待，申请人为男性的同意，女性的不同意；有的按婚姻状况区分对待，已结婚的同意，未结婚的不同意；有的按职业区分对待，非机关企事业单位的同意，机关企事业单位的不同意。村民委员会、村民小组初核意见随意性较大。上述列举的情形只是表象，其根本的原因在于各地对"农村集体经济组织成员资格"的认定未有统一认识。

（三）"户"外关系的复杂性未能解决

由于宅基地建房涉及相邻关系，按目前的审批流程，需要四邻签字同意。不少群众反映，因邻里矛盾纠纷是常事，导致彼此间建房时，对方故意不签字确认四至边界，以致无法完成申请表填写，从而导致办理审批材料不齐全而无法办理手续。村民委员会、村民小组、农村集体经济组织由于没有法定调决权，或怠于履行职责，或不就宅基地界址进行明确，事情

往往一直拖延得不到解决,"户"外的关系处理也成了建房障碍之一。

四、对"户"认定条件的立法考量

在国家和省对"户"的认定尚未作出明晰规定,而现实立法需求突出的情况下,各地级市通过行使地方立法权因地制宜制定标准,成了现实选择。经查,全国已有多个省市对此进行了立法。

(一)相关省市的立法例

省法规规章层面(仅统计现行有效的)。省级法规有24部,其中实施性法规有15部,分别是山西、西藏、湖南、河南、上海、内蒙古、四川、陕西、新疆、安徽、江西、辽宁、甘肃、山东、青海出台的实施《土地管理法》办法;自主性法规有9部,分别是《海南省村庄规划管理条例》《河南省村庄和集镇规划建设管理条例》《陕西省乡村规划建设条例》《重庆市村镇规划建设管理条例》《广西壮族自治区土地管理条例》《广西壮族自治区乡村规划建设管理条例》《福建省土地管理条例》《广东省土地管理条例》《浙江省土地管理条例》。省级规章有7部,分别是《河北省农村宅基地管理办法》《上海市农村村民住房建设管理办法》《湖北省村庄和集镇规划建设管理办法》《内蒙古自治区村庄和集镇规划建设管理实施办法》《广西壮族自治区实施〈村庄和集镇规划建设管理条例〉办法》《辽宁省村庄和集镇规划建设管理办法》《甘肃省实施〈村庄和集镇规划建设管理条例〉办法》。

市级法规规章层面(仅统计现行有效的)。市级法规有32部,分别是云浮、茂名、湘潭、清远、绍兴、晋城、岳阳、益阳、株洲、邯郸、银川、拉萨、新余、上饶、赣州、西宁、抚州、池州、南昌、郴州、常德、衡阳、乌鲁木齐、桂林、乌兰察布、通化、郑州、抚顺、大理、德宏、文山、延边朝鲜族自治州出台了名为村庄规划建设管理条例或村民农民住房建设管理条例的法规。市级规章有3部,分别是《株洲市农村村庄规划建设管理条例实施细则》《河源市农村村民住房建设管理办法》《西宁市农村村民住房建设管理办法》。

（二）立法的考量因素

通过对上述省市立法例的统计分析，能够大致把握"户"的核心、共性因素，从而为科学设定"户"的认定条件、宅基地申请主体资格的确定提供参考。

1. 与户籍登记中的"户"相区别

《户口登记条例》第 5 条规定："户口登记以户为单位。同主管人共同居住一处的立为一户，以主管人为户主。单身居住的自立一户，以本人为户主……"我国户籍管理制度的最初设定，是计划经济背景下的人口登记管理制度。但是，随着改革开放的不断深入，《户口登记条例》中关于户的认定的规定已经与现实脱节。[2] 人口的频繁流动和生产经济方式的多样化，已经使户籍意义上的"户"的功能弱化。由于宅基地使用权属于农村集体经济组织成员权利范畴，因此单纯以户籍来作为宅基地申请主体"户"的认定条件，已不合时宜。从上述省市立法例来看，与户籍登记中的"户"相脱钩的特点非常明显。例如，《河北省农村宅基地管理办法》第 7 条规定，"农村村民符合下列条件之一的，可以申请宅基地：（一）因子女结婚等原因确需分户，缺少宅基地的"；又如，《岳阳市农村村民住房建设管理条例》第 14 条规定，"村民符合下列条件之一的，可以以户为单位申请在村庄规划区内建设住房：（一）具备分户条件，确需另立新户建设住房的"。这些表述都强调了"确需分户"而非"已分户"，以客观现实居住需要为考量，而非以户籍登记中的独立成户状态为依据。这种制度设计，较好解决了建房分户互为前提的矛盾。

2. 达到法定婚龄优于成年年龄

宅基地使用权之取得，须以户的名义为之，任何村民个人均不适格。[3] 宅基地使用权的主体是户，而非自然人。[4] 不以户籍为标准，那

---

[2] 胡耀文：《论户的变动对"一户一宅"的挑战》，载《河南工程学院学报》2020 年第 2 期。

[3] 朱庆育主编：《民法总论》，北京大学出版社 2013 年版，第 464 页。

[4] 胡耀文：《论户的变动对"一户一宅"的挑战》，载《河南工程学院学报》2020 年第 2 期。

何为现实中的"户"？有观点主张，达到法定年龄18周岁可为一户，主要是考虑法律面前人人平等，具有完全民事行为能力后，应充分保障其居住权。也有观点主张，达到法定婚龄（男22周岁，女20周岁）为一户，更符合农村现实情况，允许他们申请建房，为结婚准备好物质基础。还有观点主张，已登记结婚的为一户，侧重从分家分食、独立生活、居住需要角度考虑，在农村未结婚者通常与父母同住。参照各地立法例，主要采取达到法定婚龄为考量因素，以已结婚为标准少之，以成年为标准罕见。例如，《河源市农村村民住房建设管理办法》第21条规定，"农村村民符合下列条件之一的，可以以户为单位申请用地建房：（一）同户居住家庭，因家庭成员已达到法定结婚年龄，需要建房分户居住的"。又如，《西宁市农村村民住房建设管理办法》第9条规定，"符合下列条件之一的村民建房，可以以户为单位向常住户口所在地的村民委员会提出申请……（一）同户（以合法有效的农村宅基地使用证或者建房批准文件计户）居住人口中有两个以上（含两个）达到法定结婚年龄的未婚者，其中一人要求分户建房，且符合规定的分户建房条件的"。笔者认为，宅基地是短缺资源，在保障居住需要的前提下，要符合土地节约集约高效利用的要求。因此，在界定户的标准时，选择已达到结婚年龄为标准，既有利于衡平人与地之间的供需矛盾，亦易于为民众所接受，为法律有效普及实施奠定了民意基础。

3. 需为农村集体经济组织成员家庭

关于"户"是否明确为农村集体经济组织成员家庭，在省市立法例条款当中一般没有明确表达，仅表述为"村民""农村村民""本村村民"，但是字面之外的问题无法回避。根据《村民委员会组织法》第13条的规定，村民的界定主要以"户籍在本村"为标准。但是在宅基地的申请中，"户籍在本村"的"户"往往还需要满足一个条件，即为农村集体经济组织成员家庭。村民宅基地作为保障性财产，其集体成员集体拥有。[5]

---

[5] 韩松：《农民集体所有权主体的明确性探析》，载《政法论坛》2011年第1期。

农户只有成为集体的成员,获得"身份"资格才能和集体内的其他成员一样对宅基地享有占有、使用等权利。[6]关于集体成员资格的取得,单独以户籍登记为依据认定不能获得广泛的认同,尤其是不能获得集体经济组织及其成员的认同。[7]大部分地区实际操作过程中更着重强调"享受村集体资产分配的集体经济组织成员家庭"。[8]在"户"申请宅基地时,村民委员会、村民小组、农村集体经济组织在审查的过程中,有意识或无意识地对此进行了把关。这个资格权是否应要求具备,是由村民委员会、村民小组还是农村集体经济组织审查,审查程序应该如何,村民权益如何保障救济,这些问题值得也有待于作进一步深入研究。

五、结束语

农村宅基地规范化管理是新农村建设中非常重要的基础性工作,[9]关系乡村振兴战略的实现,关乎广大人民群众的切身利益。涉农村宅基地管理的地方立法工作,应该积极主动作为,因时因地制宜,设计出更科学的方案,为乡村振兴提供制度支撑和保障。

---

〔6〕 丁国民、龙圣锦:《乡村振兴战略背景下农村宅基地"三权分置"的障碍与破解》,载《西北农林科技大学学报(社会科学版)》2019 年第 1 期。

〔7〕 程秀建:《宅基地资格权的权属定位与法律制度供给》,载《政治与法律》2018 年第 8 期。

〔8〕 尹晓波、朱永倩:《乡村振兴战略背景下宅基地农户资格权主体认定》,载《巢湖学院学报》2019 年第 5 期。

〔9〕 毛德明:《浅谈农村宅基地管理中存在的问题及解决措施》,载《砖瓦》2020 年第 8 期。

从行政法的角度来看排污许可与排水许可

陈辉煌[*]

摘要： 排污许可与排水许可在我国并存多年，引发了很多质疑和困扰，排水单位就一个排水事项需要多次往返多家审批部门，不符合简政放权的要求。结合我国现有规定，通过对排污许可与排水许可的梳理，厘清排污许可与排水许可的关系，可消除误解和混乱，并通过立法，进一步完善我国排污许可和排水许可制度。

关键词： 排污许可　排水许可　立法

党的十八大以来，国务院已经分16批取消下放1094项行政许可事项，其中，国务院部门实施的

---

[*] 陈辉煌，宪法学与行政法学博士，深圳市司法局政府法律顾问工作处处长。

行政许可事项清单压减比例达到47%。[1]着眼于简政放权、放管结合、优化服务的行政审批制度改革，已成为国务院推进全面深化改革的"先手棋"和转变政府职能的"当头炮"。[2]能精简的审批事项已经逐一精简，但排污许可和排水许可这两项涉及水污染治理的审批一直并存。这两项审批在生态环境保护中发挥了积极的作用，但很多人分不清排污许可和排水许可。这两项许可到底有何不同？是否涉及重复审批？是否可以互相取代？党的二十大报告提出："统筹水资源、水环境、水生态治理，推动重要江河湖库生态保护治理，基本消除城市黑臭水体。"如何协调这两项许可的关系，对进一步完善我国环境保护制度和加快建设美丽中国具有重要意义。

一、排污许可与排水许可的定义

所谓排污许可制度，是指环境保护主管部门根据排污单位的申请和承诺，经过依法审查，允许其按照规定的排污种类、浓度、数量、排放时间、排放路线等要求排放污染物，并对排污单位的排污行为进行有效约束的管理制度。[3]排污许可是环境许可中一项点源排放管理的核心工具。

所谓排水许可制度，也称为"污水排入排水管网许可"，是指排水管理部门根据相关法律规范的规定，对从事工业、建筑、餐饮、医疗等活动的企业事业单位、个体工商户的申请，依法审查后，准予符合法定条件和标准的排水户向污水处理厂等城市排水设施排放污水，并对该排水行为依

---

〔1〕《党的十八大以来 国务院已分批取消下放行政许可事项逾千项》，载中国政府网，https://www.gov.cn/zhengce/2020-09/30/content_5548464.htm，最后访问时间：2024年6月1日。

〔2〕罗争光：《推动行政审批制度改革向深处发力——国务院第三次大督查发现典型经验做法之三十一》，载中国政府网，http://www.gov.cn/hudong/2017-02/15/content_5168108.htm，最后访问时间：2025年2月26日。

〔3〕孙佑海：《排污许可制度：立法回顾、问题分析与方案建议》，载《环境影响评价》2016年第2期。

法进行监督管理的具体行政许可制度。[4]在国务院发布的《城镇排水与污水处理条例》（国务院令第641号，2014年1月1日起施行）中称为"污水排入排水管网许可"，在住房和城乡建设部发布的《城市排水许可管理办法》（建设部令第152号，2007年3月1日起施行，2015年3月1日废止）与《城镇污水排入排水管网许可管理办法》（住房和城乡建设部令第21号，2015年3月1日起施行，2022年12月1日住房和城乡建设部令第56号修正）中称为"排水许可"，人们一直也习惯称之为"排水许可"，本文采用"排水许可"。

二、排污许可与排水许可的不同

一是起源和目的不同。1984年5月11日公布的《水污染防治法》并没有关于排污许可的规定。排污许可起源于1988年，为有效控制水污染，加强对水污染源的监督管理，原国家环境保护总局于1988年3月颁发了《水污染物排放许可证管理暂行办法》（〔88〕环水字第111号，2007年10月8日废止），该办法第9条规定："各地环境保护行政主管部门结合本地区的实际情况，在申报登记的基础上，分期分批对重点污染源和重点污染物实行排污许可证制度。"此后的1989年7月，经国务院批准，原国家环境保护总局发布了《水污染防治法实施细则》（国家环境保护局令第1号，2000年3月20日废止）第9条第1款规定："环境保护部门收到《排污申报登记表》后，经调查核实，对不超过国家和地方规定的污染物排放标准及国家规定的企业事业单位污染物排放总量指标的，发给排污许可证。"2000年3月，国务院发布新的《水污染防治法实施细则》（国务院令第284号），取消了对于排污许可证的规定。特别是在自2004年7月1日起施行《行政许可法》之后，由于排污许可没有法律法规依据，2004年《国务院对确需保留的行政审批项目设定行政许可的决定》（国务院令第412号）也未将其作为保留审批项目，2007年10月8日起施行的《关于废

---

〔4〕 徐婧、梅凤乔：《城市排水许可中污水处理厂权利保护问题研究》，载《环境科学与技术》2012年第3期。

止、修改部分规章和规范性文件的决定》（国家环境保护总局令第 41 号）将《水污染物排放许可证管理暂行办法》废止，排污许可在国家层面失去了依据。20 世纪 90 年代前后，部分人员对立法约束企业排污很不以为意，认为"允许企业生产就应允许企业排污""环保部门不能影响企业的发展"。[5] 直到 2008 年 2 月，第十届全国人大常委会第三十二次会议审议通过了新的《水污染防治法》修订案，在第 20 条明确规定"国家实行排污许可制度"。随后的《大气污染防治法》《环境保护法》都规定了排污许可制度。国务院于 2021 年 1 月发布了《排污许可管理条例》（国务院令第 736 号）。

排水许可起源于 1994 年，为了保障城市排水设施安全、正常运行和养护工人的人身安全与健康，促进城市排水事业发展，控制城市水污染，1994 年 5 月 20 日原建设部颁布了《城市排水许可管理办法》（2015 年，因《城镇污水排入排水管网许可管理办法》而废止），该办法第 5 条规定："排水户在实施排水前，应当如实填报'排水许可证申请表'，并持有关排水资料和图纸，到当地城市建设（市政工程）行政主管部门或其授权单位，办理城市排水许可手续。"该办法对排水许可的规定非常详细。在《行政许可法》实施之后，排水许可也面临没有法律法规依据的窘境，但自 2004 年 7 月 1 日起施行的《国务院对确需保留的行政审批项目设定行政许可的决定》（国务院令第 412 号）将该项审批列为保留事项，继续执行。

从起源来看，排污许可和排水许可都起源于部门文件，分别是原国家环境保护总局的《水污染物排放许可证管理暂行办法》和原建设部的《城市排水许可管理办法》。由于排污许可一开始就规定"分期分批对重点污染源和重点污染物实行排污许可证制度"，如何分期分批，重点污染源、重点污染物如何确定等都存在较大的不确定性，特别是《行政许可法》实施后，未得到国务院的确认，在追求经济发展的环境下，排污许可制度实施得并不成功。1994 年《城市排水许可管理办法》第 2 条明确规定："凡直接或者间

---

[5] 徐婧、梅凤乔：《城市排水许可中污水处理厂权利保护问题研究》，载《环境科学与技术》2012 年第 3 期。

接向城市排水设施排水的单位、个体经营者（以下简称：排水户），应当遵守本办法。"排水许可的适用范围和发放标准非常明确，并获得国务院的确认，因此一直得到执行。

二是法律依据不同。目前排污许可的现行有效的法律依据比较多，主要有：《水污染防治法》第21条规定："直接或者间接向水体排放工业废水和医疗污水以及其他按照规定应当取得排污许可证方可排放的废水、污水的企业事业单位和其他生产经营者，应当取得排污许可证；城镇污水集中处理设施的运营单位，也应当取得排污许可证。排污许可证应当明确排放水污染物的种类、浓度、总量和排放去向等要求……"《大气污染防治法》第19条规定："排放工业废气或者本法第七十八条规定名录中所列有毒有害大气污染物的企业事业单位、集中供热设施的燃煤热源生产运营单位以及其他依法实行排污许可管理的单位，应当取得排污许可证……"《环境保护法》第45条规定："国家依照法律规定实行排污许可管理制度。实行排污许可管理的企业事业单位和其他生产经营者应当按照排污许可证的要求排放污染物；未取得排污许可证的，不得排放污染物。"《排污许可管理条例》（国务院令第736号）也是排污许可证发放的重要参考依据。

排水许可证的依据比较简单，主要是《城镇排水与污水处理条例》（国务院令第641号）和2004年《国务院对确需保留的行政审批项目设定行政许可的决定》（国务院令第412号），《城镇污水排入排水管网许可管理办法》（建设部第21号令，2022年12月1日住房和城乡建设部令第56号修正）作为部门规章也是排水许可的依据。《城镇排水与污水处理条例》第21条第1款规定："从事工业、建筑、餐饮、医疗等活动的企业事业单位、个体工商户（以下称排水户）向城镇排水设施排放污水的，应当向城镇排水主管部门申请领取污水排入排水管网许可证。城镇排水主管部门应当按照国家有关标准，重点对影响城镇排水与污水处理设施安全运行的事项进行审查。"

三是发放的部门不同。排污许可由环境保护主管部门负责。各级环保部门在排污许可证的发放中有明确的分工。生态环境部负责全国排污许可制度的统一监督管理,制定相关政策、标准、规范,指导地方实施排污许可制度。省、自治区、直辖市环境保护主管部门负责本行政区域排污许可制度的组织实施和监督。县级环境保护主管部门负责实施简化管理的排污许可证核发工作,其余的排污许可证原则上由地(市)级环境保护主管部门负责核发。地方性法规另有规定的从其规定。按照国家有关规定,县级环境保护主管部门被调整为市级环境保护主管部门派出分局的,由市级环境保护主管部门组织所属派出分局实施排污许可证核发管理。

排水许可由城乡建设部门和城镇排水与污水主管部门负责。国务院住房城乡建设主管部门负责全国排水许可工作的指导监督。省、自治区人民政府住房城乡建设主管部门负责本行政区域内排水许可工作的指导监督。直辖市、市、县人民政府城镇排水与污水处理主管部门负责本行政区域内排水许可证书的颁发和监督管理。城镇排水主管部门可以委托专门机构承担排水许可审核管理的具体工作。在各地主要是由水利局或水务局负责审批和发放。

四是发放的对象不同。排污许可主要向以下单位发放:(1)排放工业废气或者排放国家规定的有毒有害大气污染物的企业事业单位。(2)集中供热设施的燃煤热源生产运营单位。(3)直接或间接向水体排放工业废水和医疗污水的企业事业单位。(4)城镇或工业污水集中处理设施的运营单位。(5)依法应当实行排污许可管理的其他排污单位。生态环境部按行业制定并公布排污许可分类管理名录,分批分步骤推进排污许可证管理。

排水许可主要向城镇排水设施排放污水的从事工业、建筑、餐饮、医疗等活动的企业事业单位、个体工商户发放。从管理的污水排放对象来看,排水许可的范围比排污许可广泛,两者在向城镇排水设施排放工业废水和医疗污水的企业事业单位上出现了重合,按照现有规定,这类企业事业单位对于自己排放污水的行为需要同时申请排污许可和排水许可。

五是许可的内容不同。排污许可包括:(1)排污口位置和数量、排放方式、排放去向等。(2)排放污染物种类、许可排放浓度、许可排放量。

（3）污染防治设施运行、维护，无组织排放控制等环境保护措施要求。（4）自行监测方案、台账记录、执行报告等要求。（5）排污单位自行监测、执行报告等信息公开要求。（6）主要生产装置、主要产品及产能、主要原辅材料、产排污环节、污染防治设施、排污权有偿使用和交易等信息。

排水许可包括"排水类别、总量、时限、排放口位置和数量、排放的污染物项目和浓度等"。相比较而言，排污许可的内容更加全面，废水、废气、工艺、原料等信息都在许可之中；而排水许可的内容比较简单，主要是针对废水，其许可的内容基本都包含在排污许可之中。

六是审批的依据不同。排污许可的审批考虑的因素比较多，生态环境部根据污染物产生量、排放量和环境危害程度的不同，在排污许可分类管理名录中规定对不同行业或同一行业的不同类型排污单位实行排污许可差异化管理。地方人民政府为了实现环境质量限期达标规划和应对重污染天气，也可以通过排污许可对排污单位污染物排放进行特别要求。因此，排污许可证的发放，首先要考虑国家和上级政府的污染物排放的总量要求，确定本区域的排放量，根据排放量决定是否发放排污许可；其次要考虑申请排污许可的企业所在的行业，不同的行业、不同类型的排污单位其污染物的排放标准也不相同；再次还要考虑排污企业所在的区域，工业区、居住区、保护区等排放的标准也有所差异，不同的海拔、经纬度也会不同；最后还要考虑排污单位所采用的技术、原料、工艺等，以及排污的时间等众多因素。

排水许可的审批相对简单，主要考虑排水单位的排水水质和水量，水质和水量主要是考虑污水处理厂的接纳和处理能力，一个城市的污水处理能力和市政排水管网的承受能力并不是无限的，通过排水许可一方面控制排水单位的排水，另一方面根据排水量的增加，不断完善和提升市政排水设施的处理能力。国家和各地都出台了污水排入城镇下水道水质标准，这些标准适用于该地区的所有排水单位，并不会因为排水单位的行业、规模、技术、位置等而有所不同。

三、排污许可与排水许可的关系

一是能否互相取代？二者现阶段还不能互相取代。排污许可的内容丰富，但其适用的对象主要是环保部门按行业制订并公布的管理名录内的企业事业单位，规范的主要是工业废水和医疗废水，个体工商户及生活污水都尚未纳入排污许可范围。排水许可规范所有将污水排入城镇排水设施的排水户，工业废水和生活污水只要排入城镇排水设施都需要申请排水许可。二者规范的范围有部分重合，但并不完全重合。排污许可无法取代排水许可，因为排污许可主要规范名录内的企业单位和事业单位，名录外的排水单位未纳入监管，此外，发放了排污许可的企业事业单位的生活污水也未纳入排污许可证的监管内容。排水许可也无法取代排污许可，因为排水许可仅仅针对排入城镇排水设施的污水，对废气、废渣等污染物没有规定，对排入自然水体的污水也没有规定。如果要互相取代，现行的排污许可和排水许可都将需要进行较大的改革。

二是能否和谐共存？现阶段二者不得不共存。虽然排污许可和排水许可都是基于环境保护需要，具有防治城镇水污染的功能，但出发点和侧重点各不相同，发挥的作用也不同，无法互相取代，现在上海、南京、哈尔滨等地都是按照国家规定发放排污许可和排水许可，这样在一部分企业事业单位就存在要获得两项许可才能正常排水的情况，随着排污许可的发放范围越来越广泛，如 2017 年年底前，上海市火电、造纸等 15 个行业实现排污许可证的全覆盖。[6] 这些领取了排污许可的企业，在其工业废水排入城镇排水设施的时候，还需要申请排水许可证，只有在其自建污水处理设施处理过的污水达到可以排入自然水体标准并不再排入城镇排水设施的时候，才不需要领取排水许可证。由于两证确实存在重合，为了避免重复发放、多重执法的局面，深圳、珠海等地通过地方立法进行了创新，将两证发放进行了协调，尝试将纳入排污许可的工业企业划归环保部门管理，

---

〔6〕 蔡新华、徐璐：《上海扩大排污许可证核发范围》，载《中国环境报》2017 年 12 月 6 日，第 2 版。

无须再向排水主管部门申请排水许可，但这些尝试的效果和合法性在国务院《城镇排水与污水处理条例》发布后受到挑战，2021年1月1日起施行《深圳经济特区排水条例》和2021年3月1日起施行《珠海经济特区排水管理条例》已经修改了关于排水许可的规定，与国家规定保持一致。

三是是否应该共存？笔者认为，现在的共存不符合许可法的宗旨和目的。我国《行政许可法》第2条规定："本法所称行政许可，是指行政机关根据公民、法人或者其他组织的申请，经依法审查，准予其从事特定活动的行为。"如果排水单位拿到了排水许可却因为没有拿到排污许可而不能排水，或排污单位拿到了排污许可却因为没有拿到排水许可而不能排污，这种情况下的排水许可或排污许可根本就没有实际意义，当事人并没有获得从事许可的活动的权利，同一个行为，居然要获得多次许可，不符合我国《行政许可法》的宗旨和目的。排水许可与排污许可存在较大不同，两者可以共存，但不能共存于同一家排水单位或排污单位的相同的排放行为，二者发放对象应该进行区分，将拿了排污许可的单位从排水许可的对象中分离开来，一家申请单位只应该就自己的排放行为申请一个许可。

四、排污许可与排水许可共存的原因分析

造成两者如此复杂的原因在哪里？经分析，造成这一后果的原因主要在于制度设计不协调，一方面是立法的及时性和协调性不够，部门之间的管理职责划分存在重叠；另一方面是立法的柔韧性和适应性不够，未给地方预留弹性空间，不利于地方结合工作实际需要进行适当调整。

（一）立法缺乏协调导致了排污许可与排水许可操作的混乱

国家在《环境保护法》《水污染防治法》和《大气污染防治法》中都提出了建立排污许可制度，《水污染防治法》和《大气污染防治法》都特别授权国务院规定排污许可的具体办法和实施步骤。我国《立法法》第66条规定："法律规定明确要求有关国家机关对专门事项作出配套的具体规定的，有关国家机关应当自法律施行之日起一年内作出规定，法律对配套的具体规定制定期限另有规定的，从其规定。有关国家机关未能在期限内作出配套的具体规定的，应当向全国人民代表大会常务委员会说明情况。"但国务院于2021年1月24日才发布《排污许可管理条例》（国务院令第736号），之前十多年，排污许可主要依据原环保部制定的《排污许可证管理暂行规定》（环水体〔2016〕186号，2018年8月17日废止）、《生态环境部关于发布排污许可证承诺书样本、排污许可证申请表和排污许可证格式的通知》（环规财〔2018〕80号）和国务院办公厅发布的《控制污染物排放许可制实施方案》（国办发〔2016〕81号），这些都仅仅是规范性文件，2018年1月10日原环境保护部发布的《排污许可管理办法（试行）》（环境保护部令第48号，于2024年7月1日废止）是部门规章，效力层次太低。国务院在2013年10月2日发布的《城镇排水与污水处理条例》中对排水许可又进行了规定，对排水许可的规定没有考虑到现有法律中关于排污许可也涉及了工业废水的问题。

（二）国家立法的强制性未为地方立法进行调整预留空间

在国务院《城镇排水与污水处理条例》出台之前，深圳和珠海等地都通过地方立法将排水许可的范围进行了调整，以便于和排污许可能够进行衔接。《深圳市排水条例》（2007年7月1日起施行，2021年3月25日废止）第31条规定，"工业企业排水单位、污水处理厂以及将污水直接排入自然水体的排水单位和个人，应当依法向环境保护部门申请排污许可证。工业企业以外的其他生产、经营性质的排水单位和个人，直接或者间接向市政排水设施排放污水的，应当向主管部门申请排水许可证……"2009年《珠海市排水条例》（2010年1月1日起施行，2021年3月1日废止）第39条规定："向城市污水管网及其附属设施排放工业废水、医疗废水的企事业单位、污水处理厂以及将污水直接排入自然水体的排水单位，应当依法向环境保护主管部门申请排污许可。环境保护主管部门在作出排污许可后，应当及时将相关信息告知排水主管部门。排放工业废水、医疗废水的企事业单位以外从事生产、经营活动的排水户，向城市污水管网及其附属设施排放污水的，应当向排水主管部门申请排水许可……"但根据我国《立法法》第82条的规定，"在国家制定的法律或者行政法规生效后，地方性法规同法律或者行政法规相抵触的规定无效，制定机关应当及时予以修改或者废止"。在国务院《城镇排水与污水处理条例》出台后，其第 21 条对排水许可进行了明确规定，深圳、珠海等地的变通规定，因与行政法规相抵触而无效。不过，深圳、珠海都属于特区，还有经济特区立法权，可以通过特区立法来进行变通，但 2021 年 1 月 1 日起施行《深圳经济特区排水条例》和 2021 年 3 月 1 日起施行《珠海经济特区排水条例》未适用特区立法权进行变通，与国家规定保持一致，两项许可并存。

五、排污许可与排水许可的完善建议

美国、欧盟、日本等国家和地区都通过最高立法机关以法律确认了针对固定点源采用综合性、一证式的排污许可管理制度。我国的排污许可制度不断完善，覆盖范围不断扩大，按照生态环境部《固定污染源排污许可分类管理名录（2019 年版）》的总体要求，国民经济行业分类涉及固定污染源的有 706 个，全部已纳入 2019 年版名录，划定了生产规模、工艺特征、原料使用量、燃料类型等管理类别的界定标准，确保"全面管理、重点突出"，但仍有大量的行业和排水单位由于规模较小未被纳入排污许可的范围，随着排污许可的范围不断扩大，将有越来越多的排水单位发现排水许可与排污许可的重复审批问题。因此，需要尽快完善这两项制度。

一是从操作层面来看，环保部门和排水主管部门要做好协调和沟通，实现信息共享，减轻申请单位的负担。《行政许可法》第 26 条第 2 款规定："行政许可依法由地方人民政府两个以上部门分别实施的，本级人民政府可以确定一个部门受理行政许可申请并转告有关部门分别提出意见后统一办理，或者组织有关部门联合办理、集中办理。"虽然该条中的行政许可是指多个部门颁发同一许可的情况，但对于两个部门颁发的有共性的行政许可同样具有参考价值。在当事人向一个单位申请许可的时候，该受理单位及时向其他审批单位共享信息和资料，如果满足两个审批单位的许可条件，两个审批单位可以分别签发许可，并由一个审批单位向当事人送达，减轻当事人负担的同时，也简化了审批单位的义务。例如，在实际操作中，当排污单位向环保部门申请排污许可的时候，环保部门发现申请人有废水排向城镇排水管网的情形时，就及时将相关资料与排水主管部门进行共享，排水部门将排污单位的排放污水的情况进行审核，如果符合排水许可条件，就将排水许可证通过环保部门与排污许可证一同送达申请人；如果不符合排水许可条件，应及时告知环保部门和申请人，要求其及时补充材料或完善处理措施，因为排水许可不通过，申请人的污水流向不解决，排污许可证也是无法发出的。在网络、电子平台等信息技术如此发达和方便的今天，这种协调和沟通完全是有可能的。这项工作需要当地人民政府进行牵头，协调环保部门和排水主管部门，做好沟通，划分好彼此的权责。

二是从立法层面来看，国家应该尽快完善相关立法，在立法中做好两项制度的衔接。要理顺排污许可和排水许可的关系，考虑到排污许可内容的全面性，应适当扩大排污许可证的发放的范围和规范的内容，将已经发放排污许可范围的单位从排水许可的范围中分离出来，避免两者监管的重复和空白。排污许可证的发放范围在不断扩展之中，截至2021年，全国登记管理的排污单位有236万家，较2017年取得排污许可证的24万家有大幅度增加，但仍有大量排水单位未纳入排污管理。[7]同时，排污许可证在污水方面，关注的仅仅是工业废水，对于企业事业单位的生活污水没有规定和监管。这种情况下，取得排污许可证的企业事业单位的生活污水仍需要排水主管部门的许可和监管，无法将该类企业事业单位直接划归环保部门监管。通过立法，适当扩大排污许可证的发放范围和规范的内容，尽量将所有排污的工业企业事业单位或达到一个确定标准的企业事业单位都纳入排污监管范围，便于将该排污单位的排污监管职能完全地划归环保部门，剩余未取得排污许可的排水单位和个体工商户都纳入排水许可的监管范围，避免出现重复监管；将纳入了排污监管的企业事业单位的生活污水也纳入排污许可的规范内容，避免出现监管空白地带。

---

[7] 《〈排污许可管理条例〉3月1日起施行》，载中国政府网，https://www.gov.cn/zhengce/2021-02/06/content_5585363.htm，最后访问时间：2024年6月1日。

《立法评论》注释体例

一、一般规定

1. 本刊采用页底脚注的形式，编号连排，注释序号以阿拉伯数字上标；标题及作者简介信息注以星号上标。

2. 引用文献的必备要素及一般格式为"［国籍］责任者与责任方式：《文献标题》（版本与卷册），出版者出版时间，起止页码"。

3. 所引文献若为撰著，不必说明责任方式，否则，应注明"编""主编""编著""整理""编译""译""校注"等责任方式。

4. 非引用原文者，注释前应以"参见"引领；非引自原始资料，应先注明原始作品相关信息，再以"转引自"引领注明转引文献详细信息。

5. 引证信札、访谈、演讲、电影、电视、广播、录音、馆藏资料、未刊稿等文献资料，应尽可能明确详尽，注明其形成、存在或出品的时间、地点、机构等能显示其独立存在的特征。

6. 外文文献遵循该语种通常注释习惯。

二、注释范例

1. 著作

黄建武：《法律调整——法社会学的一个专题讨论》，中国人民大学出版社 2015 年版，第 115 页。

参见王名扬：《美国行政法》，北京大学出版社 2007 年版，第 2 页。

2. 论文

王利明：《惩罚性赔偿》，载《中国社会科学》2000 年第 4 期。

3. 集刊

王保树：《股份有限公司机关构造中的董事和董事会》，载梁慧星主编：《民商法论丛》第 1 卷，法律出版社 1994 年版，第 110 页。

4. 文集

陈光中：《中国刑事诉讼法的特点》，载陈光中：《陈光中法学文集》，中国法制出版社 2000 年版，第 258 页。

5. 教材

姜明安主编：《行政法与行政诉讼法》（第八版），北京大学出版社、高等教育出版社 2024 年版，第 123 页。

6. 译作

［美］贝勒斯：《法律的原则——一个规范的分析》，张文显等译，中国大百科全书出版社 2002 年版，第 156 页。

7. 报纸

徐忠明：《学术训练与大学时光——2011 届新生开学典礼致辞》，载《中山大学法学院院报》2011 年 9 月 25 日，第 8 版。

8. 古籍

沈家本：《沈寄簃先生遗书》（甲编），中国书店 1985 年版（据民国刊刷印本）第 43 卷，第 45 页。

9. 学位论文

吴洪淇：《证据法的运行环境与内部结构》，中国政法大学博士学位论文，第 26 页。

10. 会议论文

黄瑶："Military Intervention under the Doctrine of the Responsibility To Protect（R2P）"，发表于"亚洲国际法学会第三届双年会"，北京，2011年8月27~28日。

11. 学术报告

郑戈：《作为批判法学的数字法学》，发表于中大法学学术论坛·法学家大讲坛（第59期），广州，2025年4月21日。

12. 研究报告

丁利：《理性、进化与均衡：博弈论解概念及其基础》，中国社会科学院经济研究所博士后工作报告，北京，2002年9月。

13. 网络文献

《中国法学会国际经济法学研究会2011年年会在中山大学隆重召开》，载http://ielaw.uibe.edu.cn/html/yanjiuhuizhichuang/20111120/17079.html，最后访问时间：2011年12月21日。

14. 外文文献

期刊文章：D. James Greiner, Cassandra Wolos Pattanayak and Jonathan Hennessy, *The Limits of Unbundled Legal Assistance: A Randomized Study in a Massachusetts District Court and Prospects for the Future*, 126 Harvard Law Review 901 (2013), p.905-907.

著作：Tai-Heng Cheng, *When International Law Works*, New York: Oxford University Press, 2012, p.151.

图书在版编目（CIP）数据

立法评论. 第6卷. 第1辑 / 刘诚主编. -- 北京：中国法治出版社, 2025.5. -- ISBN 978-7-5216-4835-5

Ⅰ. D927

中国国家版本馆 CIP 数据核字第 2024TC0530 号

责任编辑：王佩琳　　　　　　　　　　　　　　　封面设计：杨泽江

立法评论. 第6卷. 第1辑
LIFA PINGLUN. DI-6 JUAN. DI-1 JI

主编/刘诚
经销/新华书店
印刷/北京虎彩文化传播有限公司
开本/710 毫米×1000 毫米　16 开　　　　　　　印张/ 15.75　字数/ 188 千
版次/2025 年 5 月第 1 版　　　　　　　　　　　2025 年 5 月第 1 次印刷

中国法治出版社出版
书号 ISBN 978-7-5216-4835-5　　　　　　　　　定价：65.00 元
北京市西城区西便门西里甲 16 号西便门办公区
邮政编码：100053　　　　　　　　　　　　　　传真：010-63141600
网址：http：//www.zgfzs.com　　　　　　　　编辑部电话：010-63141801
市场营销部电话：010-63141612　　　　　　　印务部电话：010-63141606

（如有印装质量问题，请与本社印务部联系。）